JN261559

倒産法講義

倒産法講義

―― 倒産法と経済社会 ――

小梁吉章 著

広島大学法学部教授

信山社

はしがき

　本書は，大学法学部および大学院マネージメントコースで行っている「倒産法」の講義用ノートを基礎として，「倒産法」の教材としてまとめたものである。

　その副題を「倒産法と経済社会」とした理由は3つある。

　第1に，マクロ的に，「倒産法」は社会経済政策の色彩が強いことである。平成8年以降，倒産法制の見直しが行われ，倒産法の大立法時代と呼ばれているが，この倒産法見直し作業がバブル崩壊後の個人・法人の過剰債務の整理という社会的要請に基づいていることは言うまでもない。さらにさかのぼれば，明治23年公布の明治破産法（旧商法第3編）にしてすでに，当時多発した倒産に対応するために，急いで法制化されたという経緯もある。倒産という現象は，景気の過熱，金利の上昇，イージーマネーの発生，競合商品の登場，労働コストの低い開発途上国の追い上げなどの社会経済的な要因に左右されるところが大であるから，「倒産法」の講義においては社会経済的な側面も無視し得ないのである。

　第2に，ミクロの面からである。破産法は手続開始原因として，「支払不能」「債務超過」「支払停止」を挙げているが，債務超過についてはまずなによりも企業の貸借対照表を見なければならない。また，債務超過に至っていても倒産していない企業も多い。破産手続の開始原因としての「債務超過」と貸借対照表上の「債務超過」という状態がどう関係するかということは，「債務超過」ということばの説明だけでは分かりにくい。「倒産法」という法領域を理解するためには，その周辺にある産業再生機構の問題，金融機関などの金融支援の問題，私的整理に関するガイドラインとガイドラインが抱えていた問題と産業再生機構との関係，産業再生ファンドの問題などの理解も欠かせない。

　第3に，本書では可能な限り，「倒産法」の個々の条文の説明を少なく

はしがき

することに努めた。

　「倒産法」は実体法と手続法の両方の規定を含み，実体法では民法の物権，担保物権，債権の規定，手続法では民事訴訟法，民事執行法・民事保全法と対応する関係にある。すでに民法，商法，民事訴訟法などの学習を済ませていれば，「倒産法」の条文にそった説明のほうがなじみやすいであろうが，民法，商法，民事手続法を併行して学習している学部の学生諸君には，全体として民事実体法と民事手続法と「倒産法」がどう対応しているのかを理解することが先決である。このため，「倒産法」講義ではあるが，倒産という現象を浅く広く学習するという意味で「倒産法と経済社会」という副題をつけた。

　本書は，民事に関する基本法の学習と併行して，倒産法を学習する学生向けの授業のノートを基に作成したものであり，倒産法の基本的な考え方を理解することを目的としている。このためにもっぱら倒産法のうち，破産法の基本理念に焦点を当てており，浅く広くという本書の特徴から，民事再生法，会社更生法については破産法との違いについて触れるにとどまった。また，本書では主要な判例も簡単に触れることにした。倒産の原因は多様であり，裁判になる事件で争点になる点も多様であるから，判例は倒産法理解のために重要な材料を提供している。本書では，百選第3版第1事件というように表示したが，これは別冊ジュリスト倒産判例百選第3版（2002）の事件番号を表すものである。また，旧破産法などカタカナ表記の法律条文もひらがな表記にした。

　なお，末筆ながら，本書の出版を快くお引受いただいた信山社の袖山貴氏，今井守氏，編集工房INABAの稲葉文子氏には厚く御礼申し上げる。同社の出版事業のいっそうのご発展を祈念する。

　　2005年1月

　　　　　　　　　　　　　　　　　　　　　　　小　梁　吉　章

目　次

はしがき

第1章　倒産法総論

1　「倒産」という社会現象 …………………………………… *1*
(1) 「倒産」は別世界のできごとか ………………………… *1*
① たとえば（*1*）
② 倒産法の大立法時代（*6*）
コラム1：マンション管理費事件（*8*）
(2) 「倒産法」の世界 ……………………………………… *12*
① 倒産法の目的（*12*）
② 経営破綻と「倒産」（*15*）
③ 産業再生機構と「倒産」（*17*）
④ 産業再生法と「倒産」（*18*）
コラム2：預金保険機構について（*19*）
(3) 「倒産」とはどういうことか ………………………… *22*
① 法律上の「倒産」の定義（*22*）
② 倒産手続の開始原因（*23*）
③ 倒産の原因（*29*）
(4) 「倒産」件数について …………………………………… *30*
① 司法統計と民間調査会社の発表数値（*30*）
② 国際比較（*32*）
(5) 「法的整理」と「私的整理」 ………………………… *33*
① 法的整理とは（*33*）
② 私的整理とは（*35*）
コラム3：私的整理に関するガイドラインと産業再生機構（*44*）
(6) 債権者平等と裁判所による監督（*45*）

目　次

　　　　　① 抜け駆けの禁止（45）
　　　　　② 団体原則と管財人（47）
　　　　　③ 債権者平等原則（48）
　　　　コラム 4：倒産と手続保障（49）

　 2 「倒産法」の歴史…………………………………………50
　　 (1) 制裁としての倒産から債務者の再生のための倒産へ …50
　　　　　① ローマ時代の12表法（51）
　　　　　② 中世商業都市の手続（52）
　　　　　③ 制裁としての倒産から再生のための倒産へ（53）
　　　　コラム 5：バルザックによる倒産──セザール・ビロトーの場合（54）
　　 (2) わが国の破産法 ………………………………………56
　　　　　① 江戸時代の倒産手続（56）
　　　　　② 明治破産法（59）
　　　　　③ 現在の倒産法の法源（62）
　　　　コラム 6：明治破産法の起草者ロエスレル（65）

　 3 「清算型」倒産手続と「再建型」倒産手続………………66
　　 (1) 清算型と再建型の倒産の意味 …………………………66
　　　　　① 会社の賞味期限（66）
　　　　　② 清算型と再建型の違い（68）
　　　　　③ 再建型手続の開始原因（69）
　　 (2) 清算型，再建型の選択基準 ……………………………70
　　　　　① 民事手続の優先劣後（70）
　　　　　② 企業の処分価値と継続価値（76）
　　　　　③ 倒産手続の使い分け（78）
　　　　コラム 7：会社更生法の担保権の失権と財産権（84）
　　 (3) 倒産手続と税金 ………………………………………85
　　　　　① 債権者側の債務放棄によって生じた貸倒れ損失の扱い（86）

② 債務者側の債務免除益の扱い（88）

第2章　倒産法各論

1　清算型の破産手続 …………………………………………89
(1) 瞬間凍結・換価・配当 …………………………………89
① ゴーイング・コンサーンの瞬間凍結（89）
② 現有財団と法定財団（90）
③ 開始前の保全処分（91）
④ 破産財団と破産債権（93）
コラム 8：親会社の債権と衡平的劣後の法理（98）
(2) 倒産実体法（103）
① 破産債権の現在化・金銭化（104）
② 取戻権（106）
コラム 9：譲渡担保と取戻権（108）
③ 別除権（109）
④ 相殺権（111）
⑤ 否認権（115）
コラム 10：危機時期に支払期日が来た債務（119）
⑥ 債務者の契約関係（121）
コラム 11：ファイナンス・リースは賃貸借か金融取引か（129）
⑦ 保証人（131）
コラム 12：民法と倒産実体法の対応関係（134）
(3) 破産手続法 …………………………………………136
① 破産能力（137）
コラム 13：国は破産するか（138）
② 破産裁判所（140）
③ 破産管財人（142）
④ 破産手続の流れ（151）

目　次

　　(4)　破産手続における債権者・・・・・・・・・・・・・・・・・・・・・・・・・・・・・・・・・・・*153*
　　　　①　債権者集会（*153*）
　　　　②　債権者委員会と監査委員（*154*）
　　(5)　旧破産法と新破産法・・・・・・・・・・・・・・・・・・・・・・・・・・・・・・・・・・・・・・・*156*
　　　　①　主要な改正点（*156*）
　　　　②　強制和議の廃止（*157*）

　2　再建型の倒産手続・・*157*
　　(1)　再生手続・・*157*
　　　　①　旧和議法と民事再生法（*157*）
　　　　コラム *14*：旧和議法の問題点（*158*）
　　　　②　民事再生法の特徴（*159*）
　　　　コラム *15*：DIP ファイナンス（*169*）
　　(2)　更生手続・・*172*
　　　　①　民事再生法と会社更生法（*172*）
　　　　②　会社更生法の特徴（*175*）
　　　　③　更生会社の従業員（*177*）
　　　　コラム *16*：更生計画によらない営業譲渡（*178*）

　3　個人（消費者）の多重債務整理・・・・・・・・・・・・・・・・・・・・・・・・・・・・・*179*
　　(1)　個人の多重債務の整理方法・・・・・・・・・・・・・・・・・・・・・・・・・・・・・・・*179*
　　(2)　個人破産・・*180*
　　　　①　個人破産すると（*180*）
　　　　②　免　責（*184*）
　　　　③　同時廃止と管財事件（*189*）
　　　　④　個人破産と退職金（*190*）
　　(3)　小規模個人再生・・*193*
　　(4)　特定調停法・・*195*
　　　　コラム *17*：免責は財産権の侵害にあたらないか（*197*）

4　取締役の倒産責任……………………………………………*198*
　(1)　倒産会社の取締役の地位……………………………*198*
　(2)　倒産会社の取締役の責任……………………………*200*
　(3)　会社の倒産と取締役への責任追及　………………*202*
　　①　査定制度（*202*）
　　②　倒産した企業の取締役の債務填補責任（*202*）

5　国際倒産 ……………………………………………………*204*
　(1)　債務者の在外財産……………………………………*204*
　　①　国際倒産の対象（*204*）
　　②　倒産属地主義と普遍主義（*206*）
　　③　倒産属地主義の問題点（*209*）
　(2)　国際倒産法制の制定…………………………………*213*
　　①　民事再生法の規定（*213*）
　　②　外国倒産処理手続承認援助法（*215*）
　(3)　国際並行倒産 ………………………………………*218*
　(4)　残された問題 ………………………………………*219*
　　コラム 18：BCCI 事件（*221*）

6　金融機関の破綻処理………………………………………*222*
　(1)　バブル経済崩壊後の金融機関の破綻 ………………*222*
　(2)　なぜ金融機関には公的資金を投入するか …………*231*
　　コラム 19：ゼネ・コンと流通（*234*）

事項索引（巻末）

第1章 倒産法総論

1 「倒産」という社会現象

(1) 「倒産」は別世界のできごとか

① たとえば

　民間調査会社の発表によると，2003年の全国企業倒産件数は1万6,624件にとどまり，4年ぶりに減少したようである。これは前年の2002年に比べると，実に件数で14.6％の減少である[(1)]。バブル経済の崩壊にともない，1990年以降企業の倒産件数は急増した。たとえば，平成15年度の経済財政白書（平成15年度年次経済財政報告[(2)]）は，「2002年1月に景気の谷を迎え，景気循環上は，景気回復局面に移行した」とし，景気は底入れをしたとしながらも，次のように企業のリストラ努力と私的整理，法的整理による企業再生が必要であるとしていた。

　わが国経済の活性化にとって，不良債権問題と過剰債務の一体的解決は不可欠である。そのために，金融機関は，不良債権の処理を進めるとともに，企業単位の貸出から事業の収益性に着目した融資慣行（例えば，プロジェクト・ファイナンス）への転換や貸出債権の流動化を促進すること等によって金

---

(1) たとえば，2004年4月15日日本経済新聞記事を参照。民間調査会社の発表する企業倒産件数の意味は後述。
(2) 平成15年度年次経済財政報告（経済財政政策担当大臣報告）――改革なくして成長なしⅢ（平成15年10月，内閣府）。http://www5.cao.go.jp/j-j/wp/wp-je03/03-00000pdf.html を参照。

第1章　倒産法総論

融の再構築が図られなくてはならない。他方，過剰債務を抱える企業については，整備されつつある枠組みを活用して，将来性のある事業を切り分け，早期に事業再生を行う必要がある。さらに，事業環境が急速かつ継続的に変化するなかで，企業経営者には，不断の経営資源の見直しや組替えを行い，収益性を高める努力が求められている。

これに対して，平成16年度の経済財政白書（平成16年度年次経済財政報告(3)）は，次のように記し，前年平成15年の白書に多く見られた事業再生，企業再生，私的整理，法的整理ということばが一切見られなくなっている。

前回の景気回復は，企業のバランスシートや雇用・所得環境に脆弱さを残しながらの回復であったため，外需の弱まりに伴って景気は後退局面に入っていった。こうしたことを踏まえ，特に金融システムの強化，企業部門の再生といった分野で，経済の脆弱性を克服するための構造改革が推進されるとともに，企業部門でも厳しいリストラが行われてきた。こうした改革努力やリストラ努力もあり，将来不安が一時と比べて低下する中，企業部門では前向きの動きがみられている。

平成15年には，りそな銀行の公的資金申請（平成15年5月），産業再生機構の業務開始(平成15年5月)，足利銀行の一時国有化(平成15年11月)などが報じられ，新聞は連日，倒産，破産，民事再生に関連した記事を掲載していた。

倒産をめぐる社会の動きは，この一年で様変わりである。では，倒産の時代は終わったのだろうか。

(3) 平成16年度年次経済財政報告（経済財政政策担当大臣報告）——改革なくして成長なしⅣ（平成16年7月，内閣府）。http://www5.cao.go.jp/j-j/wp/wp-je04/04-00000pdf.html を参照。

(4) http://courtdomino2.courts.go.jp/tokei_y.nsf を参照。

企業の倒産は減っているが，その一方で個人・消費者の家計の破綻は増えている。司法統計[(4)]によれば，個人の破産事件は，1989年に9,433件であったが，その後うなぎのぼりに増加し続け，1998年に10万件を超え（10万5,468件），2001年に16万741件，さらに2002年には20万件を超え（21万4,996件）となり，2003年には24万2,849件となった。人口対比での個人破産率は0.193％となる。1万人あたり20人弱が破産していることになる。この14年間に個人破産は25.7倍増加している。

　とはいっても，倒産や破産はやはり他人事のようであるし，倒産法の用語や制度は分かりにくいし，一般に手続法は面白くないものだから，倒産法は遠慮したいという気にもなる。

　しかし，といって倒産法を知らないで済ませることができるだろうか。自分に直接関係しなくても，思わぬところで倒産の影響を受けることがある。例を挙げてみよう。

【例1】　身近な倒産の例＝マンション管理費はだれのもの

　マンションの管理組合の積立金（マンションの居住者がエレベーターのコストや清掃費などのために毎月支払っている管理費や将来の大規模な修繕のために積み立てている修繕費）は，倒産した管理会社の財産か，管理組合の財産かという点が争点になったことがある（東京高裁平成11年8月31日判決，東京高裁平成12年12月14日判決を参照。平成11年判決の概要は後掲のとおり）

　原審は，積立金は管理組合ではなく，管理会社の財産とした。マンションの区分所有者の権利が認められなかったのである。一方，控訴審は，逆にマンションの管理費はマンションの区分所有者で構成する管理組合の財産であるとした。現在は，マンションの管理の適正化の推進に関する法律（平成12年12月8日法律第149号）が制定され，この種の事件は減っているが，マンションの管理費という身近なところで，倒産の影響を受けかねない。

【例2】　身近な倒産の例＝海外旅行中に旅行会社が倒産したら

　これは，スイスの事件である。2003年11月にアビオーヌ社というスイス

の旅行会社が倒産した。同社はカリブ海のドミニカ旅行のパッケージ・ツアーを企画し，スイス人やフランス人の旅行者から代金を徴収し，チャーター便を手配したが，飛行機のチャーター代，ホテル代を支払っていなかった。旅行者がドミニカ共和国に入国した後，アビオーヌ社は倒産した。代金を受取っていなかったホテル側は旅行者に代金の支払いを求め，一方，旅行者は旅行代金を支払済みであるから，これに応じなかったので，長期間ホテルに足止めとなって，旅行どころではなくなった。

　わが国には日本旅行業会の弁済業務保証制度およびボンド保証制度[5]があり，旅行代金支払後，出発前に会社が倒産した場合には，代金の返済を保証しているが，このスイスの会社の例のように旅行先で会社が倒産した場合にはどうなるのだろうか。

【例3】　身近な倒産の例＝入学先の大学が倒産したら

　2004年6月，東北文化学園大が民事再生法の適用を申請した。これは大学の倒産の第一号である。また，これは倒産ではないが，2004年1月には広島県の立志館大学が廃校になっている。大学全入時代を控えて，大学の経営が厳しくなっている。

　2003年2月12日毎日新聞は，私立大学の破綻処理として，学校法人の解散，他の大学との合併と民事再生法・破産法の適用を挙げている。平成15年(2003年)2月25日衆議院文部科学委員会で，当時の遠山文部科学大臣は「文部科学省としましても，学校法人が経営困難に陥ることがないように，できれば，やはり事前の指導，それから助言，あるいは援助の充実というものを図っていくことが大事だとは考え」，「従来から学識経験者などから成ります学校法人運営調査委員会制度を設けており」，「自主的な改善努力を支援するためにいろいろやっておりますが，また，日本私立学校振興・共済事業団，いわゆる事業団と呼んでおりますが，ここで財務分析を充実しているところでございます」と答えている。2001年12月9日日本経済新聞「私大破綻処理に手引き」は，日本私立大学連盟が破綻処理をまとめた危機管理

---

(5)　詳細は，http://www.jata-net.or.jp/osusume/bond/bond.htm を参照。

マニュアルを作成したと報じている。

【例4】 身近な倒産の例＝入院している病院が倒産したら

最近では病院の倒産も増えている。2003年10月27日日本経済新聞記事によると，2002年中の医療機関の倒産は47件で，1990年以降最多となっている。バブル崩壊後は財テクの失敗，過大な設備投資を原因とする倒産が多かったが，最近は薬価差益の減少など病院経営は厳しさを増している。病院経営という本業の不振を原因とする倒産が3割を占めている。従来は見られなかった学校法人，医療法人の倒産が，現実の問題となりつつある。

さらに，地方公共団体が出資していた第三セクターの会社も破産している。これらの例のほかにも，住宅の新築を発注していた工務店が倒産したらどうなるか[6]，就職先が倒産したら自分の給与や退職金はどうなるか[7]，など，自分自身が倒産しなくても，倒産の影響を受ける可能性が常にある。つまり，倒産は，別世界のできごとではなく，身近に起こることかもしれないことである。

② 倒産法の大立法時代

ところで，1996年以降，倒産法制全体が大幅に見直されてきた。
これは，バブル崩壊後の不況の中で，倒産，多重債務者の問題が深刻

---

[6] 旧破産法64条は「破産者が請負契約に因り仕事を為す義務を負担するときは破産管財人は必要なる材料を供し破産者をしてその仕事を為さしむることを得」と定めていた。新破産法では旧破産法64条が削除され，新破産法53条の一般原則によることになる。新破産法53条1項は「双務契約について破産者及びその相手方が破産手続開始の時において共にまだその履行を完了していないときは，破産管財人は，契約の解除をし，又は破産者の債務を履行して相手方の債務の履行を請求することができる」としている。
[7] 新破産法は破産手続開始前3ヶ月間の未払い給与債権，破産手続開始前に退職した破産者の従業員の退職前3ヶ月間の給料に相当する退職金を財団債権としている（新破産法149条）。

さを増してきたことが考慮されたものである。1996年（平成8年）には破綻した住専（住宅金融専門会社）の処理が大問題となった。その年10月8日に開催された法制審議会第120回において法務大臣から法制審議会に倒産法制度の改正が諮問され，法制審議会の下に倒産法部会が設けられ，同年10月から同部会で審議が開始された。1997年12月には「倒産法制に関する改正検討事項」が発表され，同部会で，5年以内をめどとして倒産法の全般的な改正作業を開始したが，景気低迷の長期化を前にして，とくに中小企業に関する再建型倒産手続の緊急性が認識され，民事再生法の制定作業が優先された。

　2001年（平成13年）6月の閣議決定，いわゆる「骨太の方針」（「今後の経済財政運営及び経済社会の構造改革に関する基本方針」）においても「産業の再生なくして不良債権の最終的解決なし」と題して，「不良債権問題の背景には，借り手である企業／産業側の過剰債務や非効率性といった構造問題がある。不良債権問題は，借り手が抱えるこうした構造問題と一体的に解決されることが必要である。法的整理のためには，会社更生法，民事再生法があるが，より使い易くするために必要な見直しを行うべきである。また，私的整理については，その公正，円滑化に資するためのガイドラインを関係者間で早急にとりまとめることが期待される」と位置づけられている[(8)-a]。具体的な動きは以下のとおりである（ただし金

[(8)-a] 平成13年（2001年）1月6日の省庁再編とともに，内閣府に経済財政諮問会議が設置され，同年6月26日に骨太の方針が発表された。同会議に先立ち，小渕内閣発足から間もない平成10年（1998年）8月24日に経済戦略会議が発足している。経済戦略会議は，平成11年（1999年）2月26日に「日本経済再生への戦略」と題した答申を出している。同答申は，第4章「活力と国際競争力のある産業の再生」のなかで「事業者の再挑戦を可能とするとともに，経営資源の再利用を図る観点に立って，倒産関連の法制を，より柔軟で迅速な対応ができるものに抜本的に改める」としている。経済戦略会議の答申は，閣議決定事項とはされていないので，骨太の方針に直接結びつくものではないが，基本的な考え方は継承されている。また，経済戦略会議答申は「現在の仕組みは，再建型と清算型に二分して処理されることになっているが，これをより柔軟な処理が可能となるよう改正

1 「倒産」という社会現象

融機関関連を含む）：

1997(平成9)年	法制審議会倒産法部会「倒産法制に関する改正検討事項」公表
1998(平成10)年	金融機関の早期健全化法の成立（同年10月23日施行）
1998(平成10)年	金融再生法の成立（同年10月23日施行）
1999(平成11)年	民事再生法の成立（2000年4月1日施行）
1999(平成11)年	和議法の廃止（民事再生法付則2条）
1999(平成11)年	特定調停法の成立（2000年2月17日施行）
2000(平成12)年	外国倒産処理手続の承認援助に関する法律の成立（2001年4月1日施行）
2000(平成12)年	外国倒産に関わる破産法と民事再生法の改正
2000(平成12)年	個人債務者の倒産処理に関わる民事再生法の改正
2001(平成13)年	法制審議会倒産法部会破産法分科会における検討開始
2001(平成13)年	私的整理ガイドラインの発表（同年9月19日）
2002(平成14)年	法制審議会倒産法部会における会社更生法改正要綱案の承認
2002(平成14)年	法制審議会倒産法部会破産法改正中間試案公表
2002(平成14)年	預金保険法改正（ペイ・オフの平成17年3月末までの延期）
2002(平成14)年	会社更生法の全面改正（2003年4月1日施行）
2004(平成16)年	新破産法の成立（2005年1月1日施行）
2004(平成16)年	特別清算等の見直しに関する要綱試案公表

　倒産法の中核である破産法は，2004年2月16日破産法改正案が国会に提出され，両院で審議可決され，2004年6月2日に公布された後，2005年1月1日に施行された[(8)-b]。今回の破産法の改正は，旧破産法を抜本的に見直すもので，現行法の一部改正や全部改正ではなく，旧破産法

し，同一手続きの中で，自力再建，スポンサーによる再建，営業譲渡の実施による半分再建・半分清算の処理，清算等多様な手続きの処理を可能とする制度を構築する」として，倒産法制一本化を予定したが，結局，民事再生法が先行して制定され，倒産法制は一本化されなかった。

(8)-b　新破産法の条文は，http://www.moj.go.jp/HOUAN/HASAN/refer02.pdf を，法制審議会倒産法部会による改正の趣旨説明は，http://www.moj.go.jp/PUBLIC/MINJI28/refer02.pdf を参照。

を廃止し，平仮名現代語による新たな破産法を制定する形式をとっている。条文の構成も現行法は，実体規定・手続規定と分けているが，これを民事再生法や会社更生法と同様に手続の流れに沿った構成にしたほか，旧破産法の中に散在した相続財産の破産，相続人の破産に関する規定や破産手続の終了に関する規定を一つの章にまとめた。

　新破産法附則3条は，「(新破産法)の施行前にされた破産の申立て又は新法の施行前に職権でされた破産の宣告に係る破産事件については，なお従前の例による」と定めている。新破産法は平成17年1月1日に施行され，今後，破産手続開始の申立て(新法第2章)が取られた事件に適用される。

● コラム 1 ● マンション管理費事件

　ここでは，東京高裁平成11年8月31日判決[9]を紹介する。関係者は以下のとおりである：

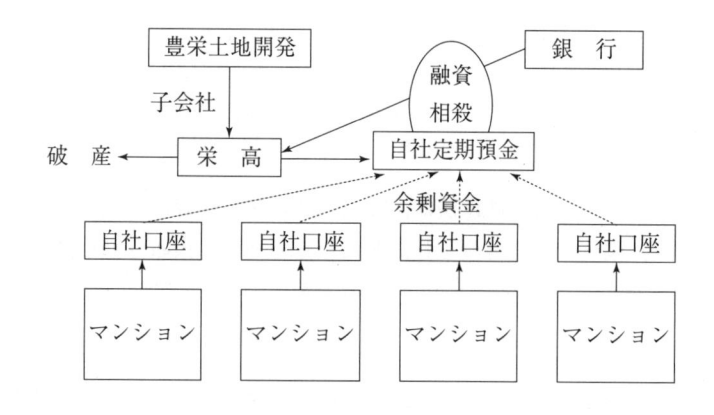

```
                豊栄土地開発          銀  行
                    │                  │
                  子会社        ┌─融資─┐
                    ↓          │ 相殺  │
   破 産 ←─── 栄 高 ───→ 自社定期預金
                    ↑    ↑    ↑    ↑
                    │  余剰資金 │    │
              ┌─────┼─────┼─────┐
            自社口座 自社口座 自社口座 自社口座
              │      │      │      │
           マンション マンション マンション マンション
```

---

(9) 1999年9月1日付け朝日新聞記事を参照。東京高裁平成11年8月31日判決（判時1684号39頁）。預金総額は7,000万円。ただし，その中には訴訟に参加しなかった管理組合に関わる預金約1,000万円と栄高固有の預金1,400万円があったので，返還を求められたのは，新聞報道のとおり約4,700万円。また，同じ管理会社について別の事件として，東京地裁平成10年1月23日判決（金判1053号37頁）

〔**事案の概要**〕 栄高は，親会社である不動産開発業者豊栄土地開発が分譲するマンションの管理委託業を担当する管理会社として設立され，アルベルゴ御茶ノ水などの多数のマンションの管理業務を行っていたが，同社は平成4年11月30日に破産宣告[10]を受け，Xが破産管財人[11]に選任された。

栄高は，マンションの管理業務を行なうに当たって，各マンションの区分所有者の管理費等の支払先として被告銀行Yの支店に同社名義の普通預金口座を開設し，各口座の余剰資金をおおむね管理対象のマンション名を付記して同社名義の定期預金としていた。定期預金通帳，普通預金通帳および銀行届出印はすべて栄高が保管していた。

各マンションの区分所有者らは個別に，管理委託契約に基づいて，管理者である栄高に対し管理費等及び保証預り金を一括して管理委託費として月一定額（ただし，赤坂ベルゴ豊栄マンションの区分所有者らの支払っていた管理

がある。この判決は「管理費は，破産会社（注：栄高）が管理費等の支払を受けるために自社名義で開設した普通預金口座に送金された段階で破産会社に帰属する」とした。独立当事者参加したマンション管理組合が控訴し，東京高裁平成12年12月14日判決（判時1755号65頁）は，栄高を区分所有法にいう「管理者」（組合的結合関係にある区分所有者が共用部分の共同管理のための団体を構成し，この管理業務を管理者が執行する）であるとし，各区分所有者が管理費等の支払義務を負うのはこの団体に対してであって，管理費等の債権自体は団体ひいては管理組合に帰属するとして，原審を取り消し，預金債権をマンション管理組合に帰属するとした。

(10) 旧破産法1条は「破産はその宣告の時より効力を生ず」として，破産手続の開始は「破産宣告」によるものとしていた。新破産法15条は「債務者が支払不能にあるときは，裁判所は，第30条第1項の規定に基づき，申立てにより，決定で，破産手続を開始する」と規定しているので，破産宣言といわず，「破産手続開始決定」ということになる。民事再生法は「再生手続開始の決定」（民事再生法33条参照），会社更生法も「更生手続開始の決定」（会社更生法41条）という表現であり，平仄を合わせている。

(11) 旧破産法7条は「破産財団の管理及処分を為す権利は破産管財人に専属す」と規定した。新破産法78条1項は「破産手続開始の決定があった場合には，破産財団に属する財産の管理及び処分をする権利は，裁判所が選任した破産管財人に専属する」と規定する。

委託費は，右管理費等のほかマンション敷地一部の借地料を含む）を，同会社が指定する同会社名義の被告等金融機関における普通預金口座宛に振り込んで支払っていた。そして，栄高は右管理委託費から管理員人件費，清掃費，エレベーター・消防及び電気設備保守メインテナンス料並びに定期検査等の諸経費を支出し，金銭出納業務を行うとともに，同会社の管理報酬として相当額を引き出して取得していた。また，栄高は年一回各管理組合の決算期ごとにそれぞれの決算書（右報告書には預金利息も収入に計上されている）を作成し，その都度各管理組合の総会で収支決算報告をするなど各管理組合の会計業務を行っていた。

銀行Yは，栄高に対して7,000万円の融資を行なっていたところ，破産宣告の前営業日である平成4年11月27日起算で貸金債権7,000万円を自働債権，前記の定期預金合計7,196万3,893円を受働債権として対等額で相殺[12]する旨を同年12月15日到達の書面で通知し，差額196万3,893円を栄高の普通預金口座に振り込んだ。

栄高の破産管財人Xは，前記定期預金は法的，形式的には栄高に属しているが，実質的には各マンション管理組合に帰属するもので，栄高に信託された信託財産であると主張し，銀行Yに対して預金債権の返還を請求する訴えを提起した。

また，各マンション管理組合は本訴訟に独立当事者参加[13]し，管理者であ

---

(12) 旧破産法98条は「破産債権者が破産宣告の当時破産者に対して債務を負担するときは破産手続に依らずして相殺を為すことを得」と規定した。新破産法67条1項は「破産債権者は，破産手続開始の時において破産者に対して債務を負担するときは，破産手続によらないで，相殺をすることができる」と定めている。

(13) 「独立当事者参加」については，民事訴訟法47条を参照。「訴訟の結果によって権利が害される場合」（権利侵害防止参加または詐害防止参加）または「訴訟の目的の全部もしくは一部が自己の権利であることを主張する場合」（権利主張参加）に認められる。三者間で矛盾のない統一的な解決がもたらされることを目的とする。参加にはこのほかに「補助参加」があり，これは他人の間で係属中の訴訟の結果について利害関係を有する第三者が当事者の一方を勝訴させることによって自己の利益を守るために訴訟に参加するものである（民事訴訟法42条）。ま

る栄高は管理費等を他人の財産として管理することを義務づけられ，現に計算書類上他人の資産として扱い，各マンションの区分所有者の共有財産として個々に区分けした専用の銀行口座で管理していた旨主張した。

　第一審の東京地裁の平成8年5月10日判決[14]は「預金原資となる管理委託費の管理方法いかんは栄高にゆだねられたものであり，栄高が自ら預金の出捐者として本件各定期預金契約及び本件普通預金契約を締結したものということができるのであり，したがって，本件各定期預金及び本件普通預金契約債権者は栄高であると解するのが相当」であり，各預金の口座名義に各マンション名を付記したことは便宜のためにほかならず，各預金債権者が栄高であることを覆す証拠にはならないとし，「栄高は，あくまでも，マンションの管理組合自体とは別個独立の権利義務主体であるから，本件各定期預金が，管理組合の業務を代行する管理会社により管理される財産であるとしても，また，管理組合が設立されたとしても（管理組合の顕在化），それを即管理組合の財産と評価することはできないことは明らか」で，「金銭は本来，価値を表象するもので個性がなく特定性を持たないとの特性を有し，占有者が即所有者」であって，預り金としての金銭自体は栄高に帰属するとし，原告は当該預金が被告の不当利得であると主張したが，「理由がなく，失当である」として原告及び参加人らの請求を棄却し，預金を破産会社に帰属するとした。

〔判旨〕「預金者の認定については，自らの出捐によって，自己の預金とする意思で，銀行に対して自ら又は使者・代理人を通じて預金契約をした者が，預入行為者が出捐者から交付を受けた金銭を横領し自己の預金とする意図で預金したなどの特段の事情がない限り，当該預金の預金者である」が，「本件各定期預金の原資である管理費等は，もとより栄高固有の資産ではなく，管理規約及び管理委託契約に基づいて区分所有者から徴収し，保管しているもの

　　た，「訴訟告知」という当事者から第三者に訴訟への参加を通知する形式もある。この事件では，各マンションの管理組合は「補助参加」でもよかったのではないかという疑問がわくが，おそらく，破産管財人と管理組合はかならずしも利害は一体ではないから，独立参加したのではないかと推測される。

(14)　東京地裁平成8年5月10日判決（判時1596号70頁）。

であって，栄高が受領すべき管理報酬も含まれてはいるが，大部分は各マンションの保守管理，修繕等の費用に充てられるべき金銭」であり，「本件各定期預金の出捐者は，それぞれのマンションの区分所有者全員であるというべきである」とした。すなわち，第一審と反対の結論である。

(2) 「倒産法」の世界

① 倒産法の目的

では，倒産法の目的はどこにあるのだろうか。旧破産法には法律の目的を明示した規定はなかったが，新破産法1条は以下のとおり法律の目的を定めている。

破産法1条 この法律は，支払不能又は債務超過にある債務者の財産等の清算に関する手続を定めること等により，債権者その他の利害関係人の利害及び債務者と債権者との間の権利関係を適切に調整し，もって債務者の財産等の適正かつ公平な清算を図るとともに，債務者について経済生活の再生の機会の確保を図ることを目的とする。

平成11年（1999年）に成立した民事再生法1条も法律の目的を明らかにしている。

民事再生法1条 この法律は，経済的に窮境にある債務者について，その債権者の多数の同意を得，かつ，裁判所の認可を受けた再生計画を定めること等により，当該債務者とその債権者との間の民事上の権利関係を適切に調整し，もって当該債務者の事業又は経済生活の再生を図ることを目的とする。

さらに平成14年（2002年）に全面改正された会社更生法も見てみよう。

会社更生法1条 この法律は，窮境にある株式会社について，更生計画の策定及びその遂行に関する手続を定めること等により，債権者，株主その他の利害関係人の利害を適切に調整し，もって当該株式会社の事業の維持更

生を図ることを目的とする。

　目的は少しずつ違うが，まとめてみると「支払不能又は債務超過にある債務者」や「経済的窮境にある債務者」または「窮境にある株式会社」について，債権者や株主との利害を調整して，「債務者について経済生活の再生」，「債務者の事業又は経済生活の再生」あるいは「株式会社の事業の維持再生」を図ることがこれらの倒産法の目的ということになる。

　債務者が窮境にない場合（本書では，これを「正常な場合」と呼ぶことにしよう）には，債権者と債務者との権利関係は民法，商法および当事者間の契約によって規定される。仮に，債務者が借りた金を返さない，商品の売買代金を払わないなど，特定の債務を履行しない場合には，民事訴訟法にしたがって訴えを提起し，さらに民事保全法にしたがって債務者の財産を保全する処分を行い，民事執行法にしたがって債務者の個別の財産に民事執行することになる。

　これに対して，借りた金をすべて返すことができない，買った代金をすべて払うことができない，サービスを受けた対価をすべて払うことができない，という状態（本書では，これを「異常な場合」と呼ぶことにしよう）にある個人や会社については，どのような法的な手続が妥当だろうか。このような異常な状態にある個人や会社のバランスシートは次のようになっている。

資産		負債・資本	
預金	10	借入金　計	100
		債権者A	30
		債権者B	30
		債権者C	20
		債権者D	20

　新破産法はこうしたバランスシートの状況にある債務者を「支払不能又は債務超過にある債務者」，民事再生法は「経済的に窮境にある債務

者」と呼んでいる。このような状態では，債務者が債権者からの借入金をすべて弁済することができないことは明らかである。このような異常な場合に，債務者・債権者の権利関係を適切に調整し，債務者の経済的な再生を図ることが倒産法の目的である。そしてこの場合には，個々の債権者が個別に手続をとるのではなく，債権者が団体となって手続をとるほうが効率的であり，また債権者間の公平と平等を図ることができるのである。

つまり，倒産法の目的は，借りた金をすべて返すことができない，買った代金をすべて払うことができない，サービスを受けた対価をすべて払うことができない，という異常な状態にある債務者について，債権者を公平・平等に扱いながら，債務者と債権者の権利関係を調整し，債務者の経済的な再生を図ることである。

正常な場合	実体法	民法，商法，当事者間の契約
	手続法	民事訴訟法，民事保全法，民事執行法 個別の手続（民事執行は個別執行）
異常な場合	実体法	倒産法（破産法，民事再生法，会社更生法）
	手続法	倒産法（破産法，民事再生法，会社更生法） 債権者全体の手続（倒産手続は包括執行）[15]

---

(15) 破産手続を「包括執行」，民事執行を「個別執行」ということがある。破産手続，民事執行手続の性格は共通で，債務者の財産に対して包括的に執行するか，債務者の特定の財産に対して執行するかの差があるだけとも考えられる。また，民事執行手続を資力の乏しい小規模債務者に対する小型破産と位置づける意見もある（宮脇幸彦「民事執行法における債権者の競合」吉川博士追悼論集『手続法の理論と実践（下巻）』（法律文化社，1981）486頁）。竹下教授は「個別執行は，総括執行との役割分担において，無資力状態にある小規模債務者にかかる事件を，しかも主要な対象として引き受けざるを得ない」としている（竹下守夫「民事執行法の成立と将来の課題」竹下＝鈴木編『民事執行法の基本構造』（西神田編集室，1981）35頁）。民事執行は差押債権を限度として部分的に破産を宣告したのと同様の効果が生ずるものとする意見もある。

② 経営破綻と「倒産」

　新聞などでは，業績が悪化した企業の状況を「経営破綻」と呼ぶことがある[16]。では，「経営破綻」とはどういうことなのだろうか。倒産法の条文にある「支払不能又は債務超過にある債務者」，「経済的窮境にある債務者」とはどういう関係があるのだろうか。

　金融界を例に，りそなのケースと足利銀行のケースをとってみよう。

　2003年5月にりそな銀行に公的資本が投入されたが，このケースでは「経営破綻」という表現は使われなかった。一方，その半年後の2003年11月に足利銀行の金融持株会社であるあしぎんフィナンシャルグループについては「経営破綻」と認定された。りそなは「破綻」していないが，足利銀行は「破綻」している。この違いはどこにあるのだろうか。

　りそなについて，2003年5月17日に預金保険法102条[17]に基づいて，

---

(16)　金融庁が制定している金融検査マニュアルでは，債務者を「正常先」「要注意先」「破綻懸念先」「実質破綻先」「破綻先」に区分している。「破綻先」とは「法的・形式的な経営破綻の事実が発生している債務者をいい，例えば，破産，清算，会社整理，会社更生，民事再生，手形交換所の取引停止処分等の事由により経営破綻に陥っている債務者をいう」としている。

(17)　預金保険法102条「内閣総理大臣は，次の各号に掲げる金融機関について当該各号に定める措置が講ぜられなければ，我が国又は当該金融機関が業務を行つている地域の信用秩序の維持に極めて重大な支障が生ずるおそれがあると認めるときは，金融危機対応会議（以下この章において「会議」という。）の議を経て，当該措置を講ずる必要がある旨の認定（以下この章において「認定」という。）を行うことができる。

　一　金融機関（次号に掲げる金融機関を除く。）　当該金融機関の自己資本の充実のために行う機構による株式等の引受け等（以下この章において「第一号措置」という。）

　二　破綻金融機関又はその財産をもつて債務を完済することができない金融機関　当該金融機関の保険事故につき保険金の支払を行うときに要すると見込まれる費用の額を超えると見込まれる額の資金援助（以下この章において「第二号措置」という。）

　三　破綻金融機関に該当する銀行等であつて，その財産をもつて債務を完済する

第1章　倒産法総論

　初めて開催された金融危機対応会議で，議長である総理大臣は，「りそな銀行の15年3月期決算における同行の自己資本比率が健全行の国内基準である4％を下回る2％程度に低下すると報告があった。現時点で同行の預金流出や市場性資金の調達困難といった事実が認められる状況にはないが，政府として，このような状況を放置したのでは，我が国，及び同行が業務を行っている地域の信用秩序の維持に極めて重大な支障が生ずることが懸念される」として，「りそな銀行に対する公的資本増強の必要性について審議」を行うと述べている。りそなの自己資本比率（貸出残高，保有する有価証券などの総資産に占める，資本金や引当金などの内部資金の割合）が低下していたが，債務超過ではなく，預金保険法102条1項1号に基づいて，自己資本の増強措置が取られた[18]。

　つまり，りそなには公的資金が注入されたが，経営破綻の状態にはなかった。一方，足利銀行はこれと異なり，2003年11月29日（土）夜，第2回の金融危機対応会議で，2003年9月中間決算において債務超過に陥った「あしぎんフィナンシャルグループ」の中核銀行である足利銀行[19]を「経営破綻」と認定したのである。

　「経営破綻」は支払不能，支払停止，債務超過の状態に陥ることであり，そのままでは倒産しかねない状態に陥ることである。しかし，「経営破

　　　ことができないもの第111条から第119条までの規定に定める措置（以下この章において「第三号措置」という。）」
(18)　りそな銀行の2003年3月期決算の自己資本比率は2％以下に低下したが，債務超過ではなかった。一方，足利銀行については債務超過であるとされた。
(19)　足利銀行に対する2003年3月31日を基準日とする金融検査において，自己資本額は745億円，要追加償却・引当見込額▲950億円および税効果増減額▲28億円あるため，自己資本の合計は▲233億円，すなわち債務超過とされた。このため，2003年11月29日に預金保険法第74条第5項に基づいて「その財産をもって債務を完済することができず，その業務若しくは財産の状況に照らし預金等の払戻しを停止するおそれがある」旨を金融庁に申し出，これを受けて，金融危機対応会議が開催され，同会議の議を経て，預金保険法第102条第1項の第3号措置を講ずる必要がある旨の認定が行われた。

綻」しても倒産するとは限らない。債権者や公的機関や民間の債権者[20]から支援を受けて，倒産を回避することがある[21]。

では，「経営破綻」して公的な支援を受けることができるのは，銀行など金融機関だけなのだろうか。

③　産業再生機構と「倒産」

破産・倒産の回避のために，公的な資金的支援が供与されるのは金融機関には限らない。

たとえば，2003年9月中間期に630億円の債務超過に陥ったカネボウ[22]は，化粧品部門を花王に売却することにより，経営の立直しをはかる計画を立てたが，契約調印の寸前の2004年2月16日にこの計画を変

---

(20)　たとえば，株式会社長谷工コーポレーションは2002年3月期に1,200億円の債務超過に陥った。2002年9月に主力3銀行（りそな，中央三井信託，みずほコーポレート）が1,500億円の債務を株式に転換したため，2003年3月期には債務超過を脱した。同社は，2002年9月27日に「債務超過解消のお知らせ」を発表している。

(21)　経営破綻した企業に対する支援は，公的な支援のほかに民間の支援があり，圧倒的に民間の支援が多い。民間の支援としては，債務の圧縮の手段として，債権者から債務免除（債権者にとって債権放棄）を取り付ける方法のほかに，デット・エクイティ・スワップ（DES）がある。デット（外部負債）は固定金利であり，一定の利率の利息を支払わなければならないが，エクイティ（自己資本）はリスク・マネーであり，利益があれば配当するが，利益がなければ配当しないで済ませることができる（Hariton, Distinguishing Between Equity and Debt in the New Financial Environment, 49 Tax L. Rev. 499 (1994)）。したがって，デットをエクイティ（株式）に転換すれば，利息の支払いを避けることができる。業績が上がって将来利益が上がればこれを配当で還元するということになる。破綻した企業であっても，民間であれ，公的機関によるものであれ，支援を受けることができれば，「倒産」を避けることができる。

(22)　カネボウ株式会社の2003年9月中間連結決算には「当社グループは，グループ全体を挙げての事業構造改革に向けて，当該中間連結会計年度において，40,189百万円の特別損失を計上したこと等により，62,976百万円の債務超過の状況になっています」と記されている。

更し，産業再生機構に支援を要請した[23]。産業再生機構は，金融機関以外の事業会社に対する公的な支援機関ということができる[24]。

　産業再生機構は，平成17年（2005年）3月までの間に，短期集中的に債権を買取り，3年以内に処分することとして設立された。2003年中に九州産業交通（熊本），ダイア建設（東京），うすい百貨店（福島），三井鉱山（東京），マツヤデンキ（大阪），明成商会（大阪・染料等製造販売），津松菱（三重），八神商事（愛知・医療用品卸）に対する支援を表明し，その後も多彩な業種[25]の企業の支援を決定している[26]。

④　産業再生法と「倒産」

　次に，産業再生法[27]（産業活力再生特別措置法，平成11年8月13日法律

---

(23)　2004年2月17日日本経済新聞は「産業再生機構は支援対象企業の株式を自ら取得して再建に取り組む『再生ファンド型』の企業再生事業に乗り出した」と報じている。産業再生機構は，カネボウに出資し，人材を派遣して企業再生に取り組んでいる。

(24)　株式会社産業再生機構法1条（機構の目的）は「株式会社産業再生機構は，最近における経済の停滞，物価，地価及び株価の下落等の経済情勢の変化に我が国の産業及び金融システムが十分対応できたものとなっていない状況にかんがみ，雇用の安定等に配慮しつつ，我が国の産業の再生を図るとともに，金融機関等の不良債権の処理の促進による信用秩序の維持を図るため，有用な経営資源を有しながら過大な債務を負っている事業者に対し，過剰供給構造その他の当該事業者の属する事業分野の実態を考慮しつつ，当該事業者に対して金融機関等が有する債権の買取り等を通じてその事業の再生を支援することを目的とする株式会社とする」と定める。

(25)　2004年12月8日には，栃木県のホテル・旅館3社の支援を決定した。国民の休日の過ごし方が変化し，旅行の行き先も変化している中で，ホテル・旅館は旧態依然とした経営が行われてきた。バブル期以降に資金を借り入れ，大規模改装した旅館・ホテルは経営が厳しくなっている。外資系投資ファンドによる旅館・ホテルの買収について2004年8月19日付け日本経済新聞「ニッポンの観光力－下」を参照。

(26)　産業再生機構のホームページ http://www.ircj.co.jp/shien/index.html を参照。各支援先企業について再生計画が具体的に開示されている。

第131号）という法律がある。産業再生法は倒産法ではないが，経済の動きを見る場合に重要な法律なので，ここで簡単に見ておこう。同法の適用対象は経営状態が芳しくない企業に限られず，健全な企業も同法の適用を受けることができる。経済産業省所管の法律である。

同法1条は「内外の経済的環境の変化に伴い我が国経済の生産性の伸び率が低下している現状にかんがみ，我が国に存する経営資源の効率的な活用を通じて生産性の向上を実現するため，特別の措置として，事業者が実施する事業再構築，共同事業再編及び経営資源再活用を円滑化するための措置を雇用の安定等に配慮しつつ講ずるとともに中小企業の活力の再生を支援するための措置を講じ，併せて事業者の経営資源の増大に資する研究活動の活性化等を図ることにより，我が国産業の活力の再生を速やかに実現することを目的とする」と定めている。

具体的には，金融統括会社の設立，損害保険会社の合併，金融持株会社設立，企業債権放棄などに利用されており，企業の生産性を向上させるために，商法上の手続，税制，資金調達などでの優遇により「事業再構築」，「共同事業再編」，中小企業の「創業」や「経営資源活用新事業」の支援を行うこととしている。

● コラム2 ●　預金保険機構について

預金保険機構は1971年7月に預金保険法に基づく特別法人として設立され

---

(27) 産業再生法は，平成11年10月1日より施行され，本来は平成15年3月31日までの時限立法であったが，平成15年4月9日に抜本的に改正され，平成20年3月31日まで期限延長された。具体的には，以下の措置を定めている。
　① 商法上の組織再編手続の簡素化（検査役調査に関する特例，営業譲渡の際の債務移転）
　② 税制上の特例（登録免許税の軽減，欠損金繰越または繰延還付，共同出資子会社への現物出資の譲渡益課税繰延べ，長期保有資産の買換え特例，新規設備投資への特別償却，不動産取得税の軽減）
　③ 財政・金融等の措置（日本政策投資銀行の低利融資，産業基盤整備基金による債務保証）

第1章　倒産法総論

た。現在ではペイ・オフを中心として，不良債権処理を行い，傘下に，第二日本承継銀行，整理回収機構，産業再生機構を抱える大組織になっている。

　預金保険機構の業務には，本来業務である「金融機関の破たん処理に係る預金保険制度の運用」に関する業務のほかに，不良債権回収等の業務（不良債権の整理，回収を担当する整理回収機構に対して，指導，助言等を行い，他方当機構に付与された財産調査権を行使して，隠匿財産の発見，それによる回収支援等を行う），責任追及に関する業務（機構に責任解明委員会を設け，整理回収機構と協力して，破たん金融機関等の経営者及び悪質債務者等に対する民事，刑事上の法的責任追及等を行う），金融機能の再生及び健全化の業務として，①金融整理管財人の業務，②承継銀行（ブリッジ・バンク）の設立や経営管理などの業務，③金融機関の自己資本増強に関する業務，④システミック・リスクへの対応としての特別危機管理銀行に係わる業務がある。

　預金保険機構のグループ会社として，第二日本承継銀行，整理回収機構，産業再生機構がある。

　日本承継銀行は，預金保険機構の全額出資（20億5,000万円）によって平成14年3月11日，預金保険法92条に基づいて設立された。同銀行は，金融機関の破綻に際して，その受皿となる救済金融機関が直ちに現れない場合に，金融整理管財人による管理下におかれた破綻金融機関の預金等（付保預金等）や貸出資産等を引継ぎ，その業務の暫定的な維持・継続を図るとともに，再承継金融機関等を探し，営業譲渡等を行うことを主な目的とし，平成14年3月28日，石川銀行及び中部銀行との間で締結した営業譲渡契約に基づき，中部銀行については平成15年3月3日に，石川銀行については平成15年3月24日にそれぞれ営業を譲受け，同日付で受皿金融機関へ営業譲渡して，処理が完了して清算法人となったが，平成16年3月1日に第二日本承継銀行が設立された。

　整理回収機構は，住専（「住宅金融専門会社」）のローンが不良債権化したことにより設けられた機関である。住専は住宅ローンを提供する会社で，日本住宅金融，住宅ローンサービス，住総，総合住金，第一住宅金融，地銀生保住宅ローン，日本ハウジングローンの7社があった。本来は個人向け住宅

1 「倒産」という社会現象

ローンを目的に金融機関等の共同出資により設立された会社であるが、バブル経済の下、銀行や農林系金融機関の融資を受け、不動産向け融資を急速に拡大、バブル崩壊後、住専の不良債権は膨らんだ。住専7社を整理した場合の損失は巨額となるため、金融システムを混乱させずに、どう住専を処理すべきかが問題となった。平成8年の閣議決定によると、住専7社の負債は約13兆円、債権者300行超、貸付先20万件であり、破産手続をとったならば、関係者が多くて、手続が複雑になったであろう。平成8年(1996年)に住宅金融債権管理機構が設立されて、住専の資産が移管され、住専そのものは解散した。住宅金融債権管理機構はその後、整理回収機構 (The Resolution and Collection Corporation, RCC) に改組された(資本金2,120億円、全額預金保険機構が出資)。損失は6兆4,100億円といわれ、母体行などの関係者が大部分を負担して、国が6,800億円を支出し、別途国が預金保険機構に50億円を出資したが、公的資金による支援について大議論があったところである。

整理回収機構の債権買取は、2005年3月末までと予定されていたが、2004年12月24日付けの日本経済新聞によると、整理回収機構の債権買取を延長する案が浮上しているようである。これは大手銀行の不良債権処理が2005年3月末で一応めどが立つに至ったが、中小金融機関の不良債権処理は継続し、また2005年4月にはペイ・オフが解禁されるため、金融システムの混乱を避けるためであると説明されている。

産業再生機構は、2003年4月16日に「株式会社産業再生機構法」に基づき、預金保険機構が全額出資して、政府の関与する民間企業として設立された。2003年5月8日に業務を開始し、その後、同年5月20日に農林中央金庫からの出資を得て増資した。資本金は現在、505億700万円である。その会社としての目的は「再生を支援する事業者の債権をメインバンク以外の金融機関等から再生計画を勘案した適正な時価で買い取って債権債務関係を集約・整理し、その後、メインバンクと協力して当該事業者の事業の再生を行う」こと、「雇用の安定等に配慮しつつ、我が国産業の再生を図るとともに、金融機関等の不良債権の処理の促進による信用秩序の維持を図るため、有用な経営資源を有しながら過大な債務を負っている事業者に対し、過剰供給構造その他の当

第1章　倒産法総論

該事業者の属する事業分野の実態を考慮しつつ，当該事業者に対して金融機関等が有する債権の買取等を通じてその事業の再生を支援する」こととされている。産業再生機構の債権買取機能は発足時の予定通り2005年3月には終了し，その後は支援先企業の経営再建に注力し，2008年春までには産業再生機構は廃止されると予想されている。整理回収機構の機能と異なり，民間の企業再生ファンドが産業再生機構と同様の企業再生機能を果たしているためであると説明されている[28]。

⑶　「倒産」とはどういうことか

①　法律上の「倒産」の定義

倒産ということばはよく使われている。「倒産法」という法分野もあるが，「倒産」という言葉自体は法律用語ではなく，「倒産法」という法律もない[29]。ただし，「中小企業倒産防止共済法」（昭和52年12月5日法律第84号）[30]に「倒産」の定義がある。この法律は，中小企業の倒産防止のための共済制度を定めている。

中小企業倒産防止共済法2条　この法律において「共済契約」とは，中小企業者が中小企業総合事業団（以下「事業団」という。）に掛金を納付することを約し，事業団がその中小企業者の取引の相手方たる事業者につき次の各号のいずれかに該当する事態（以下「倒産」という。）が生ずることに関し，この法律の定めるところにより共済金を貸し付けることを約する契約をいう。

　一　破産，再生手続開始，更生手続開始，整理開始又は特別清算開始の申

---

[28]　2004年12月24日付け日本経済新聞記事を参照。
[29]　ただし，明治23年公布の破産法を起草したロエスレルは，当初「破産法」ではなく，「倒産法」のことばをあてていた。議会での審議を経て，最終的に「破産法」の語が選ばれている。
[30]　このような日常使用する「六法」に掲載されていない法律は，http://law.e-gov.go.jp/cgi-bin/idxsearch.cgi で検索するとよい。

立てがされること。

二　手形交換所において，その手形交換所で手形交換を行つている金融機関が金融取引を停止する原因となる事実についての公表がこれらの金融機関に対してされること。

すなわち，倒産とは，破産法，民事再生法，会社更生法上の手続，商法上の会社整理または特別清算手続の開始の申立てを行うこと，銀行取引停止処分を受けることである。倒産の定義について，倒産情報を提供している興信所の定義や銀行取引約定書の規定も同様である[31]。

② 倒産手続の開始原因

倒産とは，破産法，民事再生法，会社更生法上の手続，商法上の会社整理または特別清算手続の開始の申立てを行うこと，銀行取引停止処分を受けることであることが分かった。では，どのような場合に，倒産手続を申し立てるのだろうか。このような倒産手続を申し立てる原因となる事由を，倒産原因または倒産手続開始原因という。これは倒産手続を開始することができるかどうか，という実質的な問題である。新破産法は破産手続開始原因について，原則として，15条1項2項および16条1項で，次の三つを規定している。

・支払不能──**新破産法15条1項**（旧破産法126条1項参照）
「債務者が支払不能にあるときは，裁判所は，第30第1項の規定に基づき，

---

[31]　銀行取引約定書は，現在各銀行が独自に定めているが，期限の利益喪失条項として「甲について次の各号の事由が一つでも生じた場合には，乙からの通知催告等がなくても，甲は乙に対するいっさいの債務について当然に期限の利益を失い，直ちに債務を弁済するものとします。1）支払の停止または破産，民事再生手続開始，会社更生手続開始，会社整理開始もしくは特別清算開始の申立があったとき。2）手形交換所の取引停止処分を受けたとき。3）甲またはその保証人の預金その他の乙に対する債権について仮差押，保全差押または差押の命令，通知が発送されたとき。4）甲の責めに帰すべき事由によって，乙に甲の所在が不明となったとき」と定める例が多い。

第1章　倒産法総論

申立てにより，決定で，破産手続を開始する」
・支払停止──新破産法15条2項（支払不能を推定する）（旧破産法126条2項参照）。
「債務者が支払を停止したときは，支払不能にあるものと推定する」
・債務超過──新破産法16条1項（旧破産法127条参照）
「債務者が法人である場合に関する前条第一項の規定の適用については，同項中「支払不能」とあるのは，『支払不能又は債務超過（債務者が，その債務につき，その財産をもって完済することができない状態をいう。）』とする」

(a)　支払不能

支払不能とは，履行期の来た債務を円滑に弁済できない，継続的に弁済能力の欠けた状態をいう。銀行預金などの財産があれば，これを債務の返済に充てることができる。不動産や動産であれば，これを売却して現金化し，返済に充てることができる。現在は手元に財産はないが，将来性があり，働いて給料から返済できるということもある。しかし，このような現在の手元の財産もなく，信用もなく，さらに労務による収入も期待できないというのであれば，返済能力がないことになる。その例が次の東京高裁判決である。

・東京高裁昭和33年7月5日決定（百選第3版第4事件）（金法182号3頁）
　この事件は，興銀の理事，総裁を務め，大蔵大臣も務めたことのある著名な債務者[32]が破産宣告を受けた事件である。債務者はこの破産宣告を不服として抗告した事件である。債務者の負債は620万円，財産として家具，什器，骨董品，書画を有し，相当の価値があると主張したが，その疎明がなかった。

---

(32)　同債務者は信託法研究で著名で，昭電疑獄事件に連座した。同事件は復興金融金庫融資をめぐり，昭和電工の社長が，融資の見返りに政官界に賄賂を贈ったとされる事件で，1948年に農林次官，大蔵省主計局長，前蔵相，前副総理が相次いで逮捕され，内閣は総辞職に追い込まれた。

東京高裁は「合計約620万円の負債を負担し，一方積極財産として前示有体動産のほかは特記すべき財産とてもなく」，「労務並びに信用の点を考慮に入れても，まったく支払不能の状態にある」とした。すなわち，倒産法では過去の名声はなんら考慮されることなく，現在の返済能力，資金力が問われるのである。

(b) 支払停止

「支払停止」とは，「弁済能力の欠乏のために弁済期が到来した債務を一般的，かつ，継続的に弁済することができない旨を外部に表示する債務者の行為」[33]あるいは「債務者が弁済能力欠乏のため，即時に弁済すべき債務を一般的かつ継続的に支払できない旨を債権者に表示する主観的行為」[34]である。「債務者が支払いを停止したるとき」が「支払停止」であり，「債務者が支払いを停止したるときは支払いを為すこと能はざるものと推定す」とあり，支払停止は支払不能を推定させる。

支払停止の典型的な例が，手形の不渡による銀行取引停止処分である[35]。

---

[33] 伊藤眞『破産法（全訂第3版補訂版）』（有斐閣，2001）66頁。

[34] 齋藤秀夫＝麻上正信＝林屋礼二編『注解破産法 第3版 下巻』（青林書院，1999）119頁［谷合克行］。

[35] 東京手形交換所規則細則77条によると，不渡事由に「0号不渡事由（不渡届提出不要で不渡処分の対象外）」，「第1号不渡事由（異議申立ができない）」「第2号不渡事由（異議申立ができる）」の3種類がある。0号不渡事由（不渡届提出不要）とは，適法な呈示でない等を事由とするつぎに掲げる不渡事由であり，この場合，不渡届の提出は不要である（A．手形法・小切手法等による事由（形式不備，除権判決など），B．破産法等による事由（すでに破産手続が開始されている場合，破産債権は破産手続によらなければ行使できないので，手形は破産者の当座勘定で決済することができないという意味），C．案内未着等による事由）。第1号不渡事由とは，資金不足（手形が呈示されたときにおいて当座勘定取引はあるがその支払資金が不足する場合）または取引なし（手形が呈示されたときにおいて当座勘定取引のない場合）の場合をいい，第1号不渡届の提出を必要とする。ただし，取引停止処分中の者にかかる不渡（取引なし）については不渡届の提出を要しない。第2号不渡事由は，0号不渡事由および第1号不渡事由以外の

ただし，手形は支払手段であるとともに，信用手段であるが，最近は債権の流動化によって信用を享受することが行われ，手形の振出が減少しているので[36]，支払停止による破産手続開始は減少すると思われる。

「支払停止」は外部に表示する債務者の主観的行為であるとされているが，「夜逃げなどは黙示の支払停止」とし，「債権者会議を開いてその場で支払ができないとして営業の廃止等を宣言すること」も支払の停止に当たるとされている[37]。では，その前の段階で債務者が弁護士に債務の処理を相談するという場合，このような債務者本人と弁護士との相談は「支払停止」にあたるのか，ということが争われた事件がある。

・**最高裁昭和60年2月14日第一小法廷判決**（百選第3版第24事件）

この事案はやや複雑であるが，債務者が弁護士に資金繰りがつかないため債務整理の方法について相談をしていたところ，この債務者に融資していた債権者が債務者の様子に不審を抱き，抵当権の設定登記用の書類を債務者からとりつけ，債務者の代理人が破産の申立てを行なった当日に，抵当権設定の仮登記を行なったという事件である。

債務者の破産管財人が，旧破産法72条2号ないし4号（危機否認）に基づいて，仮登記の原因行為の否認，予備的に74条1項による仮登記の否認を行い，否認登記手続を求めて提訴した。

債務者が弁護士に相談した時点ですでに破産したというのであれば，

すべての不渡事由である。手形交換所規則によれば，一回の手形不渡では「警告処分」を受け，6ヶ月以内に再び手形を不渡にすると「銀行取引停止処分」となる。手形交換所加盟銀行は銀行取引停止処分を受けた者と2年間，信用取引をしてはならない。

(36) 単月の東京手形交換所のみの統計であるが，2004年7月に交換に提示された手形件数は4,452件，金額で32兆2,449億9,900万円となっており，これは件数で前年同月比19.2％，金額で14.2％のいずれも大幅な減少を示している。手形交換の統計は，http://www.zenginkyo.or.jp/stat/tegata/index0330.html を参照。また，約束手形は全国で過去20年間に約三分の一に減少している由である。今後も，手形の不渡は倒産事由として残るのだろうか。

(37) 山本和彦『倒産処理法入門第2版』（有斐閣，2005）47頁。

その直後の仮登記は他の債権者を詐害することになるから，否認の対象になる。一方，相談しただけでは破産に当たらないのであれば，否認の対象にはならない。

第一審は，倒産を予想したが，いつ倒産するかまでは分からず，破産申立てを知ることはできなかったとして，破産管財人の請求を棄却し，控訴審は弁護士に相談した時点で支払停止となったと認められるとして，管財人の請求を認容した。

最高裁は，対抗要件の否認可能性（危機否認）に関する「(旧)破産法74条1項の『支払ノ停止』とは，債務者が資力欠乏のため債務の支払をすることができないと考えてその旨を明示的または黙示的に外部に表示する行為をいう」のであり，「債務者が債務整理の方法等について債務者から相談を受けた弁護士との間で破産申立の方針を決めただけでは，他に特段の事情のない限り，いまだ内部的に支払停止の方針を決めたにとどまり，債務の支払をすることができない旨を外部に表示する行為をしたとすることはできない」として，破棄差し戻した。

(c) 債務超過

これは法人に認められる破産手続開始原因である。個人の場合には認められないが，個人の場合実際には支払停止，支払不能という事態は債務超過を意味していると考えられる。

債務超過とは，法人の貸借対照表で「資本の部」がマイナスになっている状態，すなわち債務額の総計が資産額の総計を超過している状態，貸借対照表上の負債が資産を上回る状態をいう[39]。債務超過は必ずしも支払不能を意味しないが，破産法は追加的な破産原因としている。

産業再生機構の支援を受けることになった某社の平成16年3月31日現在の貸借対照表は以下のとおりであるが，資本の部がマイナスを示し，

---

[38] 「債務超過」に似たことばに「資本欠損」ということばがある。「資本欠損」とは純資産が資本金と法定準備金（資本準備金と利益準備金の合計）の合計額よりも少ないときをいう。

第1章　倒産法総論

債務超過の状態にある。

(単位：億円)

資産		負債・資本	
流動資産	2,412	流動負債	5,795
受取手形	94	支払手形	289
売掛金	444	買掛金	125
製品	204	短期借入金	3,954
短期貸付金	2,281	その他	1,427
貸倒引当金	△1,843	固定負債	298
その他	1,232	負債の部合計	6,094
固定資産	429	資本金	313
有形固定資産	222	資本剰余金	145
無形固定資産	18	利益剰余金	△3,728
投資その他	189	資本の部合計	△3,251
資産の部合計	2,842	負債・資本の部合計	2,842

　この会社以外にも東京証券取引所に上場している企業の決算短信などを見ると、債務超過になっている会社が散見されるが[39]、上記のとおり公的機関や民間の金融機関の支援を受けたり、債務者に土地などの保有資産の含み益があれば、当該資産を売却することによって財務状況を改善することができる。

　東京高裁昭和56年9月7日決定（百選第3版第7事件）は、債権者が破産申立てを行い、地方裁判所が破産宣告を行ったことを不服として、同債務者の元取締役らが、債権者から債務免除の同意を得ていること、同社の債務の一部は代表者個人が保証していること、不動産には担保価値があること、などと主張して、破産宣告について抗告した事件であり、東京高裁は、債務免除の条件が成就しておらず、「法人の破産原因とし

---

[39] 上場企業の決算短信や決算公告はサイト上で入手できるので、関心のある企業について決算状況を見てみるといろいろな企業情報を得ることができる。

ての債務超過の事実を確定するに際しては，その法人の財産をもって債務を完済することができるか否かを判断すれば足」りるとしている。

③　倒産の原因

では，企業はどのような経済的・社会的な原因によって破産・倒産するのだろうか。

20年前の論文であるが，商工中金の長田氏は，具体的な中小企業の倒産のケースを分析し，倒産の直接の契機は，取引先の倒産や関係先・銀行の支援打切り，あるいは資金援助先の破綻，赤字の累積，売上不振などであるが，その背後には基礎的な要因があるとした[40]。すなわち，倒産には「直接の契機」と「基礎的要因」があるようである。基礎的要因で会社の体力が弱まり，最後の一撃として，直接の契機が襲い，適切に対処することができないと破産・倒産という事態に陥る。また，倒産の基礎的要因を，外的要因と内的要因に分けている。外的な要因は市場要因と制度的要因，内的な要因は戦略的要因と管理的要因である。

市場要因とは，需要の減少，消費者の嗜好の変化，有力な競合商品の出現などをいう。ここには，たとえば中国など労働コストの低い開発途上国からの追い上げによって，業態が悪化する軽工業を挙げることもできよう。また，制度的要因（政治的要因）とは，法制度上の変化をいう。たとえば，大店法の改正で従来の商店街の顧客が離れるという事態が考えられる。

---

[40]　長田寿夫「中小企業の倒産のメカニズム」商工金融33巻7号（1983年7月）41頁。一般に倒産する中小企業には「粉飾決算」が多いといわれている。同論文のポイントは，需要の減少，消費者嗜好の変化などの逆境にあってもすぐれた対策を取った会社は立ち直っているということを例証したことである。また，同論文は，「倒産事例を検討してみて，つくづく感じるのは，企業存続のためにそそがれる関係者の執念のすさまじさである」が，「その執念は，あくまでも客観的な現状認識に立って，そそがれるものでなければならない。そうでなければ，それは徒労におわるだけである」と結んでいる。またマネージメントからのアプローチとして太田三郎『企業の倒産と再生』（同文舘，2004）などがある。

第1章　倒産法総論

　戦略的要因とは，設備投資の失敗，新製品の開発の失敗，経営の多角化の失敗といった会社の経営判断の誤りに起因するものであり，管理的要因とは，経営の基本の管理の失敗（後継者の育成の失敗，支店・事業部等の管理の失敗），販売管理の失敗(無理な販売，販売先の倒産)，購買管理の失敗（思惑で原材料などを仕入れ），生産管理の失敗（不良品発生率の高さ），従業員管理の失敗，財務管理の失敗（財務管理の不在，粉飾など）を挙げている。たとえば，不動産，流通などバブル期に積極的な投資を行った会社の苦境が伝えられるが，これは戦略的要因による経営悪化ということができる。20年前の分析とはいえ，要因分析は現在も妥当する。

　アメリカの倒産原因に関する論文は，競争力がないために市場で売れないといった事態をエコノミック・ディストレス（economic distress），負債が多額になったため期日に返済できないといった事態をフィナンシャル・ディストレス（financial distress）と区別することが多い[41]。エコノミック・ディストレスにある会社を存続させることは，産業全体に広範な損失をもたらすおそれがあり，社会的見地からは救済を正当化できないが，フィナンシャル・ディストレスの場合には必ずしも事業撤退が妥当とはいえないとされている[42]。フィナンシャル・ディストレスはいわば黒字倒産のような，業績に問題はないが一時的な資金の逼迫という事態を意味する。

(4)　「倒産」件数について

①　司法統計と民間調査会社の発表数値

　倒産事件の件数は司法統計年報に掲載されている。一方，民間調査会社も倒産情報を提供している。たとえば帝国データバンクのレポートは

---

(41) 那須克己「事業再建におけるリーダーシップについて」『再生・再編事例集 1』（商事法務，2004）149頁。

(42) Rasmussen & Skeel, The Economic Analysis of Corporate Bankruptcy Law, 3 Am. Bankr. Inst. L. Rev. 85, 87（1995）．

2003年の倒産件数について「倒産件数1万6,624件は，前年（2002年，1万9,458件）を2,834件減（14.6％減）と大幅に下回り，4年ぶりの前年比減少となった。2002年まで3年連続して1万9,000件以上を記録していたが，2003年は『中小企業金融安定化特別保証制度』の影響で倒産が抑制された99年（1万5,460件）以来4年ぶりに1万9,000件を下回り，1万6,000件台にとどまった」[43]と述べ，東京商工リサーチは「2003年（平成15年）［1〜12月］の全国企業倒産（負債総額1,000万円以上）は，16,255件。負債総額は，11兆5,818億4,100万円となった。倒産件数は，前年比14.8％減，2年連続の減少に推移，1952年集計開始以来14番目の数字となった。また負債総額は，前年比15.9％減，3年連続の減少ながら，過去7番目にランクした。」[44]と述べている。

　司法統計の数値と民間調査会社の数値に10倍以上の差がある。これはなぜだろうか。

　民間調査会社が発表する倒産事件は，会社に限定し，しかも負債1,000万円以上の法的整理，不渡による銀行取引停止処分，および私的整理を合計した全倒産件数である。興信所の倒産計数は，個人を含んでおらず，法的整理と私的整理を合計している点で，司法統計と異なっている。

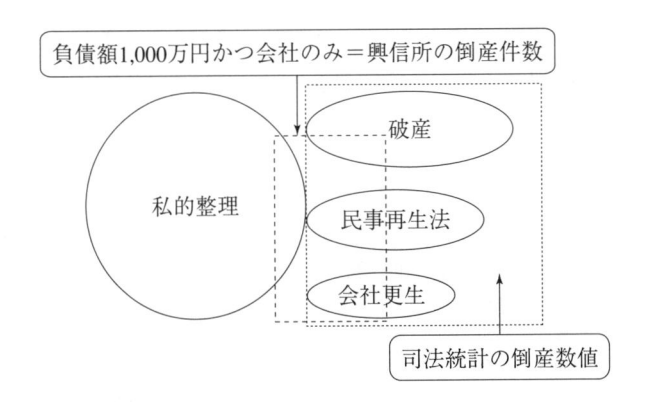

---

(43) http://www.tdb.co.jp/ を参照。

第1章　倒産法総論

したがって，倒産件数に関する報道などを見るときは，司法統計か，民間調査会社の発表か，という点に注意する必要がある。

② 　国際比較

わが国では，個人の破産事件が極めて多いが，このような状況はわが国固有なのだろうか。次に，他の主要国と倒産件数を比較してみよう。

(a)　アメリカ

アメリカでは，連邦裁判所が倒産統計を発表している。2004年12月3日に発表した9月末時点での倒産統計によれば，2003年10月から2004年9月末までの1年間で，個人と法人を合わせた倒産件数は，161万8,987件，そのうち個人（発表では non-business filing）は，158万4,170件である。個人が倒産全体の大半（97.8％）を占めているのはわが国と同様である。

1999年10月から2000年9月末までの1年間では，合計126万2,102件，2002年10月から2003年9月までの1年間は合計で166万1,996件であり，その間増加していたが，2004年9月末までの統計でようやく減少し始めている。それでも，2004年9月末までのアメリカの個人の倒産件数は，わが国の2003年の個人破産件数24万2,849件に比べると，6.5倍という極めて大きな数字である。アメリカ合衆国の人口は約2億8,100万人であり，したがって倒産比率を求めると0.56％となる。わが国の個人破産比率0.193％と比較しても，3倍ほどの社会経済的なインパクトがあることになる。なお，アメリカの場合には破産しても再生する割合が5割近い（47％）のに対して，わが国の場合には13％という数字がある[45]。

---

(44)　http://www.tsr-net.co.jp/topics/zenkoku/2003/t2003_01-12.html を参照。

(45)　http://www.uscourts.gov/Press_Releases/ を参照。このような数字を捉えて，アメリカの場合には破綻しても再起のチャンスが多いと言われることがある。しかし，資金調達における外部負債の比率，担保制度，銀行の貸倒償却の税務上の扱い，クレジット制度，小切手の使用頻度など，経済社会的な基礎が異なっており，こうした基礎的な違いを捨象した単純比較は意味がない。

1 「倒産」という社会現象

(b) イギリス

次に，イギリスを見てみよう。2003年11月11日の日本経済新聞は「英で自己破産急増：10年ぶり高水準」という記事を載せている。そのなかで，2003年第3四半期の個人の自己破産は9,094件で前年同期比17％増加したと報じられている。イギリス通商産業省の発表によると，イングランドとウェールズの2002年度の個人破産は3万587件，会社の破産は1万6,305件，合計4万6,892件となっている[46]。わが国の約半分の人口のイギリスであるから，単位人口あたりではわが国の3分の1程度の重大性ということになる。

(c) フランス

フランス法務省の統計によると，商人の倒産は1997年に5万9,340件のピークを記録してから，1998年に5万2,438件，1999年に4万8,001件，2000年に4万2,913件と減少傾向を示している[47]。なお，フランスの倒産統計は会社や自営業者などの商人のみである。フランスは革命後の1807年商法典以降，商人倒産主義を採用しており，個人・消費者の破産制度は設けられていなかった。1989年に，個人の債務整理手続としてニエルツ法が制定されたところである。この手続の件数は10万件以上であり，わが国と同様に個人の過剰債務が社会問題化している[48]。

(5) 「法的整理」と「私的整理」

① 法的整理とは

倒産手続とは，債権者に対して債務の返済ができず（支払不能），または現に支払わなければならない債務の支払を停止し（支払停止），あるい

---

[46] http://www.insolvency.gov.uk/information/stats/statistics.htm を参照。
[47] http://www.justice.gouv.fr/publicat/Rdrejudi.pdf を参照。
[48] わが国では2004年に破産法が一新されたが，偶然にフランスでも2004年に倒産法の改正案が国民議会に上程されている。わが国の民事再生法も参考にされていて，興味深い。

第1章　倒産法総論

は会社の債務金額が資産金額を上回った（債務超過）場合に，債務者と債権者との間で債務の返済についてあらためて合意に達することである。その合意とは，債務者が債務全額をすぐに支払うことができないため，債務の返済を一部にしてもらう，あるいは返済時期を猶予してもらうように債権者の同意を得ることである。これを債務整理といい，これに「私的整理」と「法的整理」がある。

このうち，裁判所の監督のもとで，破産法，民事再生法，会社更生法，商法の会社整理と特別清算の規定に基づいて，債権者の平等を原則として行われる手続を法的整理と呼ぶ。ただし，平成17年の商法の現代化のための改正において，特別清算は手続を整理した上で存置され，一方，会社整理は廃止される予定である[49]。

仮に，債権者の中に法的整理に反対する者がいたとしても，法的整理手続はこうした反対の債権者をも拘束する（債権者の団体原則）。法的整理手続を進めるために，債権者全体と債務者との間の権利関係を適切に調整する。債権者と債務者の権利関係を調整することから，倒産法には権利関係に関する「実体法」の規定があり（倒産実体法），また倒産の進め方に関する「手続法」の規定がある。

・法的整理の場合

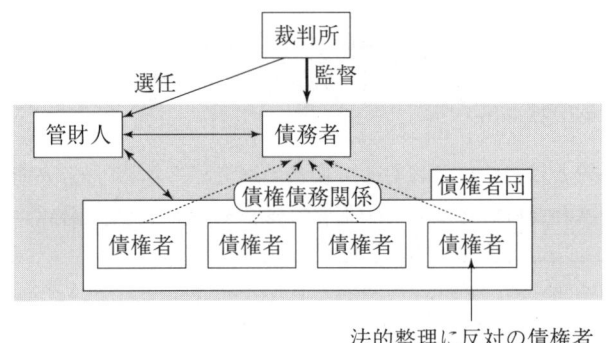

② 私的整理とは

(a) 裁判所の監督がない

法的整理に対して，私的整理（任意整理，内整理とも呼ばれる）は，裁判所の監督を受けずに，債務者と債権者が協議し，合意された内容によって行われる倒産処理である。

帝国データバンクの報告では，2003年の負債1,000万円以上の会社の破産事件は過去最高の5,384件，一方，同じく負債1,000万円以上の会社の私的整理は1万77件であり，私的整理は前年に比べて21.9％減少，最近は私的整理よりも，法的整理が増加していると分析している[50]。それにしても，会社の場合には，私的整理が破産の2倍近く利用されている。

・私的整理の場合

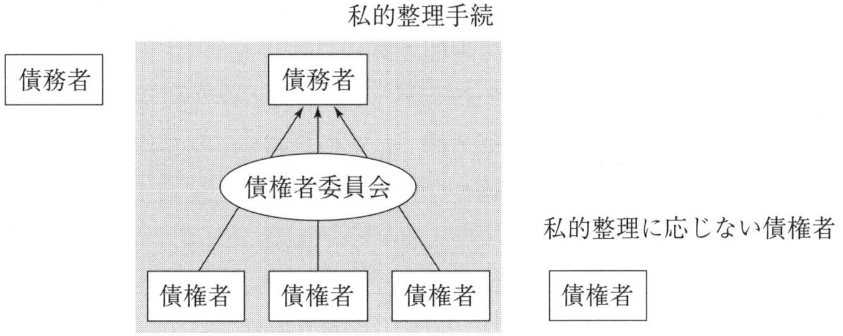

```
              私的整理手続
┌─────┐    ┌─────┐
│債務者│    │債務者│
└─────┘    └─────┘
              ↑ ↑
           ┌─────────┐
           │債権者委員会│          私的整理に応じない債権者
           └─────────┘
           ╱   │   ╲            ┌─────┐
       ┌───┐ ┌───┐ ┌───┐        │債権者│
       │債権者││債権者││債権者│        └─────┘
       └───┘ └───┘ └───┘
```

---

[49] 会社整理は，破綻に瀕した株式会社の私的整理（任意整理）を公正かつ容易にならしめるために，裁判所の監督の下で側面的に介入して監督・支援するという性格を持っている。私的整理を裁判所の監督のもとで行うという趣旨である。原則として管財人は選任されず，従前の経営者がそのまま事業を継続し，債務者のイニシアティブにより手続を進行する手続で，裁判所は後見的に必要な場合に介入することとしている。会社整理は債権者の多数決ではなく，債権者全員の同意を要する点が会社更生との大きな違いである。したがって，債権者数が少なく，取締役が信頼を得ているような場合に利用される。ただし，手間コストは少なく，

私的整理では，普通，主な債権者によって債権者委員会が構成され，債権者委員会委員長が互選される。債権者委員会委員長は，破綻した債務者の帳簿や印鑑を保管管理し，また，債務者による処分を防ぐために，債務者名義の不動産の仮登記を行う。さらに，債務者の売掛債権等の財産については債務者から債権譲渡を受け，その取立てを行うなど，債務者の財産の管理処分が行われる。また，破綻した債務者と将来の返済などについて契約を結ぶことになる。この契約は，再生手続における再生計画，更生手続における更生計画に相当するものである。

(b) 私的整理の意義と限界

私的整理は，法的整理に比較すると，裁判所の監督がなく，手続の進め方が法律に拘束されていないことから，迅速低廉に行うことができ，融通が利くというメリットがある。法的整理は一般にコストがかかるので，債権者が少ない，破綻した債務者の財産が少ないなど，手間やコストをかける必要がなく，また手間・コストをかけることのできない事件では，私的整理によることも合理的である。

しかし，私的整理には比較的短所が多い。平成15年の経済財政白書第2章「金融と企業の再構築」第3節「企業の再構築」は私的整理の「意義と限界」を次のとおり，指摘している[51]。

・私的整理の意義と限界

民事再生法や会社更生法等に基づく法的整理で再建を目指す場合，ブランド・イメージの劣化や商品供給力の低下等によって債務者の事業基盤が著しく毀損する場合がある。そこで，法的整理に追い込まれる前に処理を迅速に行うために，債権放棄等によって，私的整理の枠組みを利用することが重要となる。これによって，事業資産の散逸を回避し，事業再生を図ることができ

相対的に小さな株式会社に向いている。
(50) http://www.tdb.co.jp/ を参照。
(51) http://www5.cao.go.jp/j-j/wp/wp-je03/pdf/03-00203.pdf を参照（123頁）。

る。

　ただし，私的整理においても，再建型処理の対象となるためには一定の条件を満たす必要がある。すなわち，当該企業による事業継続に対して市場価値が存在すること，企業の再建を図ることが債権者にとって経済合理性があること，である。また，事業再生の対象となる企業には，合理的な再建計画の策定が求められる。

　また，企業の再建を図る上では，金融機関の債権放棄によって債務を十分に圧縮することが重要である。その上で，債務を株式に転換するデット・エクイティ・スワップを活用して資本増強を図るとともに，その株式保有者に再建の成果を還元する機会を提供すること等が考えられる。

　他方，法的整理に対する私的整理の主たるデメリットとしては，債権者にとって私的整理を行う経済合理性や再建計画の妥当性を担保する手続が明確でない，弁済禁止等の保全措置がなく，債権者の担保権行使に対する対抗措置が具備されていない，私的整理は法的拘束力を持たないため，多数決によって再建計画に同意しない債権者の権利を変更することはできない，といったことが挙げられる。

――――――――――

　私的整理の問題点としては，債務者の財産情報の入手に限界があること，債権者の自力救済や偏頗行為に対して無力であること，債権者への強制力がないこと，債権者委員会に出席しない債権者の抜け駆けの可能性，債権者委員長などの機能遂行を監督する手段がないこと，債権者委員長が債務者と通じたり，債権者委員が私服を肥やすおそれがあること，税務上，直接償却の可能性は認められないこと，全関係人の合意によって成就するので，裁判所の後見的な監督がないこと，倒産に不正がある場合の追及がゆるくなること，手続が法定されていないのでコストは安いが，関係人の手続保障がおろそかになること，債権者全体を含むとは限らないので，外れた債権者が破産を申立てる可能性があること，などを挙げることができる。また，私的整理では，金融機関の債権者は債務者から債権放棄を求められることがあるが，安易に債権放棄に応じた場

合，金融機関である債権者はその株主から債権放棄によって会社に損害を生じさせたとして，株主代表訴訟を提起されるおそれもある。債権放棄を求められる金融機関にとっては，債務者の再生はもとより望むところであるが，その一方で，代表訴訟リスクを最小限にしなければならず，難しい判断を迫られることになる。

	メリット	デメリット
私的整理	簡易，迅速，手続の秘密の確保	不透明，不公平のおそれ，税務上の問題，債権者にとっての株主代表訴訟リスク
法的整理	公平，平等，債権者の税務上の扱い	コスト，時間

(c) 私的整理に関するガイドライン

　私的整理は文字通り私的な手続であるから，私的整理の手続や私的整理における債権者と債務者の権利関係を規定するような法律は存在せず，公的な基準は存在しない。しかし，たとえば，債権者である金融機関が債務者から債務免除を求められても，基準がなければ諾否の判断のしようがない。安易に債務者からの債務免除の申出を受け入れると，債権者である金融機関は本来回収すべき債権を放棄し，金融機関に損害を与えたとして，金融機関の株主から株主代表訴訟を起こされるかもしれない。

　また，私的整理において，債権者が債務者の求めに応じて債権を放棄した場合，経理上損失が生じるが，税務上この損失が認められるかという問題もある。

　そこで，2001年4月の「緊急経済対策」では，私的整理のデメリットを軽減するため，私的整理における債権放棄に関する原則を確立し，債権者間の調整手続の透明性を高めることによって企業再建の円滑化を図ることとされ，同年9月に，政府の働きかけで，金融界・産業界の代表

により「私的整理に関するガイドライン」が設けられた[52]。

これは，経団連，全国銀行協会，全国信用金庫協会，全国信用組合中央協会，オブザーバーとして財務省，経済産業省，国土交通省，金融庁，日銀，預金保険機構が「私的整理に関するガイドライン研究会」を組織し，イングランド銀行を中心としてロンドン・アプローチを原則としたINSOL（倒産実務家国際協会）の8原則を参考にして設けたものである[53]。

「私的整理に関するガイドライン」は，会社更生法や民事再生法などの手続によらずに，債権者と債務者の合意に基づき，債務（主として金融債務）について猶予・減免などをすることにより，経営困難な状況にある企業を再建するためのものである。このガイドラインの適用はもともと二つの意味で限定的である[54]。

---

(52) 私的整理に関するガイドライン本文は，http://www5.cao.go.jp/j-j/wp/wp-je03/pdf/03-00203.pdf を参照。

(53) 1999年の複数の準大手ゼネ・コンに対する銀行の巨額の債権放棄に対する反省から，不透明な交渉による債権放棄ではなく，一定の指針を設けることとした。2001年4月の政府の緊急経済政策に基づき，公明正大で透明性のある私的整理のためのルールであり，債権者企業と金融機関が再建のために債権放棄，デット・エクイティ・スワップを行うためのルールである。企業再生機構は「企業再生機構における企業再生の基本的考え方」のなかで「私的整理に関するガイドライン」とINSOLの原則との関係について，「企業再生に関するRCC（産業再生機構）の基本的な考え方は上述したところであるが，私的整理により企業再生を進めていく手続においては，「私的整理に関するガイドライン」を参考にしつつ，INSOLの原則の精神を基本的に踏まえて進めていくことになる。INSOLの原則は，債権者及び債務者の行動制限，債務者の債権者等に対する情報開示の確保，債務者に関する情報の共有化と秘密保持等の8原則であるが，いずれも私的整理の手続に適用されるべき原則を定めたもので，私的整理の実体的な内容を定めたものではない。もともと公正な私的整理は，主要債権者が債務者と，また，お互いに合意協力して，初めて開始し得るものであることを考えると，これらの原則は公正な私的整理を行おうとする以上債権者，債務者間で当然遵守しなければならないルールを明文化したものであるとも言えよう。その意味では，その適用のあり方については具体的な事案に即して種々の現れ方があり得ようが，常にその精神は遵守されてしかるべきであると考えられる」と説明している。

第1章　倒産法総論

　第1に，このガイドラインの債権者は金融機関（銀行，信金・信組，生損保）に限るので，一般商取引の債権者は入らない。リース，ノンバンク，商社などを排除するものではないが，債権者数が少ない場合には手続が重過ぎる。

　第2に，ガイドラインが想定している企業は，本来は会社更生法や民事再生法などの手続によるべきであるが，これらの手続では事業価値が著しく毀損され，再建に支障が生じるおそれがあり，私的整理によって行う方が債権者と債務者双方にとって経済的に合理性がある場合である。過剰債務が原因で経営の自主再建が困難であるが，ブランドや技術があり，法的整理をするとこれらが損なわれかねず，私的整理ならば債権回収が相対的に多くなるという場合であって，代表者が退任して，創業者一族が排除されることが条件であり，減資によって株主は責任を負担し，3年以内の経常黒字化を目指すとしている。このガイドラインによる私的整理は，債権者に債務の猶予・減免などの協力を求める前提として，

（54）　平成15年度年次経済財政報告第2章 金融と企業の再構築 第3節「企業の再構築(2)私的整理の現状と課題」のうちの「私的整理の枠組みの整備」はガイドラインの利用が低調な原因を「株主責任や経営責任等に関する再建計画案の要件が厳格なために，『ガイドライン』を債務者企業に採用させるインセンティブに欠けていた面が考えられる。また，実際の具体的な利害調整が，主にメインバンクに依存しているということも関係があると考えられる。なぜなら，メインバンクによる債権者間の利害調整機能が低下している場合には，私的整理での処理が困難になるといった状況が起こり得るためである。この場合，債務者企業に対する事業再生の着手が遅れることにより，当該企業の事業価値が次第に劣化し，再生可能な企業も再生不可能な状態に陥ってしまう危険性がある」と分析し，「こうしたことから，2003年2月に経済産業省が公表した『早期事業再生ガイドライン』では，経営者がより主体的に適切な再建計画を作成するとともに，少額債権者の全額弁済を確保した上で，主要債権者との間での合意形成を目指し，一部債権者の反対により合意が得られない場合は法的整理に持ち込むという，プレパッケージ型事業再生を促進するような取組」を提唱し，さらに企業再生ファンドや整理回収機構（RCC），産業再生機構に低下したメインバンクによる利害調整機能に代わる機能を期待している。

債務者企業自身が再建のための自助努力をすることはもとより，その経営責任を明確化して，株主（とくに支配株主が存在する場合にはその支配株主）が最大限の責任を果たすことを予定している[55]。このガイドラインによる場合，経営者は交代しなければならない。

このガイドラインに沿って私的整理が行われた例として，市田（東京）[56]，岩田屋（福岡），東洋シャッター（大阪），岡島（甲府），函館ドック，日本冶金工業，西武百貨店，ハザマなどがある。西武百貨店の支援策は，総額2,300億円の金融支援であり，2,200億円の債権放棄（みずほコーポレート銀行の1,426億円など。放棄率は無担保貸出の62%）と100億円の増資（十合，西武鉄道，日本政策投資銀行，伊藤忠，みずほ）などであり，債権者43社から同意を取り付けた[57]。

(d) 私的整理の法的性質

私的整理とは経済的な判断に基づく行為であるが，私的整理は，私的整理に関するガイドラインにしたがって行う場合も含めて，元来法律の規定に基づいて行われるものではない。このため，私的整理とは法的にはどのような手続なのか，すなわちその法的性質，さらに私的整理による会社の再建策で債権者を拘束することになるが，その拘束力の根拠について議論があった。

・**最高裁昭和51年11月1日第二小法廷判決**（百選第3版第126事件）

　Xは債務者A，BがCに対して負担する債務を立替払いした。この立

---

[55] 「私的整理に関するガイドライン」運用に関する検討結果（金法1659号30頁）を参照。

[56] 市田の例については，『再生・再編事例集1』（商事法務，2004）60頁を参照。取引金融機関から92億円の債権放棄を受け，株主資本を41億円から8億円に減資した。企業再生ファンドが債権放棄後の残存貸金債権を買い取り，これをデット・エクイティ・スワップにより株式に転換した。

[57] 一方，私的整理に関するガイドラインの適用を目指したが，法的整理に移行した例として，熊本の壽屋，ニコニコ堂の事例がある。強力なスポンサーがあるか否かがポイントとなるようである。

替金については，A，Bが所有する不動産の売却代金から優先して支払う旨を債権者委員会で決議した。そこで代金を保管した債権者委員の一人であるYに対して支払いを求める訴えを提起した。Yは決議に参加していなかった。

最高裁は「内整理は全債権者の合意に基づいて遂行されうるものであって，そのいわゆる債権者委員会の権限の内容及び議決要件等については和議法ないし破産法におけるような法律上の定めはない」ので，「本件の債権者委員会における所論の議決は，その表決に加わらなかったYを拘束することができない」とした。

・**東京地裁昭和49年5月31日判決**（百選第3版第127事件）
　倒産の数日後に開かれた第一回債権者総会において，金融機関の担保権者を除く全債権者の9割以上の出席者の全員一致により債権者委員が選任され，同委員会に債権債務の整理に必要な一切の行為をなすことを委任した。第2回の債権者総会で，金融機関の担保権者を除く全債権者の過半数の出席者の全員一致で整理案が承諾された。債権者Xは，債権者総会，同総会の取り決めにより成立した債権者委員会は存在自体法律の根拠がなく，その取り決めには法的拘束力はないと主張した。

　東京地裁は，債権者総会での全員一致により決定された事項でない限り，当然には全債権者を法的に拘束する効力を持たないが，この総会は「債権債務関係の整理を目的として開催されたものであって，そこに出席し協議をした債権者も，右整理を意図している」のであり，「債権の整理を私的手続の限度でできる限り画一的かつ公平に行う為に出席した全委員が承諾し，相協力して統一的な行動をとってきている」ので，「右各集会でなされた決定は，少なくともその集会に出席し，その決定に同意をした個々の債権者に対しては，それを拘束する効力を有する」とし，私的整理は倒産者と「その債権者との個別的な私法上の一種の和解契約の成立としての性質を有する」とした。

私的整理に関するガイドラインも「このガイドラインには、法的な拘束力や強制力はありませんので、対象債権者が債権者会議に出席するように強制することはできませんし、債権者会議で取り決めた事項の効力を出席しなかった債権者に及ぼすこともできません」としている。

・東京地裁昭和57年4月27日判決下民集33巻1〜4号168頁（百選第3版第125事件①）[58]

同判決は「私的整理は、最終的には、債権者あるいは債権者団と債務者との間における一種の和解契約の成立を持って終了する」ものであるが、債権者委員会、委員長の行動、法的性質は一義的に論定することは困難であり、必ずしも団体性を具備するというものではなく、「個々の具体的事実関係を基礎として始めて個別的に確定され得る」とした。

私的整理における債権者委員会委員長の機能については議論があり、これを民法上の委任または準委任とする説、債権者団体を民法上の任意組合とし、委任関係とする説、債権者団体・債権者委員会を権利能力なき社団とし、委員長をその代表者とする説、私的整理を財産清算信託であるとし、債権者委員長を受託者であるとする説などがある。

私的整理の特徴をまとめると以下のとおりである。

・私的整理は債権者と債務者が裁判手続によらずに債権者の債権の満足を図る手続であり、規制する規定はない。私的整理に関するガイドラインが設けられたが、これは大企業を対象としており、ガイドラインに沿って処理された事案は少ない。
・私的整理は、債権者委員会への委任と債権者委員会が財産を支配することに対する倒産者の同意によって成立するので、一種の集団的和解契約である。
・整理の内容は、メイン・準メインなど金融機関が債務を免除したり、減資（株主責任の明確化）、一部放棄、債務の分割返済である。

---

[58] 東京地裁昭和56年4月27日判決（百選第3版第125事件②）をあわせて参照。

第1章　倒産法総論

	清算型手続	再建型手続
法的整理	破産手続 特別清算手続	民事再生法に基づく手続 会社更生法に基づく手続 （会社整理手続）
私的整理	清算型私的整理	再建型私的整理

● コラム3 ●　私的整理に関するガイドラインと産業再生機構

　産業再生機構の設立は「私的整理に関するガイドライン」の利用が低調であったことも影響している[59]。同ガイドラインは，一種公的なガイドラインとして設けられたが，強制力を欠いている。債権者である金融機関は必ずしも同ガイドラインに沿った解決を選択しなければならないわけではない。同ガイドラインは，現在，産業再生委員会の委員長である高木新二郎教授・弁護士を中心に作成されたが，同委員長は新聞のインタビューに以下のように答えている[60]。

―――――――――――

　「経済の再生のためには企業の再生が大変重要です。企業をつぶしてしまうと失業が増えるし，工場，設備はすべてムダになります。ですから救えるものは早期に救おうとガイドラインを作りました」
　「ガイドラインではメインバンクと準メイン行が債権放棄を分担するのが再建計画の大枠ですが，不良債権の追加発生などで準メイン行が分担に難色を示す"メイン寄せ"が起き，計画がまとまらなくなっていた」
　「産業再生機構は，準メイン行以下の債権を機構が買い取るわけですから，早い話，ガイドラインがいらなくなったのと同じ」

―――――――――――

(59)　産業再生機構については設立前に，2003年8月号の「選択」の記事，設立半年後にも2003年11月26日付け日本経済新聞「経済教室／役目終えた産業再生機構」（鹿野嘉昭教授）などの批判がある。
(60)　2003年2月2日付け日本経済新聞参照。

同ガイドラインは，メインバンクが他の銀行から債権を買い取り，債務免除する，あるいはデット・エクイティ・スワップを行ない，債務者の過剰債務を圧縮することとしていたが，一債務者に対する金融機関の格付けは等しくないので（一種のダブルスタンダード[61]），債権売却に応ずる金融機関と応じない金融機関が現れ，同ガイドラインのスキームが成立しなかった。私的整理に関するガイドラインの利用は低調であるが，その一方で，事業再生ファンドは大規模な事業再生案件に活発に参加している[62]。

(6) 債権者平等と裁判所による監督

① 抜け駆けの禁止

現代の倒産手続（法的整理手続）は，債権者の平等と裁判所の監督を原則とする。

では，なぜ裁判所が倒産手続を監督するのだろうか。

債務者が危機に陥っても，債権者可能な限り全額弁済を望む。債務者が支払わないのは，債務者側に問題があるからであって，債権者にはなんら責任はないからである。債権者が一人の場合にはこの理屈が成り立

---

(61) 2004年2月19日付け日本経済新聞「貸出債権の評価－地域金融機関，大手銀とズレ」を参照。従来，「大手と地域で不良債権処理の進め方に違いを認める金融庁の方針があった」と報じている。
(62) 企業再生ファンドについては，平成16年3月14日付け日本経済新聞記事など多くの報道がある。企業再生ファンドは，機関投資家などの投資家から資金を集め，現在は苦境にあるが事業再生が可能と評価される会社に対して出資（エクイティ・ファイナンス）または当該会社に対する債権をアンダー・パーで買い取り（デット・ファイナンス），当該会社に対して主たる株主または債権者の立場から，事業再生をアドバイスし，期待通り奏功した場合に，出資株主を転売または買い取った債権を額面または額面に近い額で回収して，収益を得るファンドである。一般に，わが国で設定されるファンドは商法上の匿名組合や投資事業有限責任組合契約に関する法律（平成10年6月3日法律第90号）に基づく投資事業有限責任組合の形態を取る。

つが，ほかに債権者がいる場合にはそうはいかない。ほかの債権者が抜け駆けして，一人だけ有利な債権の回収をするかもしれない。ほかの債権者に抜け駆けさせないためには，自ら先んじて債権を回収しなければならない。他の債権者が債権回収に成功したのに，自社がこれを怠っていれば，経営者は株主から株主代表訴訟によって責任を追及されるかもしれない。そうなると，債権者は「われさきに」と債務者のもとに駆けつける。これでは最後の踏ん張りをしている債務者も倒産せざるを得ない状況に陥ってしまう。このため，個々の債権者の抜け駆けを抑えるために公的な機関である裁判所が監督する必要がある[63]。

　債務者からの債権回収をめぐって，疑心暗鬼になりがちな債権者の状態を「囚人のディレンマ」[64]として，裁判所の監督の必要性を説明する意見もある[65]。倒産した債務者の債権者はそれぞれ他の債権者の動向

---

[63] 福田教授は「複数の債権者間の利害調整が難しい最大の理由は，他の債権者が債権放棄に同意する場合に，残りの債権者は自らの優先権を行使することで債権をできるだけ多く回収しようとするインセンティブ（誘因）が働いてしまう点にある。債権者がこのような抜け駆け的な行為を行うインセンティブを持つ限り，債権者間の利害調整は成立せず，債権放棄を伴った企業の再生は実現しなくなってしまう」と説明している（福田慎一「設備投資と金融[5]過剰債務問題」2004年9月3日付け日本経済新聞（やさしい経済教室））。

[64] 「囚人のディレンマ」は，ゲームの理論の一つで，1950年にアルバート・タッカーが発表した。この理論による説明はいわゆる「法と経済学」の理論である。囚人のディレンマとは，共同謀議で犯罪を実行した容疑者AとBが逮捕され，互いに連絡が取れない状況にあるという場合に，両者が自白すると刑は5年，両者が黙秘し続ければ犯罪が立証できず，軽犯罪のみで1年の刑，しかし，一方が黙秘し，他方が自白すると，黙秘した者は7年，自白した者は0.5年の刑という場合に，AとBはどのような行動をとるかという問題である。アメリカの政治哲学者ジョン・ロールズはその著「正義論」において，囚人のディレンマを「彼らは功利主義者であるか，あるいは正義の諸原理（囚人への適用は制限されている）を是認するということが，もし囚人の間の共有知識であるならば，彼らの問題は解決されるであろう。このいずれの考えもこの場合，もっとも思慮ある取り決めを指示する」と説明する（ジョン・ロールズ（矢島ほか訳）『正義論』（紀伊国屋，1979）254頁）。

を知ることができないから，疑心暗鬼になりがちである。この場合に，債権者が協力すれば，債務者を再生することに成功して，時間はかかるかもしれないが，充分な債権回収を果たすことができるかもしれないが，疑心暗鬼に陥った債権者は，それぞれ勝手に自分だけの満足のために，債権回収に走るかもしれない。後者の場合には，一部の抜け駆けした債権者は満足することができても，他の債権者は協力した場合に得られたであろう回収額を下回る配当で納得しなければならなくなる。このような債権回収競争が恒常化すれば，商取引における企業間・商人間の信用供与は縮小し，ひいては経済活動自体が縮小してしまいかねない。商取引を拡大するよりも，債権回収に汲々とすることになりかねない。

法的整理を裁判所の監督のもとで行うことは，個々の倒産手続にとって重要であるとともに，経済活動全体にとっても重要な要請なのである。

② 団体原則と管財人

法的整理手続では，裁判所が監督するだけではなく，債権者は団体として行動し，個々の債権者は勝手な行動を取ることができないようになっている（債権者集団行動原則，債権者団体原則）。この原則は，中世のイタリア慣習法からの伝統である[66]。債権者は抜け駆けを防ぐために，一団となり，手続を一本化しようとした。中世イタリアでは，債権者は

---

(65) 山本和彦『倒産処理法入門（第2版）』（有斐閣，2005）2頁。
(66) 中世のイタリアの商業都市では，国際的な商取引が活発化し，倒産手続としてローマ時代の倒産手続を再生させ，ローマ時代の債権者平等原則，多数決による和議，監視期間の制度を設けた。監視期間制度は，現在のわが国倒産法の否認の祖先である。その後，中世イタリア倒産手続は，フランスに輸入され，リヨン条例はとくに管財人または管理人が代表する債権者組合と多数決による和議制度を継承した。リヨン条例による倒産手続は，ルイ14世時代の1673年王令にとりいれられてフランス全国に拡大された。王令ではローマ期からの債権者平等原則が維持され，破産を商人・非商人を問わず，すべての債務者に適用された。破産手続が開始されると，債権者は債務者の財産を封印し，棚卸を行ない，債務者は「資産負債証明書」を債権者に提出しなければならなかった。1673年商事王令は1807年フランス商事法典の基礎となり，さらに明治時代に入って，ロエスレルは

第1章　倒産法総論

債権者団体（*union*）を構成し，破綻した債務者の財産の清算を代表者（*direction*）に委ねるという契約を結び，債権者は契約にしたがって，債権者のうちの一名に倒産者の資産の清算を委ね，管理人はふたりの理事の補佐を得て，全員の名において行動した。わが国も含め倒産法に共通する債権者の平等原則と管財人の選任は，必ずしも最近の法律の発明ではなく，イタリア中世からの長い伝統である。

③　債権者平等原則

倒産という事態が生じると，利害関係者は自己の利益をまずなによりも優先したいと考えるが，これでは公平な処理が出来なくなるおそれがある。早い者勝ち，抜け駆けした者の勝ち，という事態になれば，債権者の公平を期すことはできず，また債権者は常に債務者の業態を確かめ，他の債権者に遅れを取らないようにしなければならなくなる。また，債務者が特定の債権者と謀って，優先的に弁済する代わりに債権を減額させるなど，他の債権者を害するような結果を招くおそれもある。

倒産手続における債権者平等原則は近代倒産法の根幹である[67]。

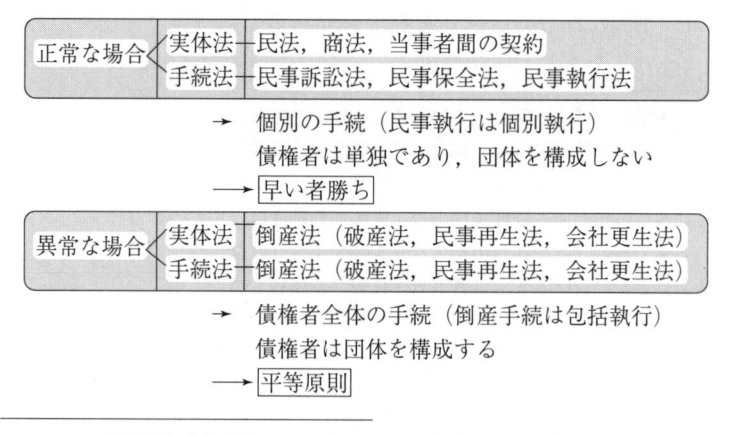

```
                  ┌実体法─民法，商法，当事者間の契約
     正常な場合  ─┤
                  └手続法─民事訴訟法，民事保全法，民事執行法

          → 個別の手続（民事執行は個別執行）
            債権者は単独であり，団体を構成しない
          ──→ 早い者勝ち

                  ┌実体法─倒産法（破産法，民事再生法，会社更生法）
     異常な場合  ─┤
                  └手続法─倒産法（破産法，民事再生法，会社更生法）

          → 債権者全体の手続（倒産手続は包括執行）
            債権者は団体を構成する
          ──→ 平等原則
```

フランス商事法典を参考として，わが国の明治破産法を起案しているので，間接的ではあるが，わが国倒産法にも及んでいるということができる。

1 「倒産」という社会現象

● コラム4 ●　倒産と手続保障

　破産手続は，当事者の申立てに対して裁判所の命令によって行われ，また裁判が公開されるとは限らない。一方，憲法32条は「何人も，裁判所において裁判を受ける権利を奪われない」，また，82条1項は「裁判の対審及び判決は，公開法廷でこれを行う」と規定している。このため，倒産手続では，当事者の手続保障が確保されていないのではないかという問題がある。

　最高裁昭和45年6月24日大法廷決定[68]の事件は，債権者の申立てにより破産宣告を受けた破産者が申立債権，破産原因の不存在を主張して，破産宣告に対して抗告したが棄却された後，あらためて破産決定・抗告棄却決定が口頭弁論を経ないで行われたとして，特別抗告したものである。最高裁は，憲法82条にいう「裁判とは，現行法が裁判所の権限に属せしめている一切の事件につき裁判所が裁判という形式をもってするすべての判断作用ないし法律行為を意味するものではなく，そのうち固有の司法権の作用に属するもの，すなわち，裁判所が当事者の意思いかんにかかわらず終局的に事実を確定し当事者の主張する実体的権利義務の存否を確定することを目的とする純然たる訴訟事件についての裁判のみを指す」，「破産手続は，狭義の民事訴訟手続のよ

---

[67]　アメリカ連邦倒産法のチャプター・イレブン手続では，債権者が担保権者か否かで分類され，いくつかのクラスに分けられる。再建計画に対してあるクラスの反対があっても，少くとも計画遂行により損失をこうむるクラスが一つでも賛成し，不当な差別的扱いがなく，公正・衡平である限りは，裁判所は再建計画を認可する。これをクラム・ダウン（cram down，燕下の意味）という。一方，わが国の会社更生法168条1項は「更生計画の内容は，同一の種類の権利を有する者の間では，それぞれ平等でなければならない」とし，同3項は「更生計画においては，異なる種類の権利を有する者の間においては，第1項各号に掲げる種類の権利の順位を考慮して，更生計画の内容に公正かつ衡平な差を設けなければならない」と規定している。民事再生法155条1項は「再生計画による権利の変更の内容は，再生債務者の間では平等でなければならない」と定めている。

[68]　最高裁昭和45年6月24日大法廷決定民集24巻6号610頁（百選第3版第1事件①）。

うに，裁判所が相対立する特定の債権者と債務者との間において当事者の主張する実体的権利義務の存否を確定する手続ではなく，特定の債務者が経済的に破綻したためその全弁済能力をもってしても総債権者に対する債務を完済できなくなった場合に，その債務者の有する全財産を強制的に管理，換価して総債権者に公平な配分をすることを目的とする手続であるところ，破産裁判所がする破産宣告決定は右に述べたような目的を有する一連の破産手続の開始を宣告する裁判であるにとどまり，また，その抗告裁判所がする抗告棄却決定は右のような破産宣告決定に対する不服の申立てを排斥する裁判であるにすぎないのであって，それらは，いずれも，裁判所が当事者の意思いかんにかかわらず終局的に事実を確定し当事者の主張する実体的権利義務の存否を確定することを目的とする純然たる訴訟事件についての裁判とはいえない」として，手続保障の問題はないとした。

　また，最高裁平成3年2月21日第三小法廷決定[69]は，破産債権者が破産者の免責申立てに対して異議を述べたが免責決定され，破産債権者は抗告したがこれも棄却されたため，多数の債権者の利害に関する破産免責について口頭弁論が保障されていないこと，異議を申し立てた債権者に意見聴取の機会しか与えていない破産法は憲法32条に反することを主張した事件である。最高裁は，「免責の裁判は，当事者の主張する実態的権利義務の存否を確認することを目的とする純然たる訴訟事件についての裁判ではなく，その性質は本質的に非訟事件についての裁判であるから，右免責の裁判が公開の法定における対審を経ないでされるからといって，破産法の右規定が憲法32条に違反するものではない」とした。

2　「倒産法」の歴史

(1)　制裁としての倒産から債務者の再生のための倒産へ

　バブル期以降，わが国では破産事件を中心として，倒産が多発してい

---

(69)　最高裁平成3年2月21日第三小法廷決定（百選第3版第1事件②）。

る。倒産は，ここ10年の最近の現象のようである。しかし，倒産手続，すなわち債務を返済できない債務者に対して債権者が共同で権利関係を調整するという意味での倒産手続には，ローマ時代に遡る長い歴史がある[70]。

商取引が活発化すると，倒産法・倒産手続が必要となる。この事情は中世末期から近世初期のヨーロッパの商業都市に見られた。また，19世紀の産業革命以降の資本主義経済，市場主義経済の発達によって倒産が多発すると，倒産法・倒産手続が時代に合ったものに再構成されていった。倒産法・倒産手続は商取引と不可分であり，貨幣経済，資本主義と密接な関係にある。時代の変化，経済構造の変化についていくことができずに破綻に陥る債務者への対応は，一種の経済政策である。

① ローマ時代の12表法

ローマ共和制時代の紀元前5世紀に12表法（Lex duodecim tabularum）が制定された[71]。同法による手続が最古の倒産手続であるとされている。同法では，借金を返済しない債務者を被縛（nexum）し，ローマ市内を流れるテベレ川の向こう岸で売り飛ばす（venditio trans Tiberim）手続を定めていた。金を借りて15日経過して債務者が返済しないと，債権者は債務者を縄で縛って，2ヶ月間，広場を連れまわした。債務者の親類縁者が返済してくれればよいが，60日経っても返済しないと，この債務者は債権者の所有物となり，(1)テベレ河の対岸（ローマ域外）に奴隷として売られるか，(2)そのまま債権者の元で奴隷になるか，(3)あるいは死をもって償うか，いずれかの処分を受けたというのが，倒産手続の始まり

---

(70) 下記の記述は，ルノー（抽訳）「フランス倒産法史」広島法学27巻3号119頁を参照。

(71) ローマは紀元前6世紀に王が追放され，共和制が始まったが，ローマ市民は貴族（パトリキ）と平民（プレブス）に分けられていた。平民側がイニシアティブで10人のローマ市民からなる委員会がアテネのソロンの立法に倣い，慣習法の成文化に乗り出した。これが12表法である。

であるとされている。その後，共和制末期には（紀元前2世紀末）倒産者の財産を一括して売却する手続（財産売却）が導入され，さらに紀元後3世紀末には，一括ではなく個別に売却する手続（財産分売）が導入された。このように，倒産手続の始まりは，人間の身体に対する執行であったのである。その後，人身執行から財産に対する執行に移行した。

② 中世商業都市の手続

その後，中世に入り商取引は停滞したが，15世紀イタリア商業都市（ジェノア，ベネチア，フィレンツエ，ピサ，ミラノ，ナポリ）で倒産法が復活した。商業都市では，信用面で特権を受けながら，期日に債務を履行できない商人を法律上犯罪者として扱うものとし，手続は刑事的性格を帯びていた。中世イタリアの倒産手続（decoctio, fallito または falli-mento）は極めて厳格であった。実際的で迅速な解決を要する商業にはスピードと安全が必要だったのである。支払不能という債務不履行は債権者を害するものとみなされ，倒産者はすべて約束に違背した犯罪者とされて，倒産者には厳格な刑罰が課せられた。こうした制裁は秩序の維持のためであった。

イタリアの倒産制度はさらにフランスに入り，リヨンから定期市（フォワール）特権を有する各地の都市に広まった。定期市特権は，リヨン，シャンパーニュ地方などのいくつかの都市に認められ，国内外から多数の商人が集散した。定期市は，一定の期間のみ開催され，その期間は長くなかった。定期市には商人自治の下で，裁判所（商事裁判所）が形成されたが，裁判所は商人債権者の便宜を考慮して，簡易・迅速な手続を旨とし，債務者の逃亡を防止するため，執行を厳格にした。債務不履行の債務者は「市からの逃亡者」とされた。判決の執行は債務者の持参商品に対して即座に実行された。金額不足があったり，債務者が現に逃亡したならば，強制手段がとられた。市から逃亡した外国人債務者の住所地の裁判官は，定期市への往来や商行為の禁止措置をとらなければならなかった。

また債務者の管轄の裁判所において，債務者について倒産を申し立てることも可能であった。裁判所は債務者を投獄し，直接手を下した（人身拘束）。定期市での措置は「市の厳律」と呼ばれ，強力で，債権者に有利な手続であったため，定期市に関係のない通常の債権債務関係についても，債権者は債務者との契約に「市の厳律に準拠する」旨の条項を入れることを求めた。ローマ時代の倒産法が再生したのである。

③　制裁としての倒産から再生のための倒産へ

12表法の時代，未払いの債務者は奴隷に売られ，場合によっては殺害された。その後も歴史上長い間，倒産債務者に対しては厳罰を課し，名誉を失わせることとして，見せしめ（一罰百戒）とされた。

たとえば，17世紀のスコットランドでは，破産者は茶色と黄色の縞模様の帽子とストッキングを着て，破産宣告の後10時から12時まで広場に立たなければならなかった。15世紀のスペインでは，指に太い鉄の指輪の着用を義務付けられた。16世紀のオランダでは，破産者は三日間毎日11時半から12時半まで役所の階段に下着姿で立たねばならなかった[72]。イタリア中世の商業都市ヨーロッパの中世では，倒産した者は債権者を欺いたものであり，信義に反したものとみなされ，厳罰を受けた。フランス大革命前の前述の1673年商事王令は，債権者を欺いた倒産者に死罪を言い渡すとしていた。詐欺的な倒産者は緑の頭巾をかぶらなければならず，町の広場で見世物にされていた（柱に縛り付けられてさらし者にされた。ピロリ（pilori）という）。

中世イタリア商業都市では，商人は同業者の集会場に席をもち，ここで売買や交渉を行い，この席をバンコといった。公園のベンチ（bench）や銀行（Bank）の語源であるが，商人が破産するとこのベンチを壊した（banca rotta）。イタリア語では，倒産をバンカロッタという。バンカ

---

[72]　Riesenfeld, The evolution of Modern Bankruptcy Law, 31 Minn. L. Rev. 401, 441（1947）.

第1章　倒産法総論

ロッタはフランス語に入り，バンクルートになり，英語ではバンクラプトになった。アメリカの連邦倒産法（Federal Bankruptcy Act）はバンクラプトシーを使っている。

　わが国の江戸時代も同様に倒産者に社会的な制裁を加えた。江戸時代の倒産手続は後述のとおり，「分散」と呼ばれるが，慣例類集には「分散セシ者ハ多ク他領ヘ出稼ヲ為シ或ハ其地ニ居住スルモ財産ヲ離ル、ヲ以テ同等ノ交レ、ヲ以テ同等ノ交際ヲ為スハサル事一般ノ通例ナリ」とあり，差別的な待遇を受けていた。また，村役人の被選挙権の辞退，選挙権の剥奪，村寄合いでの発言禁止，累代の姓を称することの禁止，婚姻・縁組ができず，縁組の離縁，羽織の着用禁止，傘下駄の使用禁止，元結の使用禁止，無床の小屋への居住などの制裁があった。宗門帳には「沽却人」（沽却＝売り払うこと）と記された。

　19世紀以降の近代の倒産法は，このような厳しい制裁を緩和してきた歴史である。倒産を詐欺的な倒産と不運な倒産に分けて，前者を倒産犯罪として，厳しく制裁する一方で，不運な倒産には制裁を緩和してきたのである。フランス倒産法を例にとれば，下記のグラフのように倒産法の目的は倒産者の制裁からその経済的再生へ変わってきている。わが国の倒産法も同様のベクトルを示している。

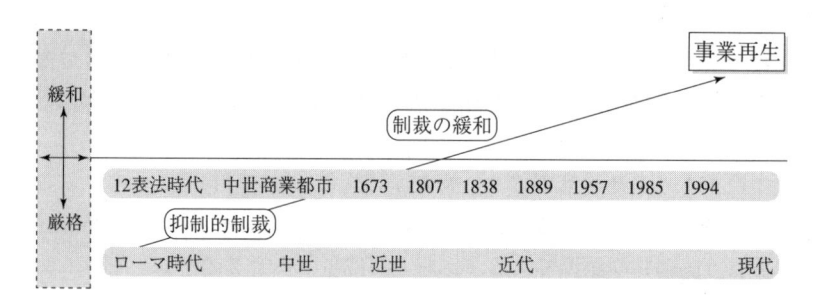

```
緩和 ↑                                              事業再生
     │                                           ↗
     │                         制裁の緩和
     │────────────────────────────────────────
     │ 12表法時代  中世商業都市  1673 1807 1838 1889 1957 1985 1994
厳格 ↓           抑制的制裁
       ローマ時代    中世      近世       近代           現代
```

● コラム5 ●　バルザックによる倒産——セザール・ビロトーの場合

　フランスの文豪バルザックは，『人間喜劇』という膨大な連作を著している

2 「倒産」の歴史

が，その中に『セザール・ビルトー』という小説がある[73]。身よりを失って，地方からパリに出て，一代で財をなした香水商の栄光と破滅の物語である。ビジネスで成功した後，知人の紹介したパリ中心部の不動産投機話に乗せられ，築き上げた財産を失い，破産を宣告される。時代は大革命の後，ナポレオンの共和制が崩壊し，王制に復古した19世紀初めである。産業革命が進み，農村から都市への人口集中が始まる時代であり，すでに，1980年代末期のバブル経済にも類似した土地投機があった。バルザックは，17歳で代訴人事務所に見習いとして入るかたわら，パリ大学法学部に学んでいる。公証人事務所でも働いており，出版業，印刷業で失敗し，活字の鋳造業で多額の借財を作った経歴を持つバルザックにとっては，倒産という事態は，けっして他人事ではなかったのであろう。倒産を経験したバルザックは小説の中で，倒産について次のように記している。

　破産の申し立てを行なった後，その商人のやらなければならないことといえば，今や再び子供となった上はいかなることにも関わりをもたずに暮らすためのオアシスをフランスか外国に求めるしか残っていないはずである。法は彼が未成年者であり，私人および公民としてのいかなる法的行為についても無能力であると宣告しているのである。ところが，実際はそうではない。再び人前に出るために彼は許可証を申請し，未だかつて受任判事も債権者もこれを拒否したことはない。この移動許可証なしで人に会うと投獄されるが，このお守りさえ身につけていれば敵陣に軍使として自由に出入りできる。そうするのは好奇心からではなく，破産者に関する法律の悪しき意図をかわすために必要なのである。個人の財産に関する法律はことごとく人心の悪賢さをこの上なく増長させるという結果をもたらした。あらゆる破産者の思いは，自分の利益がなんらかの法律によって阻害されている人間の思いと同様，自分に対してその法律を無効にしようということだけである。

---

(73) 邦訳として，大矢タカヤス訳『セザール・ビロトー：ある香水商の隆盛と凋落』（藤原書店，1999）がある。セザール・ビロトーからの引用も同書による。

第1章 倒産法総論

中略

　一人ないし数人の正式破産管財人の選任は復讐に飢えた債権者たちが実行できるもっとも血湧き肉踊る行為の一つである。というのも，彼らは弄ばれ，馬鹿にされ，悩まされ，かつがれ，寝取られ，盗まれ，裏切られてきたからである。一般的に債権者が裏切られ，盗まれ，寝取られ，かつがれ，悩まされ，馬鹿にされ，弄ばれるものだとしても，パリには90日以上存続する商業的情熱は存在しない。商取引において3ヶ月たっても支払いに飢えて立ちあがるのは手形類だけである。　以下略

───────────

　なお，セザール・ビロトーの時代の倒産法は，1807年にナポレオンが法典化した商法典の破産編であるが，当時からフランスは倒産手続を受けることができる者を商人，企業に限っている（商人破産主義）。近代以前に信用を必要とし，また享受することができる者は商人に限られ，商人でない一般人にはその必要がなく，また担保となる財産を蓄積することもまれであったから，破産を商人に限ることには合理性はあった。わが国の破産法も当初は，フランス商法の破産編に倣い，商人倒産主義を採用したが，大正時代の旧破産法への改正にあたって，これを放棄し，倒産普遍主義に変更した。したがって，現在は会社，商人のみならず，消費者などの一般個人も破産することができ，個人の自己破産がきわめて多数に達している。

(2)　わが国の破産法

①　江戸時代の倒産手続

　わが国にも固有の倒産手続に類似した手続が存在した。たとえば江戸時代には「身代限り」，「分散」という制度があった。それぞれ現在の強制執行，破産に当たるとされている(74)。

---

(74)　小早川教授は，「身代限り」，「分散」がそのまま現在の強制執行，破産に該当すると言うのは誤謬であり，それぞれそれに近いというだけであるという（小

「身代限り」は強制執行に類似するが、その請求権は債権者にはなく、公機関にあった。現代の強制執行も当事者が申立て、裁判所が命令を発することによって行われる点で、身代限りに類似している。「身代限り」は、期限に弁済がないときは債権者の申立てにより金額に応じた一定の猶予を与えて支払いを命じて、それでも弁済しないときは身代限り処分として役人が債権者立会いのものに債務者の田畑などの財産を処分する手続である。これは、町人百姓の債務者に対する制度であって、武士については30日切済方（弁済猶予）を命じるものとされ、切日に至るとさらに更新する（度々切方）を申付けたので、「身代限り」を免れた。また町人百姓でも由緒あるものは「身代限り」の申付けをしないことが慣例であった。「身代限り」は債務者の現有全財産に及んだが、分散も債務者の全財産を委付する例が多かった。ただし、遠州などで宅地を除外するものもあった。

　一方、現代の破産に類似するとされる「分散」は、債権者債務者の相対の示談に基づくものであり、裁判機関が関与することはなかった[75]。「分散」は、大多数の債権者の同意を得て債務者が全財産を提出し、債権者に平等に配分する手続である。「分散」も武士階級・社寺階級には及ばず、町人百姓も由緒あるものは免れていたようである[76]。「身代限り」、

　　早川欣吾「近世に於ける身代限り及分散について」論叢43巻（1940）5号262頁）。
(75)　小早川教授は、「身代限りの執行は訴えの提起に初まり債務者の全財産上に債権を執行することに終るものであるが頭初から裁判機関が此れに関与して諸手続は進行したものであったが、分散は当事者の合意に依りて行われたるもので裁判機関は分散の進行に原則として関与しない」のであり、すなわち、「分散」は債務者の自発的な願い出による手続であったとしている（小早川欣吾「近世に於ける身代限り及分散続考（3完）」論叢44巻（1941）4号626頁）。
(76)　なお、江戸時代の分散については、高橋敏『江戸の訴訟』（岩波新書、1996）を参照。同書は嘉永2年（1849年）の博徒の出入りに端を発し、無宿人に宿を提供した一族が勘定奉行から召喚状（差紙）で江戸に呼び出されたという事件をクロノロジカルに書いている。訴訟費用（旅費、滞在経費、付届けなど）が多額になり、一族は「家財、屋敷とも与合（組合）・親類にて引受出金致可分」として「分散」となった。

第1章　倒産法総論

「分散」ともに担保権者は優先弁済権を確保した。

　なお，「身代限り」と「分散」ということばは明治時代にも残った。わが国の最初の近代的な倒産法は「明治5年6月187号布告華氏族平民身代限規則」であるが，ここに「身代限」とある。その後明治5年9月275号布告，明治6年3月88号布告，明治6年6月195号布告，明治6年7月242号布告，明治8年4月53号布告，明治8年6月102号布告があるが，ここでは江戸時代と同じように「身代限」と呼ばれていた。商人でない者の破産について設けられた明治23年法律第69号は，「家資分散法」である。これは5条の簡単なものであるが，ここにも江戸時代の分散の名残がある。

　また，わが国の一部の地方では，昭和時代になっても「仕法」という伝統的な固有の倒産手続があった[77]。これは一種の私的整理であるが，昭和10年ごろまで残っていたようである。

　仕法は，まず経済的に破綻し，債務弁済の目途が立たなくなった債務者が原則として全財産を提供して，村の世話人に「仕法」による債務整理を依頼する。すると，世話人は，破綻の原因，財産・負債の現状，債権者の意向などを調査し，適当と認めると債権者の参集を求める。これで，全債権者が同意するならば，「仕法」が成立して，債務者の資産を換価配当（「分散払い」または「分散配当」）し，残額は債務者が再起しても請求しないこととする。債権者が一人でも不同意であると仕法は成立し

---

(77)　山内八郎「倒産処理手続としての『仕法』の慣例について」判夕641号（1987）50頁。山内氏は，明治13年に司法省が刊行した「全国民事慣例類集第3編第1章第1款（中央図書館にある）の「財産抛棄」の中に，青森の津軽地方と備後の国の深津郡（いまの広島県福山付近）に「仕法」という制度があったと報告し，「欧米の法的先進国の制度・理論あるいは経済的合理性だけではなく，日本人の精神風土をも視野に入れて議論しなければ，わが国民性にマッチし，国民に利用し易い——心理的に抵抗なく活用される——制度を構築することは困難であるように思える。換言すれば，明治時代固有法と意識的に断絶したとは言え，文化的伝統・精神的風土は，そう た易く変わり得ない面のあることに思いを致す」と記している。

ないが，現実には世話人が動いて常に仕法を成立させてきたとされている。

一部の地方の仕法では，換価配当に加えて，頼母子講（無尽講または無尽）を立てて債務者に資金援助するのが通例であった。一種の共済制度である。世話人が仕法帳（分散配当帳）と頼母子帳を作成して，倒産した債務者の生活資金および営農資金を調達させたようである。このような手続は，村落共同体（ゲマインシャフト）でのみ可能であったものと思われる。すなわち，住民の流動性がきわめて低く，個人主義よりも団体への帰属が優先した時代・場所で可能であった。現代のようなモビリティの高い現代社会では仕法を成立させることは困難であろう。

② 明治破産法

わが国の最初の破産法は，明治時代にフランス商法破産編をモデルに，明治23年法律第32号の旧商法第３編に「破産」編として公布されたものである（以後，「明治破産法」という）。同法は，当初明治24年１月１日施行することが予定されていたが，いったん民法施行日の明治26年１月１日まで延期されて，その後手形法とともに明治26年７月１日に施行された。

明治破産法の成立経緯を少し見てみよう。明治破産法の起草者はドイツ人カール・フリードリッヒ・ヘルマン・ロエスレルである。

ロエスレルは明治政府が招聘した外国人法学者の一人である。周知のとおり，明治政府は，殖産興業政策を取り，西欧の生産技術を導入して，官営工場を設立するとともに，会社制度を導入することとした。明治元年に商業を発展させる機関として，商法司・商法会所を設置，翌年通商司を設置し，その下に通商会社（商業取引業務）と為替会社（一種の銀行）を設立した。明治５年には国立銀行条例を制定した。ここで初めて株式会社形態が規定された。明治７年から大蔵省や内務省で会社条例の立案が開始された。明治９年には司法省から太政官に「商法」の起案が上申された。明治13年には元老院に会社並組合条例審査局が設置され，明治

第 1 章 倒産法総論

14年に会社条例草案が完成した。

　一方，明治14年4月から太政官で，ロエスレルが商法の草案の起草を開始し，明治17年1月に商法草案を完成した。起草の方法は「フランス商法を基本にドイツ旧商法やイギリスの法律等を斟酌した」とされている。同商法草案は，総則，第1編商ヒ一般ノ事，第2編海商，第3編倒産，第4編商事ニ係ル争論から構成され，合計1,133条であった。その後明治19年に法律取調委員会が設置され（井上馨外務大臣の主張），井上の辞職後，同委員会は司法省に移管され，明治20年11月の法律取調委員会略則によると，同委員会は民法，商法，訴訟法の草案の審議を担当するところとなった（フランス法派が多数）。商法は，24年1月1日から施行されることになっていたが，明治22年にイギリス法派の法学士会が批判を展開し，商法典論争となった。

　明治23年6月28日に村田委員の「商法施行延期ヲ請フノ意見書」(26年1月1日までの施行延期) を元老院が可決した。民法よりも早く商法を施行すること，商法にはわが国の従来の商慣習にそぐわない点があることが問題とされた。実業界は東京商工会が従来の慣習に合わない，施行までの時間が足りないとして延期を要請，一方，大阪・神戸商法会議所は延期に反対した。

　ただし，会社法，手形法，破産法については，明治26年1月1日施行を半年遅らせただけで，明治26年7月1日に施行された。

　ところで，ドイツ人であるロエスレルは，破産法を起草するにあたって，なぜフランス法（1807年商事法典破産編）を参考としたのだろうか。ロエスレルがわが国の破産法を起案したのは，19世紀の後期である。19世紀後半には，イギリス，ドイツ，アメリカで倒産法が制定されていた。こうした外国の最新の成果を無視して，なぜすでに80年ほど経ってほころびが出始めた1807年フランス破産法を参考にしたのだろうか。

　ロエスレルは次のように書いている[78]。

---

(78) ロエスレル氏寄稿『商法草案下巻』復刻版（新青出版，1995）823頁。適宜ひらがな表記にし，現代仮名遣いにした。

諸国法律の新たなるもの，すなわち1869年の英国法律，1877年のドイツ法律および1867年の北米合衆国法律においては倒産の法律上の性質をして大いに寛弱ならしめもって倒産者のために図れり。それ倒産処分をその起源と本義より論ずれば特別の裁判処分にしてすなわち倒産者およびその総債主のため一定の法律上の結果を具える処分なり。もってその債主の要求に対し異議あると否とを問わず倒産者の身と財産とはまったく裁判所の処分に帰するものとせり。右に掲げる諸法律によれば倒産処分は裁判所の監督をもって行うところの決算処分たるにすぎず，もって債主および債主より撰任せられたる倒産品管理人に勉めて不覊の地位を与う。しかして倒産者の身に係る不利の結果は倒産申渡において一もこれを加うることなく，また財産にあってもそのとき存在するものに限りこれを処分す由。これを見るにこの倒産処分は解散したる商業会社の決算とほとんど径庭なくその財産を浪費しあるいはたくみにこれを転匿する者に一も損害あることなし。しかれどもこれ公然の徳義に戻り，経済上の利益と屈強なる司法原則とに背馳するものにして支払不能力をして容易ならしむるは軽忽詐欺の倒産を誘起する等取引上の徳義をみだるにいたるをもってこれを忽諸に付すべからず。

　ロエスレルは，1869年のイギリス倒産法，1877年のドイツ倒産法などの当時の最新の倒産法を参照したが，これら最新の倒産法が倒産者に寛大であるとして，これを採用しなかった。そして，倒産した者は「公然の徳義」に反して，経済上の利益，司法原則に違反したものであり，こうした倒産者に寛大な倒産法は，詐欺的な倒産を引き起こすおそれがあるとしたのである。
　ロエスレルにとって，倒産は取引の「徳義」を損なう犯罪的な行為であるから，寛大な手続とすることは考えられず，当時懲戒主義をとっていたフランス商法の破産編をモデルとしたのである。ここにわが国倒産法の懲戒的な姿勢の起源がある。
　ロエスレルの破産法草案第1034条は「商業を営むもの支払を停止した

るときは本人の申立或は債主1名若くは数名の申立に依り或は官権に依り裁判所の判決を以て倒産を申渡す」と規定していた。ここにすでに「倒産」の語があり，明治17年ロエスレル商法破産編起草案も支払いを停止した債務者に対する実体法・手続法を「倒産」法としていた。ただし，その後，「倒産」ではなく，「破産」の用語が採用された。

　現在のフランス倒産法では，ロエスレルのいう倒産，すなわちバンクルートとは債権者をだまして倒産する「詐欺倒産」を意味する。債務者に詐欺的要素がない倒産については，1889年に法定清算，1955年には法的整理という表現を用いることとした。倒産手続の目的が債務者を威嚇して債権者への支払いを迫るというものから，債権者を犠牲にしてであっても，債務者の事業を存続，再生することの方に重点が移ってきた。イギリスの倒産法も，かつてはアメリカと同じでBankruptcy Act 1869として，バンクラプトシーの語を使っていたが，現在はInsolvency Actという。これも支払不能法という意味であるから，客観的な表現であって，少なくとも「破産」，「倒産」に附帯するマイナスのニュアンスはない。わが国でも，民事「再生」法が成立し，「産業再生」機構が設けられ，制裁的色彩の濃厚であったわが国の倒産法も制裁のニュアンスのある語に代えて，客観的な語が使われるようになってきた。破産者の記録を読むと，破産という烙印を押されることを恐れて，ぎりぎりまで破産を回避しようと努めたと書かれていることが多い。しかし，ぎりぎりまで破産を忌避したために，かえってその後の立ち直りが不可能になるケースが多い。破産・倒産ということばが危機にある債務者を萎縮させ，状況を悪化させているようである。ロエスレルの使った「倒産」や「破産」はそのままわが国の法律に採用され，以後110年，破産ということばが生きており，今回の改正でも，「破産」法の名は変更されなかった。もう「破産」ということばは過去の遺物ではなかろうか。

　③　現在の倒産法の法源

　法的整理の手続・実体法を定める「倒産法」には，新しい破産法（平

成16年法律第75号），民事再生法（平成11年法律第225号），会社更生法（昭和27年法律第172号，昭和42年と平成14年に大改正），商法（昭和13年法律第72号）上の会社整理（商法381条から403条）と特別清算（商法431条から456条）がある。これらを「倒産5法」と総称する[79]。

　わが国の倒産法制としては，明治破産法が最初である。明治破産法とともに，個人の破産手続を定めた家資分散法が公布されている。明治破産法は，上記のとおりフランス破産法を参考に起案されたが，民法典が当初ボアソナード起草のフランス民法典に倣ったもの（旧民法）から，民法論争を経て，パンデクテンシステムのドイツ法系に改正されたことも影響して，大正11年にドイツ法の影響の下に抜本的に改正され，大正12年に施行された（「旧破産法」）。

　旧破産法（大正11年法律第71号）は，ドイツ法をモデルとしており，商人破産主義を放棄し，一般破産主義とし，破産手続の進行に関する手続規定と実体規定を区分し，別除権，破産債権，財団債権，否認権，取戻権の規定を設け，支払停止以外に支払不能を破産原因とし，破産主任官制度を廃し（監査委員制度へ），懲戒主義を緩和，商人破産主義を取らず（一般破産主義），膨張主義を排除して固定主義とした。また，公私の資格剥奪の規定を削除した。なお，免責制度は戦後昭和27年の改正（昭和27年法律第173号）で設けられた（旧破産366条の2から20，新破産法248条から254条）。

　さらに2004年，旧破産法は廃止され，抜本的に大幅な改正を加えた新しい破産法が制定され，2005年1月1日から施行された（「新破産法」）。

　旧和議法（大正11年法律第72号）は，オーストリア法の和議制度にならい，大正11年に制定され，80年近く施行されていた。平成11年には，旧和議法に代わる再建型の倒産手続の基本法として，民事再生法が制定さ

---

[79] なお，株式会社形態でない金融機関について会社更生法を準用する金融機関等の更生手続の特例等に関する法律（平成8年法律第95号）（更生特例法）による処理は，後述のとおり，倒産処理手続の一種である。また，前述した産業再生法，後述する特定調停法は倒産法ではない。

れ，平成12年4月1日から施行された，旧和議法は廃止された。

　会社整理，特別清算は昭和13年にイギリス法系に倣って，商法中に規定が加えられた。ただし，2004年7月に発表された特別清算等の見直しに関する要綱試案は，特別清算を維持する一方で，会社整理を廃止することとしている。

　会社更生法は，昭和27年アメリカからの要求により，当時のアメリカ連邦倒産法をモデルに制定され，平成15年に抜本的な改正が行われている。

　このようにわが国の倒産法は既存の法制度にとくに手をつけることなく，その都度，各国の法律をモデルに起案・制定され，複数の手続が並存し，倒産法として複数の法律が並存している（専門店方式）[80]。このような複線的な倒産法制は必ずしも普遍的ではない。たとえば，アメリカでは倒産は連邦の管轄で，1898年に破産法が始めて制定され，1938年に会社更生制度が整備され，1978年に全面改正が行われた。民事再生法のモデルになった再生型のチャプター・イレブン手続のほかに，清算型のチャプター・セブン手続が規定されている。フランス倒産法は，倒産した会社はいったんすべて再建を目指し，それ奏功しなかった場合に清算するという制度である（入口は一本，出口は複数）。

　なお，倒産法の主な適用先を例示すると以下のとおりである。

破　　産	イ・アイ・イーインターナショナル，ナガサキヤ，山一證券，三洋証券
民事再生	そごう，第一紙工，洋菓子のヒロタ，青木建設，マイカル（後に会社更生法），イズミ工業（DIPファイナンス〔日経2003年2月20日〕）
会社更生	マイカル（民事再生法から），ハウステンボス，佐藤工業（川田工業，若築建設），新潟鉄工，長崎屋，三洋証券（後に破産）
会社整理	日榮ファイナンス，大和都市管財
特別清算	西洋環境開発，長崎オランダ村，飛栄産業，むつ小川原開発，道南地熱エネルギー

●コラム6● 明治破産法の起草者ロエスレル

　カール・フリードリッヒ・ヘルマン・ロエスレル（Karl Friedrich Hermann Roesler, 1834～1894）。明治初期の法典編纂には，外国人が招聘されている。民法は，ボアソナード，民事訴訟法は，テッヒョー，商法は元ロストーク大学教授（ロストークはデンマークのユトランド半島の付け根の東，バルト海に面した港町で人口100万くらい）のドイツ人ロエスレル（レースラー）が起草した。また，ロエスレルは多彩な能力の持ち主だったようで，加藤博士は伊東巳代治子爵から聞いたこととして，当初，ロエスレルは外務省のお雇い顧問であったが，その有能さが憲法編纂の時期に知れ渡り，憲法編纂に貢献し，伊東子爵などが質問をすると即座にかつ名文で回答したという話を書き留めている。たしかに「近代日本法制史料集」（東京大学出版会）の第1から第7分冊を見ると，ロエスレルは憲法，行政法についても意見を求められ，ボアソナードに匹敵する幅の広さということができる。また，加藤博士は，ロエスレルがなぜフランス法を参考に商法案を起草したのかということについて，ロエスレルがラディカルであったため，当時権勢のあったプロシアのビスマルクに疎まれていたことが，ドイツ人でありながらフランス法に向かわせたのではないかと推測している。加藤博士はハノーバーについて「同地は獨国中にても獨逸語の純粋なる物を話す場所として有名にして外国人にして獨逸語を学ばんとする者はまず同地に遊ぶを常とする」としている。また，ロエスレルは，きわめて清廉潔白な人物だったようだ。加藤博士はロエスレルが「我国に在る間勤倹己を持し，多く財を蓄えたる如くなるも，帰国後之を皆寺院に喜捨し慈善事業に使用せしめたりという」と記している[81]。

---

(80)　ただし，破産法の施行に伴う関係法律の整備等に関する法律によって，民事再生法に第14章再生手続と破産手続との間の移行，会社更生法に第11章更生手続と他の倒産処理手続との間の移行等が設けられ，倒産処理手続間の関係が整理された。

(81)　加藤正治「故『ロエスレル』氏の逸事」『破産法研究第1巻（訂正4版）』（有斐閣・厳松堂，1922）81頁～88頁を参照。

3 「清算型」倒産手続と「再建型」倒産手続

⑴ 清算型倒産と再建型倒産の意味

① 会社の賞味期限

　会社が経営破綻に直面した場合，再建が可能か否か，会社には将来性があるかないか，見極める必要がある。この場合，産業にも寿命があることを考慮する必要がある。会社は，たとえば無謀な固定資産投資，商品戦略の失敗など，経営者による経営上の判断の誤りによって，経営破綻に陥ることが多いが，会社の経営には特段の問題がなくても，会社のおかれた状況や産業構造の変化，技術革新によって会社の行っている事業そのものがすでに寿命が来ていることがあるからである。

　マーケティング論に商品戦略論にプロダクト・ポートフォリオ・マネージメント（PPM）という考え方がある。ボストン・コンサルティング・グループの発案になるもので，商品のライフサイクルを市場成長率と市場占有率のマトリックスによって，4つの象限に位置づけている。発表段階から，商品は「問題児」→「花形製品」→「金のなる木」→「負け犬」の過程をたどると説明するものである。このようなサイクルは商品だけではなく，商品を製造し販売する側の会社にもあてはまる。華々しい未来を夢見て，誕生したばかりの会社もあれば，安定成長・高収益を続ける会社もあり，その一方で，消費者から見放された会社もある。産業全体も同様である。ナノテク産業はこれからの分野であり，一方，半導体はすでに過当競争に陥っている。このような産業の変遷は，一国の内部だけで生じる事象ではなく，たとえば，労働集約型の産業は，労働コストの低廉な国に産業が移行していく（開発輸入）。

　すなわち，産業にも寿命があり，会社にも賞味期限がある。バブル期に，資産の担保価値が急増したことを奇貨として多額の借入金をおこない，不動産投資，設備投資を行った企業の破綻が目立つ。本業では利益

3 「清算型」倒産手続と「再建型」倒産手続

を計上しているが，借入金・金利の返済によりキャッシュ・フローが回らないケースがある。本業は営業譲渡などの方法で存続させ，投資については整理するということが考えられる。時代に後れた産業または個別企業が救済されて生き残ることが社会経済的に果たして妥当か，老朽化した企業は市場から退場してもらうという考え方があるが，この考え方は資源を有限であるという前提に立つもので経済的には合理性がある。倒産が「産業の構造的変化」に不可避であり，資本主義というのが全体の富を拡大するということを基本目的としているならば，倒産にも「良い倒産と悪い倒産」[82]があることは確かである。産業構造の変化によって，企業というのは浮き沈みが出てくる。戦後長い間，いわゆる右肩上がりの経済成長を続けてきた。しかし産業構造が変化してくると，業績もアップアンドダウンせざるを得ない。産業には寿命があり，市場から退場してもらうべき産業や会社というものはある。

しかし，現に存在している会社は資産を抱え，従業員を雇い，消費者に商品やサービスを提供するという社会的な存在でもある。設備投資を行っていれば，これを他に転用することは容易ではない（不可逆性の問題）[83]。賞味期限が切れたからといって，すぐに「退場を」というべきか否か難しい問題がある[84]。企業は事業をスタートさせる場合，資源

---

(82) 松嶋弁護士は「今後，倒産の常態化は日本経済が真に構造改革を成し遂げるまでつづくだろう。否，むしろ倒産の常態化によって，21世紀の新たな日本経済が創り出される」，「経済の生き生きした新陳代謝と産業構造のドラスティックな変革は，企業の倒産と新たな会社の創業によって保障される。かつて日本経済をリードした石炭産業や繊維産業を担った会社は，1960年代にバタバタと倒産した。それと入れ替わるように家電や自動車，電子などの会社が華々しく登場し，70年代から80年代の日本経済を支えたのはご存知の通りだ」と述べている（松嶋英樹『良い倒産・悪い倒産』（講談社，2002）42頁，111頁）。

(83) 福田慎一「設備投資と金融[6]破たんのコスト」2004年9月6日付け日本経済新聞（やさしい経済教室）。

(84) 伊藤教授は「市場経済の下では，倒産企業の人的・物的資源は，当該企業であれ，また他の企業であれ，それらをもっとも有効に活用しうる経済主体によって利用されるべきものであり，倒産企業の組織を維持することが一般に望ましい

やエネルギーを投入しており，いったん清算されることになれば，こうした資源，エネルギーが活用されず，単に放棄されてしまうことになりかねないからである。

② 清算型と再建型の違い

清算型と再建型の大きな違いは，債務者の資産に対する姿勢である。清算型は債務者の資産や営業権を売却・譲渡して，その代金を債権者に配当することを目的とする。産業の賞味期限が来てしまった会社については，経営努力によって業績を向上させる余地が少なく，経営が破綻した場合には，清算型倒産手続を選択せざるを得ない。清算型では，担保権を持っている債権者には，担保権を行使して結構という姿勢をとっている。破綻した企業を早期に清算することが目的だからである。

これに対して，再建型は債務者倒産者の事業を立て直し，継続することを目標としている。産業の寿命が到来しているわけではなく，たとえば事業を過大に拡大したとか，経営者の判断が必ずしも妥当でなかったという原因で，経営が破綻しているような会社については，立て直しを図っていくことが妥当な場合がある。

具体的には企業を再建するとはどういうことだろうか。

倒産は支払不能，支払停止という事態であるから，債務を減らさなければならない。また，資産の証券化という手法もあり，不採算部門の営業譲渡，不採算部門の人員を整理などのリストラもある。

このような手段で企業の債務を削減することになるが，その一方，企業を再生するためには基幹事業を伸ばしていかなければならない。選択と集中が必要とされる。

本業の資産，主力工場に抵当権が設定されているとして，企業が倒産した場合に，抵当権者がすぐに担保権を実行して競売されたのでは，企

とはいえない」としている（伊藤眞『破産法（全訂第3版補訂版）』（有斐閣，2001）19頁）。

業の再生が果たせなくなる。そこで，再生型倒産手続では，倒産しても担保権の実行を抑制することが必要になる。会社更生法は，担保権つきの債権は更生担保権として扱われて，更生計画の中で処理され，担保権者は担保を実行することを禁じる。民事再生法は，担保権を有する債権者を別除権者として扱うが，再生債務者に担保消滅請求の権利を設けている。新破産法も担保権消滅請求の制度を新設した（新破産法186条）が，これは再建のためではなく，任意売却を行うためである。

③ 再建型手続の開始原因

再建型法的整理手続である民事再生法，改正会社更生法では，その手続の開始原因は破産法よりも緩い[85]。旧破産法も新破産法も，支払不能や支払停止が現になければならないとしているが[86]，民事再生法，会社更生法は破産の「おそれがある」場合，破産に陥る前段階で申立てができることにしている。これは，破産法が清算型の法的整理手続であるのに対し，民事再生法，会社更生法が再建型の法的整理手続であるという性格の違いによるものである。

民事再生法21条1項 「債務者に破産の原因たる事実の生ずるおそれがあるときは，債務者は，裁判所に対し，再生手続開始の申立てをすることができる。債務者が事業の継続に著しい支障をきたすことなく弁済期にある債務を弁済することができないときも，同様とする」

会社更生法17条1項1号 「破産の原因となる事実が生ずるおそれがあること」

会社更生法17条1項2号 「弁済期にある債務を弁済することとすれば，その事業の継続に著しい支障をきたすおそれがある場合」[87]

---

(85) 旧和議法12条1項は「破産の原因たる事実ある場合において」，債務者は和議の申立てをなすことをができると規定していた。

(86) 和議手続の開始原因は破産と同じであったが，この点が旧和議法の問題のひとつとされ，民事再生法の制定につながった。

(2) 清算型，再建型の選択基準

① 民事手続の優先劣後

倒産法は民事手続相互の間の優先劣後の関係を定めている。

(a) 倒産手続（包括執行）＞民事執行（個別執行）

新破産法は，必要があると認めるときは，利害関係人の申立てにより又は職権で，裁判所が債務者の財産に対して既にされている強制執行，仮差押え，仮処分の中止を命ずることができるとしている（新破産法24条）。民事再生法も同様に再生債権に基づく強制執行，仮差押え，仮処分の中止を命ずることができるとし（民事再生法26条1項2号），会社更生法も同様である（会社更生法24条1項2号）。すなわち，包括執行である倒産手続は個別執行に優先する。

(b) 再建型倒産手続＞清算型倒産手続

つぎに，法的整理手続の中でも，再建型が清算型に優先する。民事再生法は，再生手続開始の申立てがあった場合には，破産手続の中止を命ずることができるとしている（民事再生法26条1項1号）再生手続の問題決定があったときは，破産手続は中止とされる（民事再生法39条1項）。会社更生法も同様である（会社更生法24条1項1号同50条1項）。

ただし，常に再建型が清算型に優先するわけではない。民事再生法は，「裁判所に破産手続，整理手続又は特別清算手続が係属し，その手続に

---

(87) 会社更生法改正の作業に当たった法務省大臣官房深山審議官は，旧会社更生法は「いわば経済実体的な予測判断を，裁判所が開始決定の時点ですることになっていた」が，法制審議会倒産法部会では民事再生法を検討する際に開始要件について議論があり，会社更生法でもほぼ同じ要件にした。これは「将来の経営予測あるいは経済的な予測判断を裁判所に求めることが，手続の開始決定を遅らせる原因になる」とされたためとしている（「座談会改正会社更生法と金融実務（上）」金法1674号59頁）。

3 「清算型」倒産手続と「再建型」倒産手続

よることが債権者の一般の利益に適合するとき」,「再生計画案の作成若しくは可決の見込み又は再生計画の認可の見込みがないことが明らかであるとき」,「不当な目的で再生手続開始の申立てがされたとき,その他申立てが誠実にされたものでないとき」には,裁判所は,再生手続開始の申立てを棄却しなければならないとしている(民事再生法25条2号,3号,4号)。会社更生法も同様の規定を設けている(会社更生法41条2号,3号,4号)。これは,企業の規模,破産手続の進捗状態に照らして,更生手続を開始するよりも破産手続による方が,弁済率,弁済期等において債権者全体に有利な場合には破産手続によらしめるという趣旨である。

しかし,安易に倒産債務者に再生の機会を与えることには,問題が三つある。

- 債務者が容易に再生すると,債務を放棄させられた債権者には犠牲者という恨みが残る。
- 「悪い倒産」の債務者が生き残れば,産業構造の転換に逆行する。
- モラル・ハザード(無責任意識)が一般化する。

わが国では法的整理の手続をとるには,倒産5法のうちいずれかを選ぶ必要があるが,こうしたことも考慮すると,経営の破綻した企業について清算型,再建型のいずれを選択すべきか判断が難しいが,ここで,清算型の破産手続から再建型の会社更生手続へ移行した事件を見てみよう。清算型から再建型に移行した理由はなにか,なにが決め手になったのだろうか。破産手続から更生手続に移行した事件が2件ある。

・清算型から再建型に移行した例
　　—大阪地裁平成10年3月31日決定[88](末野興産の例)

末野興産とそのグループ会社のワールド・エステートは,バブルの崩壊によって破綻し,住専から債権譲渡を受けた住宅金融債権管理機構

---

(88)　大阪地裁平成10年3月31日決定(判時1643号185頁)。

（現在の整理回収機構の前身）が申し立て平成8年11月18日に破産を宣告された。

その後住宅金融債権管理機構が会社更生手続開始を申し立てた。前述のとおり再建型の更生手続は清算型の破産手続に優先する。なぜ再建型に変えたのだろうか。

平成10年3月25日現在，破産債務者の管理する営業用物件は145物件，テナントは5,085あった。このうち35物件については，債権管理機構と破産管財人との間で別除権の受戻しの和解案が，多数の債権者の賛成により可決され実行された。無担保物権はこれにより44件となった。

大阪地裁の決定は，以下のとおり述べている。

「破産手続によると，配当については，一般債権者に対する配当は9.7％と予想されるが，不動産の換価には相当の期間を要し，別除権者においては，不動産が処分・換価されるまで事実上配当金を受け取ることができない結果となること，不動産換価については，別除権者の個別的権利行使（競売手続など）が任意売却の障害となって低額に換価される可能性があり，また，複数の不動産の一括売却，有価証券化しての売却など機動的な処理が困難であること，不動産管理については，競売申立てのなされた物件については新規賃借人募集業務を停止せざるを得ず，また，物上代位のなされた物件については場合によっては不動産を破産財団から放棄せざるを得なくなり，さらに，破産手続中であることや，右の競売や物上代位が，賃借人らに不安・動揺を与え，賃料の回収率に影響を与えるなど，別除権者の個別的権利行使により収益を十分には確保できない場合が生じうることがあるなどの問題点がある」

「会社更生手続をとると，右のような問題点が緩和ないし解消されるばかりか，事業収益を最大限に確保できることから，仮に，被申立人（注：末野興産）を平成14年3月末までに清算するとした場合であっても，更生手続による一般債権者に対する弁済率は，12％を超えると予想されること，一般更生債権者に対する第一回弁済は，……（712億円の預金額があるので）……早期に7％程度が可能であり，その際，物件換価未了

の担保権者も一般更生債権部分について弁済が受けられること，更生担保権者への弁済も担保物の換価とは直接連動せずになされうると行った利点がある」

「被申立人が破産宣告を受けた原因としては，主として不動産下落に基づく大幅な債務超過と旧経営陣の不適切な経営姿勢があったといえるが，そのうち，本決定時点では，旧経営陣の影響力は排除されており，他方で，被申立人の不動産賃貸業はある程度の営業利益が確保でき，かつ，営業用物件には無担保物件が少なからず存する状態となっていること」，「右の収益力と無担保物件の存在からみて，会社更生手続によると，その収益力を最大限に発揮しながら，営業譲渡や新会社設立を含めた多彩な方法を用いて事業を高額に換価し，債権者に対して破産手続よりも早期の効率の弁済を実現する可能性があること」，「仮に，営業譲渡等が実現できないため，会社を清算せざるを得なくなる場合であっても，破産手続を継続した場合に比べて有利となる可能性が高いこと」，本件申立てが最大の債権者からなされており，「更生計画が可決される可能性が十分あるとみられること」

したがって，申立てを棄却するべき事由は認められないとして，更生手続への移行を認めた。

・清算型から再建型に移行した例
——大同コンクリートの例

破産宣告を受けた後，更生手続に切り替え，その後自主再建した例である。

同社は1934年に設立され，1953年に東証に上場する，建築・土木向けのコンクリートパイル（くい）やヒューム管メーカーである。1997年3月期決算では，売上高が約232億円で，経常利益は約3億円，従業員数は576人であったが，1998年2月，東京地裁に自己破産を申請し破産宣告を受けた。債務保証額を含めた負債総額は約195億円であったとされている。

第1章　倒産法総論

　倒産の原因は，東南アジアの経済混乱の影響で，香港とインドネシアにある関連会社3社の業績が悪化し，銀行団の融資姿勢が厳しくなり，資金調達の見通しが立たなくなったためのようである。同社の業績は黒字であったが，取引各行に差し入れていた「経営指導念書」を海外子会社の債務保証であるとして，取引銀行が手形割引を停止，融資を引きあげ始めた。「貸し渋り倒産」とも言われている。

　同社は自己破産を申請した後に，外部の支援を得て更生手続による再建を目指したが，その支援を得られなかった。支援見送りの理由について，「大同に新たな債務が発覚したなどの問題があったわけではなく，厳しい経済環境下で我々が経営主体となって再建するのは難しいと判断したため」であるとされている。大同コンクリートは新たな支援企業を探すか自主再建を目指すか，再建計画の練り直しを迫られたが，結局自主再建を果たした[89]。

　一方，逆に再建型から清算型へ移行した例は多い。ここでは，その一つを見ておこう。

・再建型から清算型に移行した例
　　　—東京高裁平成12年5月17日決定[90]

　この事例は，再建型の法的整理手続である再生手続を申し立てたが，裁判所がこれを認めず，破産に至ったものである（民事再生法250条1項。会社更生法251条1項も同旨）。このように再建型手続が認められずに，破産に至ることを「牽連破産」という。

　債務者の医療法人社団ますみ会（東京・大田区）は，経営破綻に追い込まれ，2000年4月3日に東京地裁に再生手続開始を申立てた。東京地裁は監督委員を選任し，調査を開始した。同月10日に東京地裁は，「監督委員の調査及び債務者審尋の結果を総合すれば，再生計画案の作成及び

---

(89) 2002年12月22日付け日本経済新聞「猶予なし企業再生（中）」を参照。
(90) 東京地裁平成12年4月10日決定，東京高裁平成12年5月17日決定（金商1094号42頁）。

再生計画の認可の見込みがないことが明らかである」として，再生手続開始の申し立てを棄却した。なお，棄却前に監督委員の報告書，監督委員の補助者である公認会計士の報告書が提出されていた。

債務者はこの決定に不服であり，医師や職員の給与を20％前後カットすることで，月額2,000万円の余剰資金を捻出しさえすれば収支が黒字になること，また，債権者の銀行に対して債権譲渡され，社会保険事務所によって差し押さえられた診療報酬請求権についても4月末までに差押えの解除を得るように折衝すること，さらに，同法人の経営権の譲渡を希望者があること，を理由に同法人の再生が可能であるとして，同日，東京高裁に即時抗告[91]した。

東京高裁は，「抗告人（医療法人）は，その資金残高が僅少であり，当面の資金繰りにも窮していること，抗告人の主たる収入源である診療報酬請求権は，平成12年7月末日までに請求が予定される社会保険診療報酬請求権については，大口債権者である銀行に対し債権譲渡がされており，また，平成12年2月から平成13年1月までに請求が予定される社会保険診療請求権，平成12年4月から平成13年3月までに請求が予定される国民健康保険診療報酬請求権については，いずれも蒲田社会保険事務所により差押えがされていて，抗告人の経営を維持するにはこれらの診療報酬請求権を抗告人の現実の収入として確保する必要があるところ，銀行，社会保険事務所ともに差押の解除などに応ずることには消極的であり，抗告人の再生手続を支援する見込みが乏しいこと，また，抗告人は，回収の見込みのない不良債権を抱えており，その処理の見通しもないことが認められる」として，「再生計画案の作成，再生計画の認可の見込みがないことが明らかな場合にあたる」とした（民事再生法25条3号）。2000年6月8日，民事再生法旧16条1項（現250条1項）に基づき同法人は破産宣告を受けた。

---

(91) 即時抗告は，裁判の性質上迅速に確定させることが必要な決定に対して明文の規定がある場合に認められる不服申立て方法。

② 企業の処分価値と継続価値

　企業の再生の見込みとは経営を継続して，収益をあげ，これによって従来の債務の相当部分を相当期間に弁済し，その後も裁判所の手を離れて企業として独立できるか否かの経済的判断であり，もっとも重要な要素は「収益力」である。仮に企業が経営を続け，収益を上げたほうが債権者にとって企業の財産を換価処分して配当を得るよりも金額が大であれば，企業の継続を選択することとなろう[92]。

　　　　企業処分価値 ＞ 企業継続価値……清算型 ＞ 再建型
　　　　企業処分価値 ＜ 企業継続価値……清算型 ＜ 再建型

　伊藤教授は「事業の再建，それは解体清算と比較して，利害関係人にとって，また経済社会にとって魅力的な響きを持つ」として，一般に清算型よりも再建型が優先されることを述べている。すなわち，「債権者にとっては，より多くの回収が期待でき，将来の取引先が確保される，労働者にとっては，雇用が継続し，地域社会にとっても，経済活動の拠点が維持される」からである。同教授はさらに「事業再建の結果として担保権者を含めて利害関係人に配分される価値が，解体清算価値を上回っていれば，あえて事業再建の意義について疑問を投げかける理由はない。民事再生法174条2項4号などに基づく清算価値保障原則が存在する以上，利害関係人に配分される継続企業価値（ゴーイング・コンサーン・ヴァリュー）または収益価値（以下「収益価値」と呼ぶ）が解体清算の結果である清算価値より下回るはずはないとの意見もあろう」が，「注意しなければならないのは，現実の価値である清算価値と比較すると，収益価値は，あくまで将来の期待的価値であり，経営の失敗や景気の変動

---

(92) 福田教授は，「存続によって生み出される利潤（収益）が清算価値（処分価値）を下回ってしまうような非効率な企業は，招来利益の期待値（収益力）が極めて低いごく一部の企業に限られる」としている（福田慎一「設備投資と金融[6]破たんのコスト」2004年9月6日付け日本経済新聞（やさしい経済教室））。

などの要因によって，画餅に帰す危険を秘めていること」であり，「ある事業体が持つ収益価値の評価およびそれが清算価値を上回っているとの判断は，慎重になされなければならない」としている[93]。事業再建ということばの響きに幻惑されて，再建が不可能な企業までも安易に清算ではなく，再建を図るべきではないという。同教授の意見は，ヒト・モノ・カネといった経済的資源が有限である以上，妥当であろう。しかし，問題がある。

　企業処分価値や企業継続価値を算出することは現実にはそう簡単ではない。企業の処分価値にしても，市場の需給動向によって処分価格は大きく変わりうる。それ以上に困難なのは継続価値の算定である。企業を取り巻くリスクは極めて多様である。リスク要因は外部要因と内部要因に分けられるが，まず為替相場の変動，開発途上国の追い上げなどの純粋に外部的な要因を予測することは不可能であろう。内部的な要因だけ精緻にはじき出しても，外部要因と内部要因を総合すれば，極めて荒い予測計算にならざるを得ない。したがって相当の割り切りを行わなければならないことになる[94]。

---

[93] 伊藤眞「再生債務者の地位と責務（上）」金法1685号12頁。
[94] 2002年10月金融庁発表の金融再生プログラムは，資産査定に関する基準の見直しとして，①引当に関するDCF的手法の採用を挙げている。DCF方式(ディスカウント・キャッシュ・フロー)とは，融資先の将来のキャッシュ・フローを推計して，これを現在価値に計算しなおす手法である。DCFにより，企業の継続価値を判定することができるが，キャッシュ・フローの計算に当たってさまざまなファクターが関係するので，DCFの計算には一定の割切りが必要になる。従来の銀行の融資姿勢が，担保重視であったことへの批判であり，DCFは事業の持続可能性を重視する手法である。ただし，バブル期までの資産価値が右肩上がりで上昇した時代には，キャッシュ・フローではなく，含み益を優先にすることにも合理性はあった。

第 1 章　倒産法総論

③　倒産手続の使い分け

清算型		再建型	
破産	個人，法人	民事再生	個人，法人
特別清算	株式会社	会社更生 （会社整理）	株式会社

(a)　清算型倒産手続の使い分け

清算型には，破産と特別清算がある。

破産は法人，個人を問わず，学校法人，医療法人にも適用されるが，特別清算は株式会社に限定され，清算中の株式会社が行う特別の倒産手続である。破産手続と特別清算手続との間には優先劣後の関係はないが，特別清算の命令がある場合に，債権者との協定を締結する見込みがなければ，当該債務者には破産手続開始決定が行われるとされている（商法455条）。

破産については詳細を後述するが，比較的件数の少ない特別清算についてここで略述する。

特別清算は「ミニ破産」，「プレ破産」あるいは「簡易破産」とも呼ばれ，事件数は年間200から300件で，バブル崩壊後のノンバンクの処理で使われ，また最近，事件数が増えている[95]。わが国での著名な特別清

---

(95)　特別清算は商法に規定され，株式会社のみを対象とする。イギリス法系の裁判所による清算手続(winding-up by the court)を参考にしたものといわれている。株主総会での解散決議，存立期間の満了，合併，解散を命じる裁判などに基づいて，会社が解散することになったが，当該会社に債務超過の疑いがある場合，清算の遂行に著しい支障が予想される場合，特別清算の手続が申し立てられる。特別清算は「破産を予防するため」の手続と位置づけられ，清算手続の一つと位置づけられている。特別清算には，債権者を招集し集会を開催して協定を決議して，協定に基づいて返済を行う協定型と集会を開催せず，債権者との間で同一内容の

算事件としては、1995年2月に創業233年といわれるイギリスのマーチャント・バンク、ベアリング・ブラザースが破綻した事件がある。わが国にはベアリング・ブラザースのケイマン法人ベアリング・ブラザース・セキュリティーズ・ジャパン・インコーポレーティドの東京、大阪2支店があり、大蔵省が同年2月27日東京地裁、大阪地裁に両支店が債務超過のおそれがあることを通告し、職権による特別清算の開始を申し立てた。また、1991年のバンク・オブ・クレジット・アンド・コマース・インターナショナル（BCCI）事件も同様に特別清算手続を取った。また、セゾングループの西洋環境開発は2000年7月に、日本政策投資銀行、青森県、経団連加盟の大手企業などの出資で国家プロジェクトとして設立された「むつ小川原開発」は、2000年9月に、それぞれ特別清算手続を申し立てた（受け皿会社として新むつ小川原が設立された）。また、2004年4月には、日本重化学工業、旧・北海道東北開発公庫（現・日本政策投資銀行）、北海道電力などが出資し、地熱資源開発を手がけていた道南地熱エネルギーが特別清算を申し立てている。同社の親会社である日本重化学工業は2002年2月に更生手続を申請していた。2004年11月には写真機卸の近江屋写真用品が特別清算開始決定を受けた。このほか2004年にはゴルフ場運営会社の特別清算手続開始申立てが散見された。

　特別清算手続は、債権者数が少ない会社、とくに親会社が存在する場合の子会社の法的整理手続として利用されている。

　法制審議会倒産法部会は2003年12月から倒産法制に関する残された課

　和解契約を締結する和解型があり、協定型：和解型は1：2程度である。債権者と和解することを目指すので、債権者数が少ない場合に利用される。特別清算の申立ては、清算人が行う場合がほとんどで、債権者、株主が申し立てる例はまれである。また、監査委員もほとんど選任されない。特別清算は従来の清算人がそのまま特別清算人となるので、いわゆるDIP型の破産手続ということができる。従来の経営者が残るために、会社の財産の投売りになることが少なく、資産を破産の場合よりも高価で換価でき、債権者に対する配当もより高くなることが多い。また、「破産」のネガティブな響きを忌避して、特別清算を選択する場合もある。

題として,「特別清算等の見直し」作業を進め, 2004年7月16日に「特別清算等の見直しに関する要綱試案」を発表した。基本姿勢として「現行の特別清算により処理されている事案を引き続きその対象として想定し, 利害関係人の利益の保護を図ること及び破産を予防することを目的とする, 株式会社についての通常の清算手続を厳格化した特殊な清算手続という現行の特別清算の基本的枠組みを維持」[96]することとしている。原則として従前の取締役が清算人となり, 清算事務を遂行することができる, 手続構造が柔軟で融通性があり, 迅速に処理をすることができる, 手続に要する費用が低廉である等の利点をできる限り損なわないように, 現行の枠組みを維持することとしている。具体的には, 管轄裁判所, 記録の閲覧制度, 手続開始の申立て, 手続開始前の処分, 開始の条件などについて提案されている[97]。

　特別清算を利用するのは, 破産にまとわりついているマイナスのイメージがないことのほかに, ノンバンクの場合には, 母体行があり, 債権者が比較的少なく, かつ一債権者の債権額が大きいので, 債権者の意見がまとまりやすく, 手続進行が容易であること, 親会社が私的整理によって債務者である子会社の債務を免除しても, 当然には税務上損金処理が認められることはないが, 債務者について特別清算の申立てがあった場合は, 債権者は税務署の認定を受けることなく, 債務者に対する債権の50％相当額を貸倒引当金に繰り入れることができること (法人税法52条1項, 法人税法施行令96条1項3号ニ), さらに, 債権者は特別清算の協定の認可によって免除されることになった金額について, 認可があった事業年度において, 貸し倒れとして損金処理ができること (法人税基本通達9－6－1), 協定の認可により弁済が猶予され, または賦払い弁済される場合には, 認可された事業年度終了の日から5年経過後に弁済される金額についても貸倒引当金勘定に繰り入れることができること, など

---

(96) http://www.moj.go.jp/PUBLIC/MINJI48/refer01.html を参照。「特別清算等の見直しに関する要綱私案」金法1715号55頁。

(97) 詳細については, 法務省ホームページ http://www.moj.go.jp/ を参照。

を挙げることができる。

　上述の税務上の優遇措置は，特別清算のみではなく，更生手続などの他の倒産手続でも同様であるが，特別清算の場合には，迅速かつ柔軟な処理ができることなどの付帯のメリットがある。債権者である親会社にとっては，債権の損金処理が認められるので，特別清算が評価されている。破産と通常の清算の中間的な手続とされている。

(b)　再建型倒産手続の使い分け

　再建型倒産手続には，民事再生法，会社更生法，（会社整理）があり，会社更生法に基づく更生手続と民事再生法に基づく再生手続には優先劣後関係がある。

　民事再生法の対象は，個人・法人を問わない。営利法人たる会社（合名会社，合資会社，有限会社，株式会社），学校法人[98]，医療法人[99]，宗教法人，協同組合[100]なども対象となる。一方，会社整理と会社更生はいずれも株式会社のみを対象とする。会社整理は，現在手続中の事件が約50件と，特別清算の10分の1の件数にとどまる。

　会社更生法に基づく更生手続は再建型の倒産処理手続として，民事再生手続の特別手続に当たる。会社更生法は，更生手続開始前の会社について，破産手続，整理手続，特別清算手続および再生手続がある場合，更生手続の開始の決定があるまで，これらの手続の中止を命ずることが

---

[98]　学校法人の再生手続として，たとえば2003年9月，学校法人千代田学園，2004年6月，東北文化学園大学の例がある。

[99]　医療法人の倒産手続として，古くは1990年に宮崎県の白濱会，1991年に茨城県の誠潤会が旧和議法に基づく手続を申し立てている。その後，2000年に三世会，2002年に育和会，2003年に札幌医新病院，讃生会宮の森記念病院が民事再生法に基づく手続を申し立てている。医療法人の任意整理事件も多い。医療法人ますみ会は2000年4月に再生手続を申し立てたが，認められず同年6月に破産宣告を受けた。

[100]　協同組合の再生手続として，たとえば2003年8月，茨城県漁業協同組合連合会の例がある。

できるとし（会社更生法24条1項1号），さらに更生手続開始の決定があった場合には，破産手続，再生手続などは中止される（会社更生法50条1項）。更生手続の優先性を定めている。

　更生手続は，管財人を要し，財産の管理・処分・事業経営権が専属的に管財人に移り，手続に要する負担やコストが大きく，企業規模の大きい株式会社の再建に向いているとされてきたが，平成15年の会社更生法の改正によって民事再生法との違いは従来ほどには明瞭でなくなった。従来は，会社更生法は大型倒産に適用し，民事再生法の前身である和議法は中小企業に適用するという使い分けがあったが，民事再生法が制定されて，和議法が廃止され，そごうやマイカルの例にあるように大型倒産についても民事再生法が適用されることも目立つようになってきたので，大型・中小型化だけでは，両者の違いを表すことができなくなったからである。

　会社更生法の改正作業の担当者は，「再生手続は，担保権のある債権，優先権がある債権および株主の権利には手続の制約を加えず，無担保かつ非優先の債権のみを対象とするものであり，再生計画によってその繰り延べや減免をすることのみによって債務者の事業の維持再生を図る迅速かつ低廉な手続」であり，「更生手続は，手続の利用対象者を株式会社に限定し，担保権のある債権，優先権がある債権（租税債権，労働債権等）および株主の権利にも手続の制約を加え，更生計画によって，債務の繰り延べや減免を図るほか，株式会社の組織再編行為をも行って，株式会社の在り方を抜本的に変更する強力な手続」であると説明している[101]。

　以上の違いを踏まえると，会社更生法は破綻した債務者と債権者が対立し，債権者が担保権を行使しかねないような場合に利用され，一方，民事再生法は破綻した債務者に対して債権者が協調的姿勢を示す場合に利用されるということができる。また，会社更生法は従来の経営者の経

（101）　深山卓也編著『新会社更生法』（商事法務，2003）16頁。

3 「清算型」倒産手続と「再建型」倒産手続

営手法に問題がある場合に利用され，民事再生法は立て直しのためにあらたに送り込まれた経営者に引き続き経営再建を期待する場合に利用される。また，会社の財産に対して担保権が複雑に設定されている場合には，担保権の行使をいったん停止させるために会社更生法が利用される（マイカルの例(102)）。会社更生法による手続は厳格であり，手続の透明性，公平性を優先する場合にも，会社更生法による手続が選択される（瀬戸内マリンホテルの例(103)）。

両者の違いを挙げると以下の通りである。

	民事再生法	会社更生法
適用対象	個人，法人を問わない学校法人，医療法人を含む	株式会社のみ
担保権の行使	別除権として行使できる	担保権者の債権は更生担保権として更生手続に取り込まれる
DIPファイナンス	申立てから開始決定までの間に再生債務者が行った借入れは，裁判所の許可を得て共益債権とすることができ，手続開始後の再生債務者の借入れは共益債権となる	申立てから開始決定までの間に，保全管理人が行った資金の借入れは共益債権とし，管財人が行った資金の借入れは共益債権とする
従前の経営者	DIP型であり，経営者が残ることも予想されている	管財人型であり，従前の経営者は退陣することが原則
一般優先債権	一般の先取特権などは一般優先債権とされ，随時弁済される	一般優先債権は，更生計画の定めにしたがって弁済される
再生計画・更生計画	再生計画による権利の変更は，再生債権者の間では平等でなければならないが，衡平を害しない限り，差を設けることができる	更生計画による権利の変更は，同一の債権者の間では平等でなければならないが，異なる種類の債権者間では公正かつ衡平な差を設けなければならない
スピード	申立てから開始決定までは原則として2週間＋1日である	更生手続では申立てから開始決定まで平均して3.9ヶ月である

---

(102) マイカルはいったん再生手続の申立てを行い，再生手続開始決定を得たが，その後に更生手続に移行した変則的な例である。ここでも，会社更生法に基づく更生手続の厳格性が評価されている。同社の当初の経営陣は会社更生法の適用を申請する予定で取締役会を開催したところ，緊急動議で代表取締役が更迭され，

第1章　倒産法総論

● コラム 7 ●　会社更生法の担保権の失権と財産権

　会社更生法による更生手続では担保権を有する債権者も更生担保権として倒産手続に取り込まれる点がほかの倒産手続と大きく違っている。このように担保権を有する債権者が担保権を勝手に行使することができないことは，

　　　新経営陣は民事再生法を申請した。ところが，その後また新経営陣が更迭されて，旧経営陣が復帰し，会社更生法の手続に移行した。このような迷走は，同社が想定したスポンサーの要求するところが異なっていたことが背景のようである。民事再生法の申請をした時点では，アメリカのスーパーのウォールマートがスポンサー候補で，企業再生を急ぐために民事再生法を選択したようである。一方，その後スポンサー候補になったイオンは会社更生法を望んだ。スポンサーになるに当たって更生手続の方が権利関係を明確にすることができると判断した。マイカルの更生手続の管財人（法律管財）を務める小畑弁護士は，同社には民事再生ではなく会社更生が適する理由として，①店舗ごとに異なる複雑な権利関係と関係会社を横断する担保権の存在，②多様な債権者構成と4万人を超える社債権者の存在，③莫大な店舗閉鎖コスト，④マイカルと有機的に結合している関係会社の処理，⑤破綻に至った経営責任の追及，⑥権利保護条項制度の有無を挙げている（小畑英一「マイカル再建絵巻・序説」『再生・再編事例集3』（商事法務，2004）109頁）。

（103）　中井康之「瀬戸内国際マリンホテルの場合」『再生・再編事例集1』（商事法務，2004）76頁を参照。同ホテルの経営母体である瀬戸内国際観光株式会社は，資本金9億円，負債40億円足らず，従業員は正社員で50人，アルバイト，パートを含めて200人程度で，規模的には中小企業者であるが，再生手続ではなく，更生手続を選択した理由として，第一に，第三セクターであることから，手続の透明性，公平性が求められ，従前の経営者の下での再建は地元玉野市の住民，議会の理解が得られない状況にあり，公平な第三者，すなわち，管財人によって再建計画が立案されることが望ましい状況にあったこと，第二に，従前の株式を100％減資してスポンサーからの増資を得るにしても，第三セクターの株主がそのまま関与してこれを決することは容易ではないと予想されたこと，第三に，主たる金融債権者は，長銀の再建を譲り受けたRCC（整理回収機構）と日本政策投資銀行の2行であったが，いずれも公的性格を有する金融機関であるから，担保権の目的であるホテル全体を対象とする観光財団の価額を評価した上，再建のために必要な債権の免除（放棄）を受けるにしても，透明性，公平性がより強く求められ，民事再生法による別除権協定といった和解的解決が困難と予想されたこ

債権者の財産権の侵害に当たらないかという問題がある。

この問題について，最高裁昭和45年12月16日大法廷判決民集24巻13号2099頁[104]は，「会社更生法は，企業を破産により解体清算させることが，ひとり利害関係人の損失となるにとどまらず，広く社会的，国民経済的損失をもたらすことがあるのにかんがみ，窮境にはあるが再建の見込みのある株式会社について，債権者，株主その他の利害関係人の利害を調整しつつ，その事業の維持更生を図ることを目的とするもの」であり，「法は，右の目的を達成するため，更生債権または更生担保権については，更生手続によらなければ弁済等のこれを消滅させる行為をすることができないこと，更生計画によって債務の期限が猶予されるときは，その債務の期限は，担保があるときはその担保物の耐用期間内，担保がないときまたは担保物の耐用期間が判定できないときは20年までそれぞれ定めることができること，更生計画認可の決定があったときは，計画の定めまたは法の規定によって認められた権利を除き，更生会社は，すべて更生債権および更生担保権につきその責めを免れ，株主の権利および更生会社の財産の上に存した担保権はすべて消滅し，また，更生債権者，更生担保権者および株主の権利は計画の定めに従い変更されることなどを，それぞれ定めている」のであり，「更生債権者，更生担保権者および株主の財産権が制限されることは明らか」であり，「前記目的を達成するためには必要にしてやむを得ないものと認められ」，「しかも，法は，更生手続が裁判所の監督の下に，法定の厳格な手続に従って行われることを定め，ことに，更生計画は……公正かつ衡平に前記目的が達成されるよう周到かつ合理的な諸規定を設けている」として，憲法29条1項の財産権の保障に反しないとした。

(3) 倒産手続と税金

倒産処理は，会社の会計上の債務の処分でもあるから，必ず税金の問

とが挙げられている。
(104) 最高裁昭和45年12月16日大法廷判決民集24巻13号2099頁(百選第3版第2事件)。

第1章　倒産法総論

題が生じる。

　特別清算の税務上の有利性については前述のとおりである。倒産処理に当たって生じる税務上の問題は，(1)債権者が債権放棄によって被る貸倒れ損失の扱い，(2)債務者が債務免除によって得る債務免除益の扱いに分けることができる。

　① 　債権者側の債務放棄によって生じた貸倒れ損失の扱い

　法的整理による倒産処理について，法人税基本通達9－6－1は，債権放棄を損金として算入することを認めている。同通達の規定は以下のとおりである。

　9－6－1：(金銭債権の全部又は一部の切捨てをした場合の貸倒れ)

　法人の有する金銭債権について次に掲げる事実が発生した場合には，その金銭債権の額のうち次に掲げる金額は，その事実の発生した日の属する事業年度において貸倒れとして損金の額に算入する。(昭55年直法2－15「十五」，平10年課法2－7「十三」，平11年課法2－9「十四」，平12年課法2－19「十四」により改正)

(1) 　会社更生法若しくは金融機関等の更生手続の特例等に関する法律の規定による更生計画の認可の決定又は民事再生法の規定による再生計画の認可の決定があった場合において，これらの決定により切り捨てられることとなった部分の金額

(2) 　商法の規定による特別清算に係る協定の認可若しくは整理計画の決定又は破産法の規定による強制和議の認可の決定があった場合において，これらの決定により切り捨てられることとなった部分の金額

(3) 　法令の規定による整理手続によらない関係者の協議決定で次に掲げるものにより切り捨てられることとなった部分の金額

　　イ：債権者集会の協議決定で合理的な基準により債務者の負債整理を定めているもの

　　ロ：行政機関又は金融機関その他の第三者のあっせんによる当事者間の

協議により締結された契約でその内容がイに準ずるもの
(4) 債務者の債務超過の状態が相当期間継続し，その金銭債権の弁済を受けることができないと認められる場合において，その債務者に対し書面により明らかにされた債務免除額

　法人税基本通達 9 − 6 − 1 は，破産手続について新破産法で廃止された強制和議において切り捨てられた金額のみを挙げている。本来の破産手続については，法人税基本通達 9 − 6 − 2 によることになる。

　9 − 6 − 2 （回収不能の金銭債権の貸倒れ）
　法人の有する金銭債権につき，その債務者の資産状況，支払能力等からみてその全額が回収できないことが明らかになった場合には，その明らかになった事業年度において貸倒れとして損金経理をすることができる。この場合において，当該金銭債権について担保物があるときは，その担保物を処分した後でなければ貸倒れとして損金経理をすることはできないものとする。
（昭55年直法 2 − 15「十五」，平10年課法 2 − 7「十三」により改正）
　（注）　保証債務は，現実にこれを履行した後でなければ貸倒れの対象にすることはできないことに留意する。

　私的整理案に基づいて債権を放棄した場合，会社は会計上債権を償却することになるが，基本通達の 9 − 6 − 1 (3)によると，「合理的な基準により」行う必要がある。したがって安易な債権放棄については損金容認を受けられないおそれがある。損金の容認を受けられないと，税務上の利益から損金を差し引くことができず，貸倒れによる損失が生じているのに，法人税などを課税されることになる。私的整理の場合，これが認められないとなると，債権者としては損失を計上した上に税金を支払わなければならない。私的整理に関するガイドラインに基づいた免除債務についての損金処理に関しては，国税庁から損金容認の文書を得ている[105]ので，税務上の問題の解決が図られている[106]。

---

(105) 債権放棄等をした債権者の税務上の取扱いに関する国税庁平成13年 9 月26

第1章　倒産法総論

　次に，再建型の倒産処理では債権者が債務者に対する債務を免除することで過剰債務問題を解決することがある。債務者にとって債務を免除されることは会計上，利益を得ることである。
　債務者が利益を得た場合には，所得税（個人），法人税（会社）の課税を受けるおそれがある（法人税法22条2項など）。そもそも支払不能や債務超過に陥ったため，あるいは陥るおそれがあったために倒産手続に入ったのであり，利益はそのために生じた一時的な結果であり，債務者にとっては税金として流出することは可能な限り避ける必要がある。
　現時点では，会社更生法または金融機関についての更生特例法に基づく倒産手続に入った債務者について欠損金額との相殺が認められている（会社更生法232条3項）のほかには，特段の税制上の優遇措置はない。個々のケースでは，債務のリストラクチャリングを構想する際に，生じた債務免除益を他の損失によって帳消しにするように配慮している[107]。

　　　日回答は，「今般のガイドラインに定める手続に基づく再建計画により債務免除を受けた場合には，同通達12－3－1(3)に沿って検討すると別紙のとおりであり，同通達に該当すると考えられます。このことを前提とすれば，ガイドラインに基づき策定された再建計画により債務免除を受けた場合には，原則として，法人税法第59条の適用があるものと考えられます」としている。
(106)　平成15年4月には東京商工会議所が「中小企業の再建のための私的整理（債権放棄）指針案」を発表している。
(107)　上野久徳『会社更生計画の理論と実務』（新版）（同文館, 1996）244頁（吉野家の例），259頁，272頁を参照。なお，2004年12月8日の日本経済新聞は「債務免除益の課税軽減」と題して，自民党税制調査会が債務免除益の課税優遇策を私的整理へ拡大することを検討していると伝えている。

● **第2章　倒産法各論** ●

1　清算型の破産手続

(1)　瞬間凍結・換価・配当

① 　ゴーイング・コンサーンの瞬間凍結

　会社は資産と負債を持ち，さまざまな契約関係の中にあり，ゴーイング・コンサーン(108)として事業を行っている。支払不能に陥った場合は，ゴーイング・コンサーンとしての会社を破産手続開始決定の日をもって瞬間凍結することになる。破綻した債務者の財産を換価処分して，債権者に配当を行い，その満足を得るという流れをたどる。

```
              企業
   ┌─────┬─────┐  ┌─────────────────┐
   │ 資産 │ 負債 │  │契約関係          │
   ├─────┼─────┤  │呼応関係……従業員  │
   │現預金│流動負債│  │商取引………取引先 │
   │売掛債権│買掛債務│ │賃貸借……事務所，工場など│
   │固定資産│長期負債│ │訴訟              │
   │      │資本金│  │その他            │
   └─────┴─────┘  └─────────────────┘
```

---

(108)　ゴーイング・コンサーン（継続企業）とは，株式，経営者，従業員，顧客などの各成員が企業の目的に貢献する協同的行為の継続が予定される場合に成立する継続的企業体のことをいう。制度経済学者のJ.R. コモンズに由来する。

第2章　倒産法各論

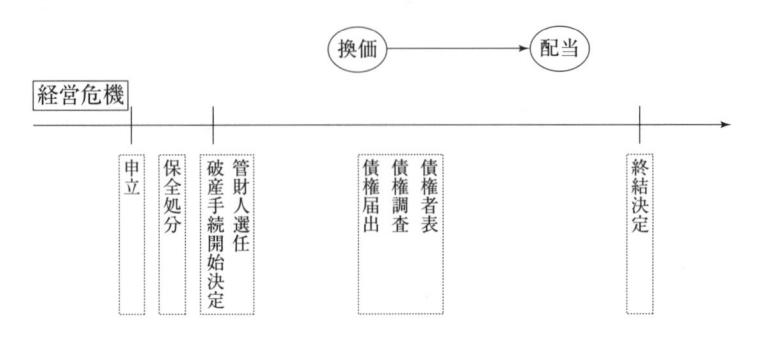

```
                        換価 ──→ 配当
  ┌─────┐
  │経営危機│──┬──┬──┬──────┬─────┬──────→
  └─────┘  │  │  │          │     │
           申  保  管破        債債債    終
           立  全  財産        権権者    結
               処  人手        届調表    決
               分  選続            出査      定
                   任開
                    始
                    決
                    定
```

② 現有財団と法定財団

破産手続は，破産債務者の資産・負債を清算することであるから，債務者の手もとにあっても第三者の財産であれば，これを除外しなければならない。逆に，第三者のもとにあっても破産債務者の財産であるならば，これを破産処理の対象に加えなければならない。

「破産財団」とは，「破産者の財産又は相続財産であって，破産手続において破産管財人にその管理及び処分をする権利が専属するものをいう」(新破産法2条14号)。破産手続開始決定の時点で，破産者に属する財産であって，積極財産(資産)をいい，債務を含まない。したがって，破産財団とは金銭的価値のある物や権利，ノウハウ，得意先関係，営業上の信用のことをいう。破産手続開始決定後にあらたに債務者のもとに入ってきた財産(新得財産)は破産財団には含まれない。このように破産財団を宣告時の財産に限り，新得財産を含まないことを「固定主義」[109]といい，新たに得られた財産を含む膨張主義に対立する。わが国の明治破産法は膨張主義を採用していたが，旧破産法は固定主義に転換し，新破産法も旧破産法を踏襲している。破産財団とは，破産手続において破

---

(109) 固定主義と膨張主義はそれぞれメリット・デメリットがある。膨張主義は破産手続進行中の破産者の取得した財産も破産財団に組み込むので，債権者にとっては配当が高くなるが，一方，破産手続開始決定後の債権者も入ってくるので手続が複雑になる。

産債権者に配当される債務者の総財産（財団＝一定の目的のために結合された財産の集合）のことである。

　破産財団には三つの意味がある。本来破産者が有するべき財産という意味の「法定財団」，現に破産者のもとにある財産という意味の「現有財団」および破産管財人が職務を果たした結果，配当の原始となる破産社の財産を意味する「配当財団」である。破産処理に当たっては，現有財団を法定財団に可及的に一致させることが必要になる。このような「現有財団」を可及的に「法定財団」に一致させることが破産管財人の主たる機能であり，このために，取戻権，否認権といった破産法上の制度が設けられている。

③　開始前の保全処分

　破産手続は，破産者の財産の換価処分と債権者への配当・満足によって構成される。破産者の財産は破産手続開始決定(新破産法30条)の時点での財産を基礎とする。破産手続開始が決定されれば，原則として破産者の財産の管理処分権は破産管財人に専属し，破産者は処分することができなくなる(新破産法78条1項)。破産手続は裁判所が職権で一方的に行う手続ではなく，破産状態にある債務者の債権者または債務者自身の申立てによって開始される（新破産法18条1項)。

　債権者または債務者が裁判所に破産手続の申立てを行ってから，裁判所が破産開始決定を行うまでに，ある程度の日数がかかる。この間，破産状態にある債務者の財産の管理処分権は，原則として依然として債務者自身にある。破産手続が申し立てられた後，破産手続開始決定が行われるまでの間であっても，債権者の衡平と平等という倒産法の基本原則は，徹底される必要があり，このため，保全処分が予定されている。

　旧破産法155条1項は「破産の申立ありたるときは裁判所は破産宣告前といえども利害関係人の申立に因り又は職権を以て破産財団に関し仮差押，仮処分その他の必要なる保全処分を命ずることを得」と定めるのみであったが，運用上，倒産者の財産を減少させ，散逸させるおそれのあ

る裁判上または行政上の手続を仮に停止させる処分（他の倒産手続や強制執行の停止），倒産者やその役員が手続開始の時に財産の管理処分権や経営権を失うことを前提に，財産上の管理処分を禁じ，業務を制限し，経営権を剥奪することによって倒産者の行為を制限する処分（財産の仮差押え，仮処分，保全管理人の選任），取締役等の責任追及の確保のため取締役の財産について保全する処分，破産者の引致，監守（人的保全処分）[110]が行なわれた[111]。ただし，監守が現実に行われた例はないようで，新破産法は廃止している。

旧破産法には，宣告前の保全処分に関する規定は，上記の155条しかなかったが，新破産法は民事再生法の規定を大幅に取り入れ，開始決定前の保全処分を充実させている。

まず，債権者らの動きについては，新破産法24条は，裁判所が強制執行，仮差押え，仮処分，一般の先取特権の実行，企業担保権の実行手続，財産関係の訴訟手続などの個別の手続を中止することができるとしている（他の手続の中止命令）。さらに，新破産法25条は，個々の手続ではなく，破産手続の申立てがあった債務者に関するすべての強制執行などの手続の禁止を命じることができるとしている（包括的禁止命令）。一方，債務者側の動きについては，新破産法28条1項で，破産手続開始決定があるまでの間，債務者の財産に関し，その財産の処分禁止の仮処分その他の必要な保全処分を命ずることができるとして，債務者の財産にかかわる債権者と債務者双方の行為を中止し，破産手続に充てられる債務者の財産を確保することとしている。

---

(110) 引致とは，「身体の自由を拘束した者を一定の者のところに強制的に連行すること」をいう。監守とは，「破産者が逃走し，又は財産を隠匿若しくは毀棄するおそれがあるときは，裁判所は，破産者の監守を命ずることができ，このような命令があった場合には，破産者は裁判所の許可を得なければ他の人と面接や通信をすることができないというもの」である。

(111) 新破産法は保全管理命令を明文で設けている。旧破産法の下では保全管理命令は実際には豊田商事事件，末野興産事件で発されている。

また，新破産法177条1項は，会社について破産の申立てがあった場合，当該会社の財産とその経営者の財産が明確に分けられない場合もあるので，「裁判所は，法人である債務者について破産手続開始の決定があった場合において，必要があると認めるときは，破産管財人の申立てにより又は職権で，当該法人の理事，取締役，執行役，監事，監査役，清算人又はこれらに準ずる者の責任に基づく損害賠償請求権につき，当該役員の財産に対する保全処分をすることができる」と定めている。なお，破産債務者の引致については，新破産法38条2項は旧破産法154条と同様に「破産手続開始の申立てがあったときは，裁判所は，破産手続開始の決定をする前でも，債務者の引致を命ずることができる」としているとし，宣告前の段階でも可能性を認めている。ただし，例がない。

④ 破産財団と破産債権

・破産者の負債（債権者にとっては債権）

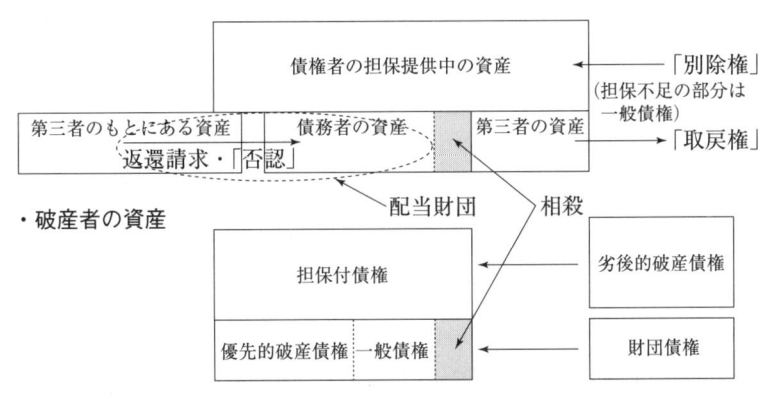

	債権者の担保提供中の資産		←「別除権」 （担保不足の部分は一般債権）
第三者のもとにある資産 返還請求・「否認」	債務者の資産	第三者の資産	→「取戻権」
	配当財団	相殺	

・破産者の資産

	担保付債権		← 劣後的破産債権
優先的破産債権	一般債権		← 財団債権

企業がゴーイング・コンサーンとして継続して事業を営んでいる場合は，債権者の債権の優先劣後の問題はあまり先鋭には表れないが，破産処理はそれまでゴーイング・コンサーンであった企業，個人をいったん瞬間凍結して，その時点での資産負債を清算する手続であるから，破産者の債務＝債権者の破産者に対する債権をその性質に応じて優先劣後を

明らかにし，配当することになる。ではここで，破産者の資産と負債についてまとめておこう。

・破産債務者の資産について

　破産者の資産には，たとえば不動産（土地・建物），動産，債権（銀行預金，証券，売掛債権など），商品などがある。破産者の保有資産の中に第三者の資産があれば，これは「取戻権」の対象となる。また，資産の中には，抵当権の設定（不動産など），質権の設定（銀行預金），譲渡担保（売掛債権）として担保を設定している資産があり，「別除権」の対象となる。また，破産債権者が同時に破産債務者に対して負債を負っている場合には，破産債権者は債権と債務を相殺することができる（「相殺権」）。

　一方，破産債務者が宣告を受ける前に債権者全体の利益を損なうような財産処分をしたり，一部の債権者の利益になるような財産処分をしたような場合には，破産管財人はこれらの行為を否認して，処分された財産を回収する（「否認権」）。

　所有権者や担保権者，債権者による取戻権，別除権，相殺権の行使によって，破産債務者の破産財団は縮小するが，破産管財人による否認権の行使は破産財団を増殖させる効果がある。

・破産債務者の負債について

　破産者の負債が，破産処理で配当の対象となる破産債権者の債権であるが，取戻権，別除権，相殺権のない債権が「破産債権」である。破産債権者の債権（破産債務者の負債）の中には，破産債務者の資産で担保されている債権（担保付債権）があるが，これは別除権の行使の対象であり，仮に担保不足（債権全額を担保目的物の処分代金でまかないきれない）であれば，差額は一般債権となる（不足額責任主義）。

　破産者の債権者が，破産手続で配当を受けるためには破産債権を持っていなければならない。新破産法2条5号は，「破産債権」とは，「破産者に対し破産手続開始前の原因に基づいて生じた財産上の請求権（第97

条各号に掲げる債権を含む）であって，財団債権に該当しないものをいう」としている。破産債権であるためにはいくつかの要件がある。これを見ておこう。

(a) 破産者に対する請求権（人的請求権）であること

破産者に対する人的請求権であることを要する。原則として，「破産は，債務者の総財産をもって請求権の満足を得せしめる手続」であるから，物権的請求権は入らない。

物権的請求権とは，特定財産に関するいわゆる物権的請求権であって，例えば「所有権に基づく物の返還請求権とか，妨害排除請求権」は，取戻権（新破産法62条以下）の行使の対象となるので，破産債権には含まれないからである。ただし，取戻権として扱われることは，破産債権としての性質と併有を妨げるものではないとする意見もある。

また，会社更生法に基づく更生手続では，担保付債権も倒産債権の一種として手続に服し，更生担保権となるが，破産法と民事再生法では，債権者が担保の設定を受けている場合，債権者は物権的ではなく，人的請求権であっても，このような債権者は別除権を行使して，破産手続の外で優先的に弁済を受けることができるので，破産債権には含まれない。ただし，担保処分によって返済を受けられなかった分については一般財産によって配当を受けることとされているので，破産債権に含まれる。これが前に述べた不足額責任主義である。

(b) 財産上の請求権であること

破産債権は，財産上の請求権であることを要する。原則として，倒産手続は財産関係の処理であるから，財産上の請求権だけが問題となる。金銭的に評価して，換価できるものであることを要する(112)。

---

(112) 例えば，なにかを為せ，為してはならないという，作為不作為の請求権は破産債権となりうるかどうかという問題が長い間論じられ，かつては，この作為不作為の請求権は，破産債権には含まれないというのが通説だった。井上直三郎「破産債権の要件に関する二三の問題」は，「代替的作為を目的とする債権は，い

(c) 破産手続開始決定前の原因に基づく請求権であること

破産債権は，手続開始決定の行われる前の原因に基づいて生じた請求権であることを要する。

(d) 執行可能な請求権であること

破産債権であるためには，執行することのできる請求権であること（執行可能性）を要する。したがって，例えば，利息制限法の超過利息，不法原因給付の返還請求権などの自然債務は執行できないので，破産債権には入らない。

これらの要件に対する宣告後の破産債権の例外として，破産手続参加費用（新破産法97条7号，旧破産法38条），為替手形・小切手その他の有価証券につき振出人・裏書人に対する破産手続開始決定後に善意で引受け・支払をしたことによる債権(新破産法60条，旧破産法57条)，破産手続開始決定当時双方未履行の双務契約や継続的契約関係処理の結果生じる請求権で法定の請求権(新破産法54条1項，97条8号，57条，59条2項，旧破産法60条1項，61条2項，63条2・3項（新破産法では削除），65条，66条2項)，否認の効果として生じる相手方の価額償還請求権(新破産法168条，旧破産法78条2項)などがある。

このような要件を充足した破産債権はさらに優劣にしたがって分類される。まず破産者に対する債権でもっとも優先的な地位にあるのが財団債権である。

(a) 財団債権 （新破産法148条，旧破産法47条）[113]

財団債権とは，破産手続を遂行するうえで必要な費用などをいい，破

わゆる代執行により債務者の財産による満足を遂げうるがゆえに，債務者が破産した場合には，破産債権としてその分け前に与り得る」とし，これがその後通説となった。一方，不代替的作為を目的とする債権と不作為を求める債権については，宣告前に不履行による損害賠償請求権に転化していれば，破産債権となるが，原則として破産債権とはならないとされている。

[113] 財団債権は破産財団から優先して弁済されるが，破産財団自体には法人格

1 清算型の破産手続

産手続によらないで随時，破産財団から弁済を受けることができる。民事再生法，会社更生法で「共益債権」と呼ばれる債権に相当する[114]。

　旧破産法では破産手続開始前の原因に基づく労働債権（従業員の給与など）は優先的破産債権とされていたが，新破産法149条は，破産した会社の従業員の給与の保護を充実させ，「破産手続開始前3月間の破産者の使用人の給料の請求権は，財団債権とする」として，労働債権の保護を厚くしている[115]。

　　が認められていない。このため，財団債権の債務者がだれかについては議論があり，破産者説，破産債権者団体説，破産財団説，破産管財人説がある。破産者説は，破産財団が破産者に属する財産であることを理由にする。破産者の扶助料が財団債権とされていること，財団債権のほとんどが破産手続開始後の原因に基づくものであること，破産手続終了後に破産者が財団債権一般について責任を負うことは妥当でないという批判がある。破産債権者団体説は，破産債権者の共同の利益に関連している。しかし，財団債権の性質は異なり，破産債権者団体に法主体性を認めるという問題がある。破産財団説は，破産財団の法主体性を認めることを前提として，財団債権について破産者の責任を否定する。管理機構としての破産管財人説（管理機構説）は，破産管財人の報酬が財団債権であることが問題となるが，破産管財人の費用や報酬が財団債権とされているのは，破産管財人に就任している私人が管理機構としての破産管財人を債務者とする財団債権を行使すると考える。なお，財団債権に基づく強制執行の相手方は破産管財人とするのが通説。ただし，破産財団から放棄された財産については，破産管財人の権限は消滅し，破産者の権限が復活する。

(114)　破産法では，財団債権というが，会社更生法・民事再生法では同種の債権を「共益債権」という。財団債権とは破産財団の存立に伴って当然に発生する債権である。更生手続や再生手続で「財団」債権ではなく，「共益」債権というのは，会社更生や民事再生では財団が形成されないからであり，更生・再生手続の遂行のための出費，共同の利益になる債権であるから共益債権という。

(115)　労働債権とは，会社と使用人との間の雇用関係に基づき生じた債権をいう。労働債権の保護と倒産手続での債権者の保護の調整は難しい問題である。破産法で財団債権とされるのは「破産手続開始前3月間」の給料の総額であるが，再建型手続である会社更生法で共益債権とされるのは「更生手続開始前6月間」の給料の総額である（会社更生法130条）。破産の場合には，基本的に全員が退職となる点が更生手続と異なる。民事再生法では，労働債権は一般の先取特権のある債

次に破産債権には以下のような優劣がある。

(b)　優先的破産債権（新破産法98条，旧破産法39条）
破産財団に属する財産につき，一般の先取特権その他の一般の優先権ある破産債権であるが，一般の先取特権とは，民306条から310条企業担保法2条，などに規定がある。

(c)　一般破産債権
銀行や取引先でとくに担保をとっていない場合，その債権は一般債権となる。

(d)　劣後的破産債権（新破産法99条，旧破産法46条）
破産手続開始後の利息，破産手続開始後の不履行に基づく損害賠償請求権および違約金（その原因となる基本債権は，破産債権であることを要する），破産手続開始後の不履行による破産手続参加の費用（破産債権届出書の作成・提出費用，債権者委員会出席費用），罰金，科料などは劣後的破産債権とされている。個別の事件で具体的に問題になった場合に条文にあたって確認してほしい。

●コラム8●　親会社の債権と衡平的劣後の法理
　破産法には，優先的破産債権，劣後的破産債権，一般破産債権の分類がある。このほかに，本来一般の債権者に劣後させるべき債権はないだろうか。たとえば，親会社が子会社に対して有する債権である。親会社は一般的に人的，資金的に子会社に影響を与える立場にある。このような事情の下で，子会社が破産に至ったならば，子会社の破綻の原因の一端が親会社にある場合

権として，一般優先債権とされている（民事再生法122条1項）。民事再生法では，破産法，会社更生法と異なり，一般優先債権は倒産手続外で随時弁済される。再生手続は，債務者の再生のために既存の権利を制限する手続であるが，その一方，債務者が会社である場合に，再生会社の使用人としては給与の支給が停止されると生活に窮することとなる。このため，労働債権には優先権が認められる。

もあろう。

　株主の責任は出資の限度内に限定されるという有限責任原則は、株式会社制度の基本原則であり、「株式会社は多数の株主から資本を集め、取締役がそれを運用して、大きな事業を営むことができるように作られた企業形態である。見ず知らずの他人と共同の事業に参加し、第三者機関である取締役にその経営を委ねるには、事業が失敗したときの危険が、予測される範囲に限定されなければならない。株主が株式の引受価額を限度とする責任しか負わない（商200条1項）とされるのはそのためである」[116]とされてはいる。しかし、親会社の一部門と位置づけられるような子会社、親会社が実質支配してきた子会社の破産の場合に、親会社の子会社に対する破産債権を他の一般債権者と同列に扱うべきだろうか。一般債権者や管財人としては、腑に落ちない場合もあろう。親会社の責任を問うような法理はないだろうか[117]。とくに子会社が親会社の一部門と位置づけられ、ほぼ一体的な関係にあるような場合には、親会社の社内の一部門であれば、当該部門の業績がどれほど悪かろうと、会社全体が倒産しない限り、社内の一部門に対する倒産手続はとられないが、別法人になった途端に、親会社が通常の債権者として登場するというのでは、納得がいかない場合もあろう。

　会社更生法による更生手続は、株主を手続にとりこんでおり、「更生計画においては、異なる種類の権利を有する者の間においては、第1項各号に掲げる種類の権利の順位を考慮して、更生計画の内容に公正かつ衡平な差を設けなければならない。この場合における権利の順位は、当該各号の順位による」として、株主をもっとも劣後させている（会社更生法168条③項）。東京高裁昭和40年2月11日決定[118]における更正計画は、他の一般債権は全額を分割弁済（一部は新株による代物弁済）、代表取締役の一般更生債権はその半額を新株

---

(116)　龍田節『会社法（第9版）』（有斐閣、2003）50頁。
(117)　従属会社の倒産に当たっての親会社の責任については、松下淳一「結合企業の倒産法的規律」法協107巻11号1761頁、12号2022頁、110巻3号295頁、4号419頁が最も詳しい。
(118)　東京地裁昭和40年2月11日決定下民集16巻2号240頁。

による代物弁済，残りを免除としていた。東京高裁昭和54年8月24日決定[119]は，株式を無税消却するとした更生計画に株主が異議を呈した事件であるが，裁判所は，同社の株式の価値はほとんど無価値に等しく，株主よりも先順位にある一般更生債権について平均70.92％，劣後の更生債権について100％の債務免除を受けることなどを考慮すると，「200万株全部を無償で消却することもやむをえないところであって，これをもって，会社更生法228条1項の要求する公正，衡平な差等の設定という要件に反するものとすることはできない」とした。福岡高裁昭和56年12月21日決定[120]は，一般株主については70％減資，一般破産債権者に対しては80％弁済としながら，筆頭株主の会社について，減資率を95％，破産債権の弁済率も40％弁済とした更生計画について，「抗告会社（筆頭株主の会社）の会社に対する債権はいわば内部的債権であって，むしろ抗告会社を特別利害関係人として一般の更生債権者より劣位に置くのが公正，衡平の原則に合致するものと考えられ」るとされた。しかし，名古屋高裁金沢支部昭和59年9月1日決定[121]は，代表取締役の更生債権を全額免除する更生計画について，「違法に損害を被った者は抗告人（代表取締役）に対し損害賠償を求めれば足り，本件更生計画において，抗告人田中の前記債権に付き全額免除をうける事由にはならない」として，更生計画での差を設けることを認めなかった例もある[122]。

会社更生法は，倒産手続の関係者に差を設けることを予定しているが，破産法は株主を手続に含んでいないので，このような株主を劣後させることには問題がある。

東京地裁平成3年12月16日判決[123]は，親会社が子会社に対する債権を届

---

(119) 東京高裁昭和54年8月24日決定（判時947号113頁，判タ407号130頁，金判587号14頁）。

(120) 福岡高裁昭和56年12月21日決定（判時1046号127頁，判タ464号159頁）。

(121) 名古屋高裁金沢支部昭和59年9月1日決定（判時1142号141頁）。

(122) 高橋宏志「債権者の平等と衡平」ジュリ1111号158頁。

(123) 東京地裁平成3年12月16日判決（金判903号39頁）。須藤茂「子会社破産手続における親会社債権の劣後的取扱いの可否」金判914号42頁。須藤教授は，「個別

けたことに対して，他の債権者が親会社の債権であるとして異議を呈したため，届出債権者が債権確定の訴え（旧破産法244条）を提起した事件である。裁判所は，東京高裁昭和40年2月11日決定及び福岡高裁昭和56年12月21日決定はいずれも会社更生手続に関するものであり，破産法の法解釈としては，現行法上劣後的取扱いを認めることはできないとした。一方，広島地裁福山支部平成10年3月6日判決[124]は，資本関係はないが，破産会社が売上げの8割以上を依存している会社が，連帯保証人として代位弁済した金額を債権として届け出た事例で，他の債権者が異議を呈し，届け出た債権者が債権確定訴訟を提起した事件であるが，裁判所は「被告（異議を呈した他の債権者）らは，本件届出債権に対し，会社の倒産手続上支配会社や親会社の権利を一般債権者の権利よりも劣後的に扱うものとする米国の法理論（『ディープロックの法理』『ディープロックの理論』と呼ばれるもの）の適用を主張するが，我が国の破産法上，右理論と同旨の規範を直接根拠づける条項はなく，むしろ明文上規定されている優先破産債権，劣後的破産債権及びその他の一般破産債権の区別を除くと，各同順位の破産債権は平等に扱うものとされているから（旧破産法40条），本件届出債権に対する右法理論の適用を言う被告らの主張はそれ自体失当というほかない」が，「右法理論の背景にあるとされる『公平（衡平）の原理』は我が国破産手続においても妥当するものであって，形式的には一般破産債権者とされる者であっても，破産者との関係，破産者の事業経営に対する関与の仕方・程度等によっては，破産手続上他の一般破産債権者と平等の立場で破産財団から配当を受けるべく債権を行使することが信義則に反し許され

的事項について制定法規がない場合はもとより，一定の関係法規が存していてもその形式的適用が具体的事案解決において妥当性を欠く場合は，一般条項により妥当な解決を図りうべきところ」であるとして，本判決に反対する。

(124) 広島地裁福山支部平成10年3月6日判決（判時1660号112頁）。佐藤鉄男「判批」判例評論486号35頁。同判決を契機としてアメリカ衡平法上の法理を分析するものとして，柏木昇「債務者を経営支配する株主ではない債権者の債権と衡平法上の劣後化」青山＝伊藤ほか編『民事訴訟法理論の新たな構築下巻』（有斐閣，2001）463頁がある。柏木教授は，裁判所が挙げる信義則違反の理由のうち，経営全般の支配管理がその前提要件であるとする（同469頁）。

ない場合もある」のであり，届出債権者が破産会社の経営を事実上支配していたこと，損失を破産会社に押し付けたことなどを認定して，「他の一般債権者の届出債権さえ満足させることのできない破産財団から原告が他の一般債権者と同等の立場で配当を受けるべく，本件届出債権を行使することは信義則に反し許されない」とした。破産法に条文はなく，またアメリカ法上の法理も我国には存在しないが，「信義則」に反する場合があるとしたのである。

アメリカでは，倒産事件における債権の劣後的処遇について，連邦倒産法510条(a)は債権者と債務者の合意に基づく債権の劣後化（Consensual Subordination of Claims），同510条(c)は衡平[125]に基づく債権の劣後化（Equitable Subordination of Claims）の二種類を設けている。これは衡平的劣後といわれ，1939年の事件で判例が設けたディープロック・ドクトリンを条文化したものである[126]。

アメリカ連邦倒産法は，明文で倒産手続における衡平的劣後を認めてはい

---

(125) 英法は，裁判所によるコモンローの法体系と国王の大法官によるエクイティ(衡平法)の二つの法体系から構成されている。イギリスでは11世紀以降，この二つの法体系が並存し，裁判所も別であったが，19世紀に入って統合された。エクイティ法体系は当事者の衡平を基準とし，たとえば信託法がこれに当たる。裁判所の救済も，コモンローは損害賠償，エクイティは差止めというように異なっている。倒産手続は，エクイティ法体系に属し，そこでは衡平原理が働いている。一方，大陸法はアンシャンレジームの裁判官の恣意的判断に対する反省から，裁判官の裁量を制限するために基本的に三段論法を理想とし，裁判官を法律の道具として構成しており，大陸法を基本的に継受したわが国の法体系は，衡平法のような裁判官に広い裁量を認める手続を認めていない。したがって法体系を異にするわが国にアメリカ法の衡平的劣後という裁判官の裁量を広く認める法理をそのまま導入することには問題がある。

(126) Taylor v. Standard Gas Oil, 306 U.S. 307 (1939)。裁判所は親会社であるスタンダード・ガス社による子会社ディープロック社の経営は誤っており，故意の詐害行為に起因する優先株主の権利を認める権限が与えられているとした。この判決の後，Pepper v. Litton, 308 U. S. 295 (1939) では，裁判所は「倒産裁判所は基本的に衡平法の裁判所であり，その手続は衡平による」とし，「支配的でコントロールする株主の融資は他の債権者の債権に劣後し，資本出資として取り扱うべ

るが，どのような場合にこの規定を適用するか，法律は明かにしていない。これはそもそも衡平法上の制度であるから，個々の事件について裁判官に適用の是非についての裁量権が認められている。しかし，わが国では親会社の債権の劣後化については法律上規定がない。企業組織が複雑になってきているから，なんらかの対応が必要かもしれない。

(2) 倒産実体法

新破産法1条は，同法の目的を，債権者その他の利害関係人の利害及び債務者と債権者との間の権利関係を適切に調整し，債務者の財産等の適正かつ公平な清算を図るとともに，債務者について経済生活の再生の機会の確保を図ることであると規定している。破産手続がとられた場合には，債務者と債権者をめぐる関係は制約され，変更を受けることになる。このような破産に伴う債権・債務関係を規整する法律分野をとくに「倒産実体法」と呼ぶ(127)。このような債権者・債務者間の権利関係の調整は，会計上の資産・負債のみならず，契約関係にも及ぶ。

正常な場合	実体法	民法，商法，当事者間の契約
	手続法	民事訴訟法，民事保全法，民事執行法 個別の手続（民事執行は個別執行）
異常な場合	実体法	倒産法（破産法，民事再生法，会社更生法）
	手続法	倒産法（破産法，民事再生法，会社更生法） 債権者全体の手続（倒産手続は包括執行）(15)

きである」とした。
(127) 旧破産法，新破産法，民事再生法，会社更生法の倒産実体法規定をまとめると以下のとおり。

	取戻権	否認権	別除権	相殺権	双方未履行双務契約	(開始前の保全処分)
旧破産法	87以下	72以下	92以下	98以下	59以下	154以下
新破産法	62以下	160以下	65以下	67以下	53以下	24以下
民事再生法	52	127以下	53	92以下	49以下	26以下
会社更生法	64	86以下	―	48以下	61以下	24以下

第2章　倒産法各論

　破産法は，債権者と債務者の権利関係の調整のために，破産債権の現在化・金銭化，取戻権，別除権，相殺権，否認権，双方未履行の双務契約の解除権多数，債務者関係を定めている。

① 　破産債権の現在化・金銭化

　破産法は，借りた金を返せない，買った代金を払えないという異常な状態にある債務者について，債権者と債務者との間の権利関係を調整することとしている。このため破産手続では，ゴーイング・コンサーンとして継続すべき個人や法人（会社など）を一定時点（破産手続開始決定の時点）で凍結し，破産者の財産で構成される破産財団の財産を換価し，破産者に債権を有する債権者に債権届を行わせ，債権者に一定の比率で配当し，満足を得ることになる。

　すなわち，破産手続は多種多様な破産債務者に対する債権にその額と順位に応じて平等な満足を与えることであるが，破産債権の中には期日が到来していないものがあるし，債権がすべて金銭評価されるものであるとは限らない。

　これら期日未到来の債務者の債務について，債務者は期日まで返済を猶予されているという「期限の利益」を享受しているのであるが，本来の期日が来たときに債権者に配当するというのでは，破産手続は延々と続いてしまう。このため，債務者の期限の利益という権利を調整する必要がある。この観点から，期日が来ていなくても破産手続開始の時点で評価して配当の対象に加えなけえればならない。これを債権の現在化という(128)。倒産実体法の一部である。

　次に，たとえば，物の引渡の請求権，代替的作為請求権といった非金

（128）　新破産法103条3項（旧破産法17条）は，「破産債権が期限付債権でその期限が破産手続開始後に到来すべきものであるときは，その破産債権は，破産手続開始の時において弁済期が到来したものとみなす」と定めている。民法上，債務者は破産により期限の利益を失うが（民137条1項），債権者は期限の利益を主張することがあるので，破産法は民法の原則を改めた。

銭債権も財産上の請求権であるから，債権者は配当を受けることになる。非金銭債権を配当ができるように債権を金銭に評価しなければならない。これを債権の金銭化という(129)。いずれも破産手続に固有の処理である。つまり，現在化とは「期限未到来の債権は破産手続開始決定のときに期限が到来したものとする」こと，金銭化とは「非金銭債権は破産手続開始決定時の評価額で持って金銭債権に転化する」ことである。この「債権の現在化」と「金銭化」を合せて，「等質化」という。

民事再生法や会社更生法という再建型の倒産手続では，破産＝清算型と異なり，ゴーイング・コンサーンをそのまま再生させることを目的としており，金銭化・現在化する必要がない。再生型と清算型の違いのひとつである。

---

(129) 新破産法103条1項（旧破産法22条，23条）は「破産債権者は，その有する破産債権をもって破産手続に参加することができる」，同2項は「前項の場合において，破産債権の額は，次に掲げる債権の区分に従い，それぞれ当該各号に定める額とする」として，金銭の支払を目的としない債権，金銭債権で，その額が不確定であるもの又はその額を外国の通貨をもって定めたもの，金額又は存続期間が不確定である定期金債権，前号に掲げる債権以外の債権については，債権破産手続開始の時における評価額をもって債権額とするとしている。不確定金銭債権（将来の一定時期における収益分配請求権など），外国通貨金銭債権，非金銭債権である財産上の請求権は，いずれもそのままの形で配当に加えることができないので，破産手続内の効果として，金銭債権に転換する必要がある。具体的には，破産債権者が破産債権の届出に際して，破産手続開始決定時を基準とする金額評価額をあわせて届出，債権調査を経て，破産債権およびその評価額が確定される。金銭化は現在化と異なって，破産手続開始決定の効果として当然に生じるものではなく，破産債権確定の効果として生じる。外国通貨金銭債権は破産手続開始決定時の相場にしたがって国内通貨に評価しなおして届け出る。為替相場の基準地については争いがあるが，手続開始決定地の相場を基準とする。債権者が外国通貨建てでのみ届け出た場合には不適式として債権者表に加えないという対応も可能であるが，現実には破産管財人が相場換算しているようである。

第2章　倒産法各論

②　取　戻　権

　債務者が管理・占有している財産の中に第三者に属するものが混じっていることがある。破産手続開始決定の前から第三者が破産者に対してある財産を自己に引き渡すことを求める権利を持っている場合，破産者の責任財産に含まれないはずのものである。倒産処理の基礎となりうるのは倒産者に属する財産のみであるから（法定財団），倒産者に属さない財産は所有者に返還することになる。破産者に明らかに属さないと認められる財産は，第三者が破産財団に属さない財産として管財人が管理することはできず，その所有者は破産手続外で破産管財人と個別交渉する。取戻権の行使によって破産管財人の管理に服する現有財団は減少するが，その結果破産財団は責任財産たるべきものによって構成される法定財団に近づくことになる。

　取戻権の根拠は，所有権，またはその他の物権（用益物権や担保物権は権利の性質による）である。そのほかに，債権的請求権，信託関係上の権利，問屋の委託者の権利，財産分与請求権がある。

　取戻権に関しては，下記の裁判例がある。

・**最高裁昭和45年1月29日第一小法廷判決**（百選第3版第55事件）
　昭和42年2月，夫婦が離婚した。昭和42年12月に，離婚前の夫に対して債権を有する者が，妻のもとにあった洋服ダンスなどの家具に対して仮差押えを行なった。昭和43年5月に，夫が破産したので，同年7月に妻がこの仮差押えについて第三者異議の訴えを提起した。
　第一審（名古屋地裁昭和43年10月21日判決民集24巻1号77頁）は元妻の請求を認容し，原審（名古屋高裁昭和44年3月6日判決民集24巻1号79頁）も，本件物件を元妻の所有であることを認め，夫が「昭和43年5月1日午前10時名古屋地方裁判所において破産宣告をうけたことは当事者間に争いのないところであるが，そもそも，本件物件は被控訴人が買受け所有するものであることは，前記認定（右引用にかかる原判決の認定）のとおりで

あるから，夫が破産宣告をうけたからといつて，これがため，本件物件が破産法第70条所定の破産財団に属する財産となる筋合のものではない」として，請求を認容した。

最高裁は，仮差押え執行後に破産宣告を受けたのであるから，本件物件は破産財団に属する財産となったが，仮差押えは破産宣告によって効力を失ったので，この仮差押執行の排除を求める第三者異議の訴えは訴えの利益を欠くので，却下を免れないとし，元妻に破産管財人を相手として旧破産法87条所定の取戻権を行使するべきであるとした。

要するに，本件では強制執行法上の第三者異議の訴えと破産法上の取戻権の行使が競合したが，最高裁は破産法上の取戻権の行使をすべきものとした。

取戻権には，新破産法62条が規定する，権利が破産法以外の実体法に基づく一般の取戻権と公平の見地から破産法が認める特別の取戻権として，運送中の売却物の取戻権（新破産法63条1項），問屋の取戻権（新破産法63条3項）[130]，代償的取戻権（新破産法64条）がある。

---

(130) 問屋の取戻権については，最高裁昭和43年7月11日第一小法廷判決民集22巻7号1462頁（百選第3版第54事件）を参照。株式の買入れを委託され，代金を預託された証券会社が株式を買い付けたところ，発行会社が増資を発表した。新株引受権を確保するためには株券を発行会社に送って名義書換手続をする必要があったが，時間が切迫していたので，証券会社が電話で了解を取って，同社名義の裏書をして名義書換手続をとった。株券を裏書譲渡しないうちに，証券会社が破産宣告を受け，破産管財人が株券を占有していたので，注文主が株券の裏書交付を求めた。第一審は請求を認容したが，原審は「問屋と委託者との間の関係においては代理に関する規定の準用がある」が，「本来問屋は当該売買より生ずる権利義務の主体であるから，委託者が第三者に対してその権利を主張するためには問屋からその権利の移転を受けなければならない」とした。最高裁は，「問屋の債権者は問屋が委託の実行としてした売買により取得した権利までも自己の債権の一般的担保として期待すべきではない」として原判決を破棄差し戻した。

第2章　倒産法各論

● コラム9 ●　**譲渡担保と取戻権**

　取戻権について問題となるのは，譲渡担保権者が破産した場合，譲渡担保設定者が取り戻すことができるかである。

　譲渡担保は債権を担保するために，債務者または第三者（譲渡担保設定者）が所有する物の所有権を債権者たる担保権者に移転し，被担保債権が弁済されれば目的物の所有権が設定者に復帰させ，債務不履行があれば担保権者が目的物を自己に帰属させた上で，その価額と被担保債権との清算を行うか（帰属清算型），担保権者が目的物を処分し，同じく清算を行う形で債権の回収を図る（処分清算型）担保形態であるが，旧破産法88条は「破産宣告前破産者に財産を譲渡したる者は担保の目的を以ってしたることを理由としてその財産を取り戻すことを得ず」としていた。また，新破産法の施行に伴う整備以前の民事再生法52条2項，および同じく会社更生法64条2項は旧破産法88条を準用していた。つまり，譲渡担保権者が倒産した場合，譲渡担保権設定者は，担保目的の譲渡であることを理由にして目的財産を取り戻すことはできなかった。

　この立法理由は，当該財産が譲渡担保権者の所有に帰し，その責任財産となっているという外形に対する譲渡担保権者の債権者の信頼，つまり，譲渡担保権者の債権者はこの譲渡担保権者に所有権が帰属しているという外観を信頼しているので，担保設定者が所有権の移転は担保目的に過ぎず，実質的な所有権を有するとして，破産した譲渡担保権者からの目的物の取戻しを認めると，取引の安全を害するためであるとされていた。

　しかし，破産法等の見直しに関する中間試案では，譲渡担保は所有権的構成ではなく。担保権的構成が通説となり，旧破産法88条の前提が維持されえなくなっているので，旧破産法88条は改正にあたって削除された[131]。

――――――――――――――――――――――――

(131)　譲渡担保権の設定者の倒産の場合については，最高裁昭和41年4月28日第一小法廷民集20巻4号900頁（百選第3版第57事件）を参照。A社は，不動産抵当権設定，機械器具上に譲渡担保権を設定する契約を結び，B公庫から借り入れた。A社が会社更生手続の開始を申立て，決定されたので，B公庫は債権をX銀行に譲渡した。X銀行は更生担保権として届け出て確定した。その後，Xは機械器具

108

1 清算型の破産手続

③ 別除権

　破産者が債権者に担保に提供している財産がある。たとえば，定期預金（質権），不動産（抵当権），工場財団（財団抵当），集合債権譲渡担保がある。

　本来，担保は万一債務者が返済できなくなった場合に備えて債権者が債権保全のために設定させるものである。したがって債務者が破産した場合には，担保権を行使できなければ意味がない。つまり，担保とはそもそも債務者が支払不能に陥った場合に債権を回収するための手当てであるから，倒産した場合の担保権の効力というのは倒産法の一つの重大な問題である。

　新破産法65条1項は「別除権は，破産手続によらないで，行使することができる」，同2項は「担保権の目的である財産が破産管財人による任意売却その他の事由により破産財団に属しないこととなった場合において当該担保権がなお存続するときにおける当該担保権を有する者も，その目的である財産について別除権を有する」と定めている。

　旧破産法92条は「破産財団に属する財産の上に存する特別の先取特権，質権又は抵当権を有する者は其の目的たる財産に付き別除権を有す」と定め，旧破産法95条は「別除権は破産手続に依らずして之を行う」と規定していたので，新破産法と旧破産法の趣旨は同じである。

　現実には，業況が悪化すると資金繰りを図るために，資産を担保にし

について取戻権に基づく引渡しの請求の訴えを提起した。原審は譲渡担保は取戻権になるが，更生担保権の届出等により，権利が変更されたとした。最高裁は，「本件更生手続開始当時，本件物件の所有権は，A社とX間の譲渡担保契約に基づき，Xに移転していたが，右所有権の移転は確定的なものではなく，両会社間に債権債務関係が存続していた」ので，この場合「譲渡担保権者は，更生担保権者に準じてその権利の届出をなし，更生手続によってのみ権利行使をなすべきものであり，目的物に対する所有権を主張して，その引渡を求めることはできないものというべく，すなわち取戻権を有しないと解す」と判示した。

第2章 倒産法各論

て銀行などから借入れを図ることになる。それでもうまくいかなかった場合に，倒産することになるから，破産の時点では破産した債務者の資産には担保権が設定されていて，担保債権者が別除権を行使したり，銀行債権者が相殺を行ったりして，債務者の資産で債権者への配当に回すべき資産がほとんど失われているのは通例である。

仮に，債務者にまったく財産がない場合には破産の同時廃止となり，手続を進める中で財産がないことが判明した場合には異時廃止となる。伝統的に，担保権者に強い地位を認めていたが，担保権者に担保権の実行を自由に認めるとに再建型の倒産処理では，再建に重大な支障がでかねない。担保債権者は別除権を有し，この点民事再生法も別除権を認めるが，会社更生法は別除権を認めておらず，担保権者も倒産処理手続の中にとりこまれている。会社更生手続の場合には，担保権者の権利の変更は財産権の侵害に当たらないかという問題がある。

各種の担保権について破産法上の別除権についてまとめると以下のとおりである。

(1) 質権・抵当権・特別の先取特権・商事留置権には，別除権が認められる。

(2) 民事留置権は，商事留置権と異なり，消滅する[132]。

(3) 一般の先取特権とその他の一般の優先権のある債権は，優先的破産債権とされる（新破産法98条1項）。

(4) 非典型担保については，法律に規定がある場合と判例で対応している場合がある。仮登記担保権については，仮登記担保契約に関する法律19条1項で，破産財団に属する土地等について担保仮登記がある場合には，別除権が与えられる。譲渡担保については，前述のとおり譲渡担保を所有権的に構成する場合には取戻権の行使が認められ，担保的に構成する

---

[132] 留置権といっても，民事留置権と商事留置権では起源が異なる。商事留置権は中世イタリアの商人間の取引に由来する商取引上の担保の形式である。

場合には別除権が認められる。所有権留保で，目的物引渡後完済前に買主が破産した場合，売主は原則として引渡によって移転義務を果たしているが，留保した所有権に基づいて取り戻すことは可能かという問題があり，通説・判例はこれを担保権として別除権を認めている。

④　相　殺　権

(a)　破産債権者からの相殺

新破産法67条1項は「破産債権者は，破産手続開始の時において破産者に対して債務を負担するときは，破産手続によらないで，相殺をすることができる」，同2項は「破産債権者の有する債権が破産手続開始の時において期限付若しくは解除条件付であるとき，又は第103条第2項第1号に掲げるものであるときでも，破産債権者が前項の規定により相殺をすることを妨げない。破産債権者の負担する債務が期限付若しくは条件付であるとき，又は将来の請求権に関するものであるときも，同様とする」と定めている。

旧破産法98条は「破産債権者が破産宣告の当時破産者に対して債務を負担するときは破産手続に依らずして相殺をなすことを得」と規定していた。これは，破産債権者が破産債権を自働債権として相殺する規定である。さらに同99条は期限未到来の自働債権も現在化によって相殺ができるとしていたので，基本的には同趣旨である。

新破産法が旧破産法と異なる点もある。新破産法は，破産管財人から破産債権者に対して催告することができることを明らかにした。すなわち新破産法73条で「破産管財人は，第31条第1項第3号の期間が経過した後又は同号の期日が終了した後は，第67条の規定により相殺をすることができる破産債権者に対し，1月以上の期間を定め，その期間内に当該破産債権をもって相殺をするかどうかを確答すべき旨を催告することができる。ただし，破産債権者の負担する債務が弁済期にあるときに限る」とし，同2項は「前項の規定による催告があった場合において，破産債権者が同項の規定により定めた期間内に確答をしないときは，当該

破産債権者は，破産手続の関係においては，当該破産債権についての相殺の効力を主張することができない」と定めている。

(b) 破産管財人からの相殺

　破産法の相殺権の規定は，破産債権者からの相殺の規定であり，旧破産法には，破産管財人からの，破産債権を受働債権とし，破産財団所属の債権を自働債権とする相殺については規定がなかったために破産管財人から相殺ができるか，意見が分かれていた。

　積極説は，破産法に規定がないから民法の規定に従うべきであるとし，消極説（多数説）は，破産管財人は破産債権者に平等な満足を与えることを責務としているのに，破産管財人から相殺することは特定の破産債権者に破産手続外で弁済したのと同じ効果を生ずるから許されないとしていた。

　新破産法は，破産財団に属する財産をもって破産債権と相殺することが破産債権者の一般の利益に適合するときは，裁判所の許可を得て破産管財人が相殺できることとした（新破産法102条）。

(c) 相殺の禁止

　民法505条は，「二人互いに同種の目的を有する債務を負担する場合において，双方の債務が弁済期にあるときは，各債務者は，その対等額について相殺によってその債務を免れることができる」と規定して，相殺適状にある債権債務の相殺を広く認めている。倒産法は，債務者が借りた金を返せない，買った代金を払えないという異常な状態にある場合に，債権者と債務者の権利関係を調整する法律であり，相殺に当たっても通常の場合にはない一定の権利関係の調整が行われる。

　第1に，民法505条は「双方の債務が弁済期にあるとき」としているが，破産法上の相殺権にはこのような弁済期の制限はないことである（相殺権の拡張）。これは破産法上，期限が到来していない債務は現在化されるためである。

第2に，民法には見られない，相殺権の制限がある。公平と債権者の平等を旨とする破産法の要請からの制限である。相殺には強力な担保的効力があり，債権者が危殆状態に瀕した債務者に対して債務を負い，相殺によって優先的に債権の回収をはかるおそれがあるため，相殺適状にある債権・債務であっても相殺を認められない場合がある。

　新破産法71条1項は，破産手続が開始された後に債権者が破産債務者に対して債務を負った場合には，相殺できないとしている（同1号）。また，債務者について破産手続が開始される前であっても，債権者が債務者の支払不能の事実を知って，債務者に対する債務を負うことになった場合にも相殺できないものとしている（同2号）。さらに，債務者の支払の停止があった後に破産者に対して債務を負担した場合であって，その負担の当時，支払の停止があったことを知っていたときにも原則として相殺はできないとされ（同3号），債務者について破産手続開始の申立てがあった後に，破産者に対して債務を負担した場合であって，その負担の当時，破産手続開始の申立てがあったことを知っていたときも相殺が禁じられている（同4号）。

　さて，民法505条は，「対等額につき」相殺を認めることとしている。しかし，破産は異常な場合である。破産債務者または破綻状態にある債務者に対する債権は，実質的には価値が下落している。破産債務者に対する債権と破産債務者に対して負う債務は，金額の額面の上では対等額であっても，実質的価値という点では大きな違いがある。すなわち破産債務者との間では，金額の対等は価値の対等を意味しないのである。この点で正常な場合と異常な場合は異なっているのである。実質的価値が異なる債権債務の相殺を認めれば，破産債権者間の平等を害することになる。では，破産者と債権者が相殺することについて合意していた場合はどうだろうか。両当事者の合意があれば，相殺を認めてよいのだろうか。最高裁昭和52年12月6日判決は，破産管財人と破産債権者との間の相殺の合意について「債権者間の実質的平等を図ることを目的とする強行規定であるから，その効力を排除するような当事者の合意は，たとえ

それが破産管財人と破産債権者との間でされたとしても，特段の事情のない限り無効であると解するのが，相当である」としている[133]。破産という異常な場合には債権者の平等の原則が重要なのである。

なお，新破産法71条の相殺の禁止の規定は，旧破産法104条と基本的には同趣旨であるが[134]，旧破産法104条2号は，破産債権者が債務者の「支払の停止」を知って債務を負担した場合，同4号は破産者の債務者が破産者の「支払の停止」を知ってから債務を負担した場合と規定して，「支払停止」をメルクマールとしている。これに対して，新破産法71条1項2号は「支払停止」ではなく，「支払不能」としている。支払不能は外部から客観的には捕捉しがたく，実務上は困難な問題を生じるおそれがある[135]。支払の停止や破産の申立て等の外形的な事実が生じていない時期にも，債務の負担，債権の取得の時点で実質的に危機的な状態にある場合，自働債権となる破産債権の実質的価値は低下しているので，相殺権の行使を一律に認めて破産債権の全額について満足を得させるのは，他の破産債権者との関係で平等ではないという指摘があったことを考慮したものとされている[136]。

---

(133) 最高裁昭和52年12月6日第三小法廷判決民集31巻7号961頁（百選第3版第72事件）。

(134) 相殺の禁止について，最高裁昭和47年7月13日第一小法廷判決民集26巻6号1151頁（百選第3版第69事件）を参照。昭和39年2月26日にX社はY社から7月31日期日の200万円を借り，動産譲渡担保を設定した。Xは支払いを停止し，昭和40年7月7日に会社整理手続を開始，8月15日にYは動産の引渡しを受けて換価処分して清算し，剰余金が生じたので，これを手形金債権と相殺した。これに対してXは，商法403条1項が準用する破産法104条1号によりYの相殺は許されないとして剰余金の支払いを求めた。第一審は，相殺を有効とし，Xの請求を棄却したが，原審は相殺を無効とし，Xの請求を認容した。最高裁は「整理開始後に債務を負担した場合，これと自己の有する債権とを相殺することにより会社の債権者間における平等的比例弁済の原則に反するような結果をもたらす弊害を防止する」として上告を棄却した。

(135) 座談会「新しい破産法と金融実務（下）」金法1714号59頁参照。

(136) 小川秀樹ほか「新破産法の概要(4)」金法1715号72頁，小川秀樹ほか『概説

1 清算型の破産手続

⑤ 否認権

破産手続は異常な状態にある債務者について権利関係を調整することを予定している。破産管財人による否認権の行使はこの権利関係の調整のひとつである。

倒産という事態に直面して，債務者はなんとかこの窮境を逃れようとして，(1)その財産を隠したり，自暴自棄になって不当に安価で財産を処分したり，(2)将来のために便宜を図ることを約した一部債権者のために担保を供したり，債務を弁済したりすることがある。前者を詐害行為または財産減少行為といい，後者を偏頗行為という。破産手続か意思決定の前であれば，債務者は財産の処分することが自由にできるが，債務者の財産は債権者の共通の担保となっているものであり，債務者の詐害行為や偏頗行為を認めると，債権者への配当が少なくなり，また債権者の平等を損なうことにもなる[137]。そこで破産法は否認権の制度を設けている。否認権とは破産者が破産手続開始決定前に行った破産債権者を害すべき行為の効力を破産財団との関係において失わせ，破産財産から失

新破産法』（きんざい，2004）72頁。

(137) 最近の否認の例として，最高裁平成13年12月18日第三小法廷判決（金法1640号34頁）がある。大阪市内において料亭などを経営していた債務者が，金融債，株式，不動産などを担保に銀行から多額の借入れを受けていたが，資産状態が悪化し，銀行が担保として株式，金融債，定期預金を求めた。その後，銀行が銀行取引約定書に基づいて，額面10億円の金融債と定期預金元利合計約5億4000万円を受働債権として，貸金債権を相殺し，さらに株式を約81億円で処分して，貸付債権の返済に充当した。その後，債務者が破産宣告を受けた。破産管財人が否認権を行使して，株式の処分額，相殺した債権合計の支払いを求めた事件である。第一審（大阪地裁平成9年3月21日判決，金判1053号27頁）は，破産管財人の請求を認め，銀行に全額約97億円の支払いを命じた。原判決（大阪高裁平成9年12月17日判決，金判1053号22頁）は，銀行が行った定期預金との総裁についてはこれを認めて，銀行に定期預金分を除いた約91億円の支払いを命じた。最高裁判決は，銀行の定期預金と金融債による相殺を認め，銀行に株式処分代金の約81億円の支払を命じた。

われた財産を回復する権利をいう。否認権は実体法上の形成権で、その行使は必ず裁判による（要式行為）。

旧破産法のもとでは、否認権の類型として故意否認、危機否認、無償否認、特殊な対抗要件の否認と執行行為の否認の5種類があった[138]。さらに旧破産法84条は破産宣告の1年前の行為については、支払停止を知っていたことを理由として否認することはできないという制限を付していた。

(1) 故意否認（旧破産法72条1号）

破産者が破産債権者を害することを知ってした行為で受益者がその当時、破産債権者を害すべき事実を知っていた場合。

(2) 危機否認（旧破産法72条2号～4号）

破産者が支払を停止し、または破産を申し立てた後（これを法律上の危機時期という）に行った担保の供与や債務の消滅、破産債権者を害する行為。破産者には債権者を害する意思は不要。

(3) 無償否認（旧破産法72条5号）

破産者が支払停止または破産の申立て後またはその前6ヶ月以内になした無償行為またはこれと同旨すべき有償行為。

(4) 特殊な対抗要件の否認（旧破産法74条）

売買などの権利の変動の原因となる法律行為に対する否認に加えて、権利の変動に伴って登記などが行われる場合、登記に対する否認権の行使が認められていた。

(5) 執行行為の否認（旧破産法75条）

さらに債務名義を持つ債権者などが破産者に対する執行行為として、

---

[138] さらに旧破産法73条は、手形の支払いに関する否認の制限を定めていた。これは、破産者が振り出した約束手形または破産者が支払人の為替手形について、手形の所持人が破産者から手形金の支払いを受ける場合、所持人が否認を恐れて手形を呈示しないと、手形上の訴求権を失い、一方、呈示して支払いを受けても否認されると訴求権を行使できないという問題があることから設けられたものである。新破産法163条1項は旧破産法73条を踏襲している。

詐害行為または財産減少行為や偏頗行為に当たる行為を行った場合も否認権の行使が認められていた。

旧破産法では，故意否認，危機否認，無償否認に分けていたが，新破産法はこれを整理して，同160条で財産減少行為に対する否認，同162条で偏頗行為に対する否認を定め，さらに同161条で財産減少行為のうち相当の対価を得て行った行為についての否認を規定することとした。さらに同163条で手形債務支払いの場合の例外（旧破産法73条に対応），同164条で権利変動対抗要件の否認（旧破産法74条に対応），同165条で執行行為の否認（旧破産法75条に対応）を定めている。

また，否認の対象となる行為が行われた時期について，旧破産法では危機否認のいわゆる危機時期を「支払の停止または破産の申立てのありたる後」としていたが，新破産法では財産減少行為については「支払の停止または破産手続開始の申立てがあった後」（同160条1項2号）とし，偏頗行為については「支払不能になった後または破産手続の開始の申立てがあった後」（同162条1項）として，二つの行為について危機時期の定義を分けている。一部の債権者に対して担保を与えるとか弁済するという偏頗行為は，破産者の財産全体が毀損されるわけではなく，また，一部の債権者の協力を得ておかないと事業を止めなければならなくなってしまうこともある。財産現象行為の否認は，債権者への弁済の原資となる破産者の財産の確保を目的としているが，偏頗行為の否認は，債権者の平等を目的としているので，財産減少行為と偏頗行為はいずれも否認の対象となるといっても，その理由・目的は異なるので，危機時期の定義についても同一である必要はないのである[139]。

(1) 財産減少行為（または詐害行為）に対する否認（新破産法160条）

具体的には，破産者が債権者を害することを承知しながら行った行為

---

[139] 偏頗行為の危機時期について「支払不能」をメルクマールとしたことについて立法担当者の説明として，小川秀樹編著『一問一答新しい破産法』（商事法務，2004）227頁を参照。

（同1項1号），破産者が支払の停止または破産手続開始の申立ての後に（財産減少行為の危機時期）行った破産債権者を害する行為（同1項2号），対価が不均衡であるにもかかわらず破産者が行った債務の消滅行為（同2項），危機時期またはそれに先立つ6ヶ月の間に行った無償行為または無償と同様の有償行為（同3項）が否認の対象となる。

(2) 偏頗行為に対する否認（新破産法162条）

具体的には，破産者がかかえている既存の債務のための担保の提供や債務の返済などの行為で，支払不能になった後または破産手続開始の申立てがあった後（偏頗行為の危機時期）に行った行為（新破産法162条1項1号）が否認の対象となる。

さらに，従来から破産者が適正な価格でその財産を処分した場合，この処分行為は否認の対象となるか否か議論があった。適正価格での不動産売却について，最高裁昭和46年7月16日第二小法廷判決は「破産者が未登記抵当権者たる債権者と通謀して，右債権者だけに優先的に債権の満足をえさせる意図のもとに，その唯一の資産たる不動産を，売買代金債権と被担保債務とを相殺する約定のもとに右債権者に売却した場合には，たとえ右売買価格が適正であるとしても，右売買は破産法七二条一号所定の詐害行為として否認権行使の対象となるものと解するを相当とする」とした[140]。しかしながら，こうした判例には批判があり，たとえば金融法の研究者・実務家の研究・提言組織である金融法委員会は，2002年11月29日の意見書で「その内容及び適用範囲の不明確」であり，「経済的に危機状態にある債務者が，主要な債権者と協議の上で再建計画を作成し，その計画に従って所有する不動産を売却して再建資金を作

---

(140) 最高裁昭和46年7月16日判決民集25巻5号779頁（判時641号57頁，判タ266号170頁，金法624号27頁，金判278号2頁）。会社の代表取締役を務めていた破産者が，会社の借入金債務について連帯保証し，債権者のために破産者所有の山林について抵当権設定したが，登記は未了であったところ，当該山林を当該債権者に売却し，売却代金をもって借入金債務と相殺せしめた事件である。

るという，それ自体としては正当なプロセスの重大な障害となる」，「証券化の文脈でもオリジネーターからSPCへの譲渡が事後的に覆滅される可能性があり，法的不安定の要因となっている」という指摘があり，「正常な金融取引の安定性を確保することは，信用秩序全体の安定性のためにも極めて重要であり，また比較法的にも上記のような判例法は独自のものであってグローバルスタンダードとは乖離しているものと思われる」という批判があった[141]。要するに，破産に直面した債務者がリストラのために資産を売却して経営の合理化を図ることは経営判断として当然であり，こうしたバ適正価格での売買を後になって否認されては，経営の建て直しができなくなってしまうのである。そこで，新破産法は破産者が適正な価格で財産を売却した場合の否認の可能性を限定することによって旧破産法・判例に対する批判に対応した。具体的には，破産者が相当の対価を得て財産を処分した場合で，財産の隠匿等であって，破産債権者を害するおそれがあり，破産者が隠匿等の意思を有しており，相手方が破産者の隠匿の意思を知っていた場合には，破産管財人は否認することができるとされている（新破産法161条1項）。

● コラム *10* ● 危機時期に支払期日が来た債務

問題となるのは，危機時期に返済期日が到来した債務を返済した場合，この返済行為は否認の対象となるかということである。いわゆる本旨弁済の問題である。借入金による既存債務の弁済は否認の対象ではないとされているが[142]，故意否認でとくに問題となるのは，本旨弁済である[143]。従来は，

---

(141) http://www.flb.gr.jp/publication12-j.pdf を参照。
(142) 最高裁平成5年1月25日第二小法廷判決民集47巻1号344頁（百選第3版第28事件）。A証券会社は昭和55年3月のY会社との国債現先取引で，昭和55年4月12日を売戻日として，Y会社に対して3,984万円の代金支払い債務を負っていた。昭和55年1月には6億円超の債務超過に陥っており，4月には営業停止処分を受け，5月には免許取消し処分を受けて事実上倒産し，昭和57年7月に京都地裁から破産宣告を受け，Xが破産管財人に選任された。この間の昭和55年4月に日本証券業協会，今日と証券取引所殻それぞれ特別融資2億5,000万円を受け，Yに

第 2 章　倒産法各論

本旨弁済について故意否認を認めない説があり、詐害行為と異なり、既存の債務の弁済によっても債務者の純財産額に増減がないから一般債権者を害しないし、債務者が破産しなければ本来当該債権の債権者は任意弁済を受けることができたはずであるとしていたが、判例は一貫して本旨弁済であっても故意否認を認めてきた(144)。これらは支払停止後の本旨弁済が問題となったが、その後下記の支払停止前の本旨弁済についても故意否認の成立を認める判決が出された(145)。実質的に支払不能の状態で特定債権者に弁済すること

対する支払いに充当した。破産管財人Xは、弁済当時Aが債務超過の状態にあったので、破産債権者を害する行為であり、Aにその認識があったとして、破産法72条1号に該当すると主張した。第一審、原審は破産債権者を害さない特段の事情があるとしてこの部分の請求を棄却した。最高裁は「本件各貸主からの借入れ前と本件弁済後とでは、破産者の積極財産の減少も消極財産の増加も生じていない」として、上告棄却した。とくに本件では借入金を他の使途に流用する、他の債権者から差押を受ける可能性はまったくなかった。

(143)　最高裁昭和42年5月2日第三小法廷判決民集21巻4号859頁（百選第3版第26事件）は、本旨弁済についても故意否認を認めている。事件は、昭和28年8月にラワン材を504万円で買ったAが支払いのためにY振出しの約束手形434万円と小切手70万円をYから借りて、売り手にわたし、さらにYから75万円を借り、AはYに対して分割弁済し、482万円を逐次返済した。昭和28年7月ころからAの業態は悪化し、10月には再度Y振出しの手形を借りて木材を買い、これを転売してYに弁済したが、Aは昭和29年1月に支払いを停止し、3月25日に破産宣告を受けたので、破産管財人がAのYに対する弁済469万円を、故意に10月の取引の売り手の売掛債権の回収を不可能にしたものとして、否認権を行使した事件である。YはAが他の債権者に先立ってYに返済するのは当然であると主張した。第一審は、昭和28年10月以降のAのYに対する弁済は、Aが早晩支払不能になることを承知で行い（Aに詐害意思がある）、Yもこれを承知していたとして破産管財人の請求を認めた。控訴審も同様であった。最高裁は「本旨弁済でも、その弁済が他の債権者を害することを知ってされたものであり、これを受領した債権者が他の債権者を害する事実を知っていたときは、同条号（注：旧破産法72条）の規定により、否認することができる」とした。

(144)　大判昭和7年12月21日民集11巻2266頁、大判昭和8年3月31日大審院裁判例7巻59頁、大判昭和8年12月28日民集12巻3043頁、大判昭和15年9月28日民集19巻1897頁を参照。

が他の債権者を害することを認識していれば，詐害の意思があるものとして故意否認の成立を認める。

　最高裁昭和42年判決の後，学説もすべての債権者を満足させることができない状態にあること，実質的には本旨弁済も他の債権者を害していることから，支払停止の前に行われた本旨弁済についても故意否認の成立を認めるにいたっている。これは時期的な制約から危機否認の対象とならない弁済についても故意否認の成立を認めることで妥当な解決を図るもの。

　本来すでに返済が予定されている債務であるが，債務者が破産宣告の申立てを行った後に，債務の返済期限が到来しこの弁済を行ったという場合に，特定の債権者を偏頗する行為（債権者平等原則違反），あるいは債権者を詐害する行為（責任財産の減少）にあたるのかという問題である（本旨弁済が危機否認の対象であることは明文にある）。したがって，支払停止や倒産手続開始申立ての後は偏頗行為の危機否認として否認の対象となり，判例はさらに危機時期以前の本旨弁済も債権者を害する意図がある限り，故意否認の対象となるとしている。これには学説の反対があったが，最近は判例に賛成する学説が有力である。

⑥　債務者の契約関係

(a)　原　　則

　破産手続は，ゴーイング・コンサーンの企業や個人を破産手続開始決定の時点でいったん凍結して，その時点での資産・負債を清算し，契約関係を整理する手続である。したがって，破産債務者が契約したがまだ履行が完了していない契約についてもなんらかの手当てをしなければならない。双務契約は当事者の相互の債権債務に牽連性があり，民法上の同時履行の抗弁権（民法533条）は一定の担保的な効力を持っている。

　たとえば，会社が商用車の売買契約を結んだが，その後注文した会社

---

(145)　最高裁昭和42年5月2日第三小法廷判決民集21巻4号859頁（百選第3版第26事件）。

第2章　倒産法各論

が破産手続の開始を申し立てたという場合を想定してみよう。

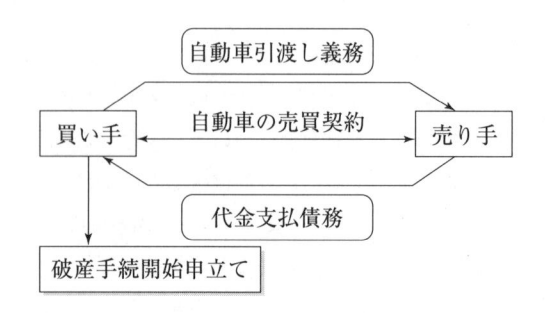

```
              自動車引渡し義務
         ┌─────────────────────┐
    買い手 ── 自動車の売買契約 ── 売り手
         └─────────────────────┘
              代金支払債務
      │
      ▼
   破産手続開始申立て
```

　これは双務契約であるから，自動車の売り手である販売会社は，自動車を引き渡さなければならないが，一方代金は全額回収できるとは限らない。また注文した会社も破産し，会社を解散するのであれば，いまさら商用車を手にいれても使いみちがない。自動車が引渡されたら，これを売却して債権者に対する配当の資金に充てることも考えられるが，中古車扱いとなるから，不利である。

　このような双務契約の原則として，破産者を当事者とする破産手続開始決定の前からの契約は，相手方の利益保護のためにも破産財団の迅速な整理清算のためにも，早めに決着をつけるのが適当である[146]。

　新破産法53条(旧破産法59条)は，破産管財人に契約を解除する，破産者の債務を履行して相手方の履行を求める，これらのいずれかを選択するようにしている。

ⅰ）一方のみ未履行の場合には：

　1）破産者の取引相手方が履行し，破産者が未履行の場合には，相

（146）ただし，双務契約に当たるか否か微妙な場合もある。最高裁昭和56年12月22日第三小法廷判決（百選第3版第79事件）は，提携ローンによって資金を調達し，自動車を購入した事例で，購入者にローンを提供した金融機関に連帯保証していた自動車販売会社が代位弁済して得た求償債権と所有権移転義務について，「相互の債権は牽連性を有し対価関係にあり，かつ担保視しあう関係にある」とした原判決を最高裁は支持している。

手方は破産債権として行使できるだけである。

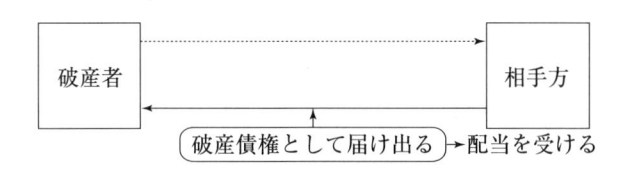

```
[破産者] ┄┄┄┄┄┄→ [相手方]
        ←┄┄┄┄┄┄
        (破産債権として届け出る)→配当を受ける
```

2) 破産者が履行し，相手方が未履行の場合には，破産者の有する債権は破産財団を構成する債権となる。

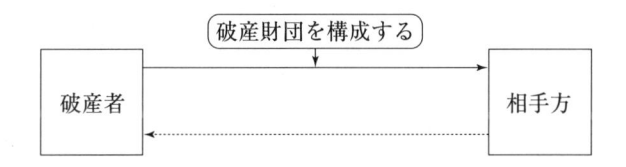

```
         (破産財団を構成する)
[破産者] ─────────→ [相手方]
        ←┄┄┄┄┄┄
```

ⅱ) 双方未履行の場合には：（実線は履行済み，破線は未履行）。
　破産者，相手方ともに未履行の場合：この場合，破産管財人が解除か履行かを選択する

```
[破産者] ┄┄┄┄┄┄→ [相手方]
        ←┄┄┄┄┄┄
```

このときに破産管財人が履行を選択した場合：

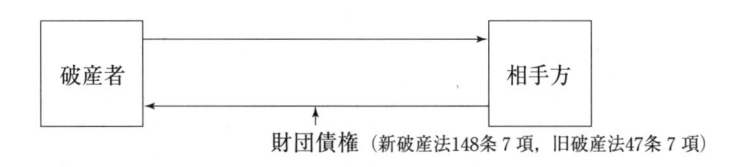

```
[破産者] ─────────→ [相手方]
        ←─────────
         財団債権（新破産法148条7項，旧破産法47条7項）
```

第2章　倒産法各論

このときに破産管財人が解除を選択した場合：

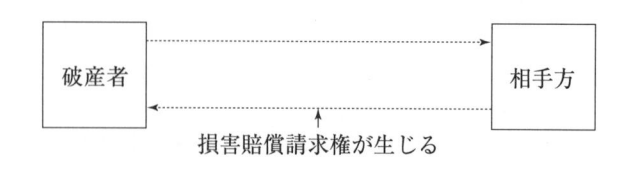

```
┌──────┐ ········→ ┌──────┐
│破産者│           │相手方│
└──────┘ ←········ └──────┘
      損害賠償請求権が生じる
```

ただし，破産管財人はいつでも双方未履行の双務契約を解除できるわけではない。破産管財人が速やかに契約の解除または履行のいずれかを選択すればよいが，この選択が行なわれない場合，破産者の契約の相手方は，契約を履行しなければならないのか解除されるのかがわからず，不安定な立場におかれる。このため，新破産法53条2項（旧破産法59条2項）で相手方は，破産管財人に対し，相当の期間を定め，その期間内に契約の解除をするか，債務の履行を請求するかを確答すべき旨を催告することができるとしている。

また，相手方からの催告がない場合にも，相手方を著しく不公平な状況におかないために契約の解除権の行使には一定の制限がある。

・最高裁平成12年2月29日第三小法廷判決民集54巻2号553頁（百選第3版第87事件①）[147]

---

(147) なお，最高裁平成12年3月9日第一小法廷判決（百選第3版第87事件②）も同様のゴルフクラブの事件である。個人Aが昭和63年8月10日に預託金650万円を払い込み，Y社経営のゴルフクラブの会員となった。その後，平成8年6月にAは破産宣告を受け，Aの破産管財人Xは，Yに破産法59条1項に基づいて会員契約の解除と預託金の返還を請求した。第一審，原審とも請求を認容したが，最高裁は破産管財人は本件会員契約を解除することができないとした。結論としては類似しているが，前者は，解除権はあるが，解除権の行使は不公正な結果を将来するので制限するとしたもので，後者は解除権そのものがないとした点が異なる。これは，前者は年会費方式のゴルフクラブであり，ゴルフコースの優先的利用権と年会費請求権の双方が未履行であった。一方，後者は年会費のないゴルフクラブであり，双方未履行の双務契約を構成していなかった。

A社は平成2年2月に預託金2300万円を払い込み，Y社経営のゴルフクラブの会員となった。その後，平成3年10月にA社が破産宣告を受け，A社の破産管財人Xは，Y社に対して破産法59条1項に基づいて会員契約の解除と預託金の返還を請求した。

　第一審，原審とも請求を認容した。最高裁は「預託金の支払とゴルフ場施設利用権の取得が対価性を有する双務契約」であるとし，年会費の支払いとゴルフ場の利用可能な状態に保持する義務が双方未履行の契約となるとし，「破産管財人が契約解除ができるのは，契約当事者双方の公平を図りつつ，破産手続の迅速な終結を図るため」であって，「契約を解除することによって相手方に著しく不公平な状況が生じるような場合には，破産管財人は同項に基づく解除権を行使することができない」とした。

(b)　特　則

　双方未履行の双務契約については，新破産法53条のとおり，破産管財人が解除か履行を選択するのが一般原則であるが，取引の種類によって債権者と債務者間の利害の均衡のために，いくつかの特則が設けられている。旧破産法は，賃借権，請負，委任および交互計算について特則を設けていた。新破産法は，電気，ガス，水道，電話などの継続的給付を目的とする双務契約[148]について，民事再生法50条，会社更生法62条に

---

[148]　新破産法は，水道，電気，電話など「継続的給付を目的とする双務契約」について特則を新設した(新破産法55条)。この種の契約には，一定期間の供給に対してその対価として代金が支払われるという基本契約と，個別の供給はその個々の期間の供給に対する対価という個別の契約の2面性がある。新破産法は，給付を受ける側の者が破産した場合の継続的給付を目的とする双務契約について，再建型手続と同様とし，給付義務を負う相手方は，支払がないことを理由として，手続開始後その義務の履行を拒むことができず，また，申立後手続開始前にした給付に係る請求権は財団債権となると定めている。旧破産法に規定がなかったのは，制定された大正11年には，ライフラインとして現代ほどの重要性がなかったためだろうか。

ならって，規定を新設した(新破産法55条)。一方，旧破産法に特則があった賃貸借，請負，委任，交互計算のうち，委任と，交互計算については新破産法は旧破産法を踏襲し，賃貸借については，賃借人が破産した場合，賃貸人，賃借人のいずれからも解約を申し入れることができるとしていた民法621条の規定を削除した。また，請負契約がある場合の請負人の破産の場合について，旧破産法64条を廃止して，一般原則どおりとした。また，相場がある商品の売買取引については，現代の金融取引では，デリヴァティブズのようにISDAマスターアグリーメントに基づき，取引の元本金額で決済することなく，差金決済で行う取引が増えているために，新破産法58条は5項で基本契約に基づいて損害賠償を行うことを明記した。それぞれ個別に見ておこう。

ⅰ） 賃貸借契約の特則

・賃借人の破産…新破産法では一般原則に従う。

旧破産法では，民法621条により，賃貸人，破産管財人ともに解約の申入れをすることができるとされ，法定の告知期間の経過により賃貸借は終了し，解約による損害賠償は請求できないとされていたが，新破産法では，民法621条を削除し，賃借人の破産の場合には一般原則によることになった。

破産法改正要綱の補足説明では「賃借権の財産的価値にかんがみると，それが何ら補償のないまま賃貸人の解約申入れによって財団から奪われることには合理性がなく，さらには不動産賃貸借の場合には借地借家法により賃借権が保護される趣旨に反することにもなりかねないため，民法第621条については立法論上の批判が古くからされており，また，判例も，土地の賃借権については賃貸人の解約申入れを制約する立場を示している（最判昭和48年10月30日民集27巻9号1289頁参照）」として，従来の規定には賃借人保護の点で問題があったとしていた。さらに，「賃貸人の解約申入権は，継続的契約である賃貸借契約において賃料債務の履行が不確実になることから賃貸人を保護するために認められたものと解されるが，(a)破産宣告後の賃料債権は財団債権として随時優先弁済を受け

られること，(b)賃借人の破産それ自体では債務不履行とはならないこと，(c)賃借人について破産宣告がされ，その後財団債権の不払があったときは，信頼関係の破壊を基礎付ける一要素になると考えられるので，破産管財人が財団債権の支払を怠った場合には民法第541条に基づく解除をすることができることからすると，賃貸人に解約申入れを認めてまで，その保護を図る必要性は乏しいと考えられる」と説明していた。

・賃貸人の破産…新破産法では対抗要件の有無によって異なる。

旧破産法では賃貸人破産の場合について，民法，破産法いずれにも規定がなく，破産管財人のみが解除を選択できると解されていた。民法に規定がないのは，賃貸人が破産しても賃貸借関係にはなんらの影響がないという趣旨であって，賃料債権は破産財団を構成すると理解されていた(149)。

新破産法56条は，登記が行われ，対抗要件を備えた賃貸借については，新破産法53条を適用しないこととしている。これは，「賃借人の破産の場合と異なり賃貸人の破産の場合について明文の特則はないので，この場合には第59条及び第60条等の一般原則が及び，破産管財人は賃貸借契約につき履行の請求又は解除の選択権を有するものとも考えられる」が，そうすると「とりわけ不動産の賃貸借の場合には対抗要件制度が用意され，物権に準じた保護が図られているにもかかわらず，その地位が破産管財人の解除によって覆されることは不当であること等を理由として，第59条の適用が制限されるべき」であるとの意見があったことから，削除したものである。

このほかに賃料債権の処分の制限(旧破産法63条)，賃料債務を受動債権とする相殺の範囲の制限（旧破産法103条）を廃止し(150)，賃貸借契約が継

---

(149) 東京高裁昭和36年5月31日判決下民集12巻5号1246頁（百選第3版第83事件）。賃貸人が破産した場合については法文上何ら特別の規定がないが，「賃借人としては，破産管財人において契約の解除を選択すれば，直に目的物の使用収益権を失い，目的物が宅地や建物である場合には居住権をも失うことになり，賃借人自身が破産した場合よりも却って不利益な取り扱いを受ける」とした。

続する場合は，敷金の返還請求件を有する賃借人は，敷金の額を限度として，弁済した賃料の寄託を請求することができるとされている（新破産法70条）。これは敷金返還請求権を確保する目的である。

ⅱ) 請 負

・注文者の破産…民642条による。

　注文者が破産した場合には，破産者の管財人，受注した請負人のいずれからも契約の解除ができる(151)。この点は，旧破産法，新破産法ともに，同様である。ただし，旧破産法では，破産管財人が解除した場合，請負業者は損害賠償の請求ができないこととされていたが，新破産法により，請負人の損害賠償請求を認めることとした（民法642条2項）。

・請負人の破産…原則として，新破産法53条の一般原則による

　改正前の旧破産法64条は，請負人が破産した場合には，破産者が請負契約により仕事をなす義務を負うときには破産管財人は必要な材料を供して，破産者に仕事をなさしめ破産者自らすることを要しないものであれば，第三者をしてなさしめることができるという趣旨であった。また，旧法下では旧破産法59条が適用される請負契約と適用されない請負契約があるとするのが通説であった(152)。

---

(150) 旧破産法63条は，破産宣告後の賃料債権の処分，賃料前払いの効力を当期と次期分を除いて認めず，同103条は，賃料債権を受働債権とする相殺を当期および次期に限っているが，これは当期・次期分に限定することで破産財団を確保する目的であった。将来にわたる賃料債権の流動化が進んでいるため，これらの条文は削除された。

(151) 最高裁昭和53年6月23日第二小法廷判決（百選第3版第85事件）。最高裁は「請負契約が民法642条1項の規定により解除された場合には，請負人は，すでにした仕事の報酬及びこれに包含されない費用につき，破産財団の配当に加入することができるのであるが，その反面として，すでにされた仕事の結果は破産財団に帰属する」とした。

(152) 最高裁昭和62年11月26日第一小法廷判決民集41巻8号1585頁（百選第3版第86事件）。XはA社と契約し建築を請け負わせた。工事が6割まで進んだところでAが破産宣告を受けた。Xは破産法59条の適用を前提として，同2項の催告を

新破産法にはこのような旧破産法64条の規定がないので一般原則（新破産法53条）によることになるが，請負には，芸術的な行為も含まれ，このような他の者が代替できないような請負（非代替的作為義務）については，新破産法53条は適用されない（現実にはそのような例は極めて限定的であろう）。

このほかの双務契約としては，雇傭契約がある場合で，使用者が破産した場合には，被用者，破産管財人のいずれからも解約の申入れができるが，解約によって生じた損害の賠償を求めることはできない（民法631条）。なお，使用者が破産した場合，被用者の労働債権(給与など)について，旧破産法は一般の先取特権があるとして（民法306条，308条），優先破産債権と位置づけていた(旧破産法39条)。新破産法は，破産手続開始前3か月分の破産者の被用者の給料請求権を財団債権として，労働債権の保護を充実している（新破産法149条1項）。

一方，被用者の破産の場合には，被用者が破産しても，労務提供は破産とは関係なく可能なので，雇傭契約は影響を受けない。新破産法55条3項は，労働契約には新破産法53条，54条を適用しないことを明記している。

● コラム *11* ● ファイナンス・リースは賃貸借か金融取引か

旧破産法の下では，ファイナンス・リースのユーザーについて破産手続が開始された場合，リース契約をどう扱うかについて議論があり，双方未履行契約性肯定説と否定説があった。ファイナンス・リースの法的性格[153]に関連す

したが返答がないので解除されたものとして，報酬前渡し金と工事出来高の差額を財団債権として支払いを請求した。第一審は請求認容，控訴審は破産法59条は適用されないとして第一審判決を取り消した。最高裁は，請負契約にも破産法59条は適用されるとし，「Xは支払ずみの請負報酬の内金から工事出来高分を控除した残額について，法60条2項に基づき財団債権としてその返還を求めることができる」とした。

(153) http://www.leasing.or.jp/annai/kihon/kihon1.html を参照。リース事業協会の説明によると，ファイナンス・リースとは，「企業等が選定した設備等をリース会

第2章　倒産法各論

る問題である。最高裁平成7年4月14日第二小法廷判決民集49巻4号1063頁（百選第3版第84事件）は、ファイナンス・リースの「実質はユーザーに対して金融上の便宜を付与するものであるから、右リース契約においては、リース料債務は契約の成立と同時にその全額について発生し、リース料の支払が毎月一定額によることと約定されていても、それはユーザーに対して期限の利益を与えるものにすぎず、各月のリース物件の使用と隔月のリース料の支払とは対価関係に立つものではない」として、「未払いのリース料債権はその全額が更生債権となり、リース業者はこれを更生手続によらないで請求することはできない」と、否定説を採用し、ファイナンス・リースを担保付の金融取引の契約であるとした。

　通説もファイナンス・リースを金融取引として、リース会社に別除権者の地位を認める。また、大阪地裁平成13年7月19日判決(154)は、ユーザーが民事

　　　社が取得して、その企業等に比較的長期間賃貸する取引」をいい、「設備資金を貸し付ける（借りる）のではなく、設備そのものを賃貸する（賃借する）取引」。契約の対象物は賃借人指定のもので、賃借人指定のサプライヤーから賃貸人（リース会社）が購入してリースし、リース料はリース物件の購入金額とリース取引にかかる諸費用のおおむね全部を賃貸人が回収するよう定められている。ファイナンス・リースの法的性格について、会社更生手続において金融的性格を強調して、リース物件の使用と支払リース料との対価関係を否定し、未払いのリース料債権を更生債権として扱うとした最高裁判例があるが、日本におけるファイナンス・リース契約の法的性質や位置付けは確定していないとしている。

(154)　大阪地裁平成13年7月19日決定（金法1636号58頁）。スーパーマーケットを経営するXがリース業者Yとの間で、棚などをフルペイアウト方式でファイナンス・リース契約を結んでいたが、平成12年12月15日民事再生手続開始を申し立て、18日弁済禁止仮処分、翌1月12日手続開始決定があった。リース契約には、Xが差押えを受けたとき、法的整理の申立てがあったときは、Yは催告なしに解除できると規定されていたが、平成12年11月6日にX所有不動産に対する差押えがあったので、Yは平成12年12月24日にリース契約を解除し、引渡しを求めた。Xが担保権の消滅許可の申立てを行った。大阪地裁は再生手続において、フルペイアウト方式のファイナンス・リースの未払いリース料債権は全額が再生債権となり、リース会社はユーザーがリース物件に対して有する利用権の上に担保権を有するとしたうえで、すでにYの解除によってXの利用権は消滅しているので、担

再生を申し立てた事案で、リース会社はリース料債権を被担保債権とする担保権を有するとし、民事再生法148条の担保権消滅請求の適用については明示しなかったが、学説は担保権である以上その適用を認めている。

今回の破産法の改正では特にファイナンス・リースに関する特則を設けてはいない。

⑦　保　証　人

上記で述べたように、債務者が抵当権を設定している場合には、抵当権者である債権者は別除権として抵当権を実行し、債権を優先的に回収することができ、仮に抵当権の行使によって回収金額が債権全額に満たなかった場合には、不足額について破産債権者として破産手続に参加することができる（不足額責任主義）。このように抵当権などの物的担保については、優先権が確保されているが、もう一つの担保である、人的担保（保証）の場合はどうだろうか。

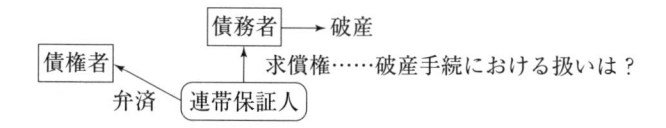

```
                債務者 ──→ 破産
  債権者 ←──          求償権……破産手続における扱いは？
          弁済  連帯保証人
```

一般の取引では、催告と検索の抗弁がない連帯保証が多いが、債務者が破産し、保証人が弁済していない場合には、連帯保証人(破産者に対して将来行うことがある求償権を有する者）は事前の求償権を破産債権として届け出ることができるが、債権者が届けた場合には制限がされる（新破産法104条3項）。民法は、保証の場合に事後の求償を原則としているが（民法442条1項）、破産という異常な場合には、保証人が求償権を得てからでは破産手続に間に合わない恐れがあるために、例外的に事前求償権を認めたものである。

　保権の消滅請求の全体を欠くとした。

次に，債務者が破産し，債権者が届け出た後に，保証人が弁済した場合には，保証人が全額弁済した場合を除き債権者の債権届けには影響はない(新破産法104条2項)。これを宣告時現存額主義という[155]。また，債権者に弁済し，求償権を得た保証人は，債権者に代位する(新破産法104条4項)。

連帯保証人の手続開始後の弁済と破産債権届けの関係については，下記の事例がある。

・**最高裁昭和62年7月2日第一小法廷判決**[156]

訴外の名古屋ファーネス株式会社(A)は昭和58年1月25日に破産宣告を受け，Y1が破産管財人に選任された。日本ファーネス工業株式会社[157](X)は，Aの破産宣告時に，約束手形金債権元本1152万5,446円，利息金債権4,123円，売掛代金債権519万205円，及び貸金債権584万3,640円，求償金債権500万円，合計で2,756万3,414円の債権を有していた。Xはこれらを破産債権として届けたところ，どこからも異議は出なかった。

訴外の銀行Bは，Aとの間で継続的取引契約を締結し，Aに貸付金債権と商手割引債権，合わせて267万5,466円を有し，原告Xは，AのBに対する債務について連帯保証していた。そこで，銀行Bは，貸付金債権と商手割引債権全額を破産債権として届出た。

Xは，昭和58年5月18日(破産宣告から4ヶ月近く後になって)，AのBに対する債務の元本と利息金について，連帯保証人として，その一部の208万932円を代位弁済して，Xはこれを新たに破産債権として届出たが，破産管財人Y1と他の債権者Y2，Y3が異議を述べた。

---

(155) 数人の全部義務者が破産した場合の債権者の地位については，当初の債権額全額とする成立時債権額主義(スイス法)，破産宣告時の残存額とする宣告時現存額主義(ドイツ法)，破産宣告後の任意弁済額を控訴した額とする任意弁済控除額主義(フランス法)があるが，わが国破産法はドイツ法を継承している。

(156) 最高裁昭和62年7月2日第一小法廷判決(金法1178号37頁)。

(157) 両社は陶磁器関係の会社で親会社と子会社という関係と想像される。

そこで，XはYの1，2，3を相手に破産法244条の破産債権確定請求の訴えを名古屋地裁に起こした。

名古屋地裁判決（昭和59年8月23日）は，Xの請求を棄却した。

名古屋高裁は，「主たる債務者が破産宣告を受けた場合，これに対し将来行うことあるべき求償権を有する保証人は，債権者がその債権を破産債権として届けない限り，その全額について破産債権者として権利を行いうるもの（旧破産法26条1項）であるから，現実に保証履行として一部の弁済を為した保証人も，もとよりその弁済額につき，破産債権者としての権利を行使しうるというべきである」が，「債権者がその債権全額につき，破産債権として届出ているときは，たとえ保証人からその後一部の弁済を受けた場合であっても，債権者はなお破産宣告時において有する債権全額を届出債権として維持し，右の債権額を持って配当に与りうるものと解せられる（旧破産法24条）から，このような場合には，保証人はその保証義務の全部を債権者に履行すれば格別，一部の弁済をしたことにより破産手続きに加わることは許され」ず，「そうでないと債権者の届出債権は全債権額を維持している関係上，当該部分については破産手続上一個の債権を二重に評価することになって，債権者その他の破産債権者に不当な損害を及ぼす結果となる」[158]とし，控訴を棄却した。

Xは旧破産法26条2項に基づいて「一部弁済の割合に応じて，破産債権者としての権利を行使しうべき」であると主張したが，この点について「同条同項は求償権者の数人が一部ずつ弁済したことにより，債権全部の満足が果たされた場合の，数人の求償権者の関係について定めたもの」と高裁は判断した。

最高裁は「主たる債務者が破産宣告を受けた場合において，債権者が当該債権の全額について破産債権の届出をしたときは，保証人は破産宣告後に当該債権につき一部弁済をしても，債権者が当該債権の全額について満足を得ない限り，弁済の割合に応じて債権者の権利を取得するこ

---

(158) 名古屋高裁昭和60年6月26日判決（金法1101号34頁）。

第2章　倒産法各論

とはできない」とし，上告を棄却した。

これは旧破産法26条の2項と同24条の「破産宣告の時において有する債権の全額」の規定を素直に解釈したものである。

● コラム *12* ●　民法と倒産実体法の対応関係

破産法上の取戻権，別除権などの実体法規定は民法の規定と対応関係にある。たとえば，所有権には追及効と優先弁済権が認められる。したがって，破産者の下に，自己の所有財産がある場合，所有権者は取戻権を行使することができる。担保物権には追及効はないが，優先弁済権が認められる。したがって，別除権を行使して，破産手続の外で優先的な弁済を得ることができる。

一般債権者は，破産債務者の特定の財産に対してなんら優先的な権利を持つものではなく，目的物を所有する者に対して権利を持つにすぎない。債権者は特定の目的物の上に担保権を持つことはなく債権者は，債務者の自由な財産全体を共通の担保としているだけである。このために，債務者がその財産を毀損する場合には，債権者代位権，債権者取消権を行使して，債務者の共通財産の保全を図ることになる[159]。

倒産法	民　　法	優先弁済権	追及効	債務者財産特定性
取戻権	第三者の所有権に基づく	○	○	○
別除権	債権者の担保権に基づく	○	×	○
	抵当権	○	×	→ 物上代位
	商事留置権・特別先取特権	○	×	→ 物上代位
	質権	○	×	→ 物上代位
相殺権	債権者の相殺の担保的効力	○	×	○
財団債権	手続固有の費用			
破産債権	債権者の債権	×	×	×
	民事留置権（留置的効力のみ）	×	×	失われる

---

(159)　わが国旧民法のモデルとなったフランス法では，一般債権者であっても，債務名義を得て差押を行った場合には，債務者の特定財産に対して優先弁済権を取得するとされている。すなわち，差押とは債権を物権に変容させる契機として法的に構成されている。

このように理解すると、別除権と取戻権は、その根拠が担保物権か物権かという違いはあるだけで、別除権は担保物権に基づく一種の取戻権であるということもできる。財産権には使用価値と担保価値があるが、所有権はこの両方を備えている。一方、担保物権には使用価値はなく、担保価値しかない。

一般の先取特権は、特定の物上には成立することがないから、別除権を認められず、また、民事留置権も優先弁済権を持たないので、別除権を認められないのである。

また、否認権と詐害行為取消権（債権者取消権、廃罷訴権）も対応する。民法上の詐害行為取消権は必ずしも債務者の倒産を予定していない。しかし、債務者が詐害行為をするのは経済的に破綻に瀕した場合である。一方、否認権は裁判上の倒産手続が開始された場合であり、類似する[160]。否認権について通説判例は、実体法上の形成権としており、破産財団と相手方との関係において遡及的に無効にする[161]。

(160) 井上直三郎「否認権の性質に関する一考察」『破産・訴訟の基本問題』（有斐閣、1971）（初出は論叢15巻4号1926）。井上教授は「債務者の財産関係につき生じたる法律上の変動が、債権者の満足を害することに対し、債権者を救済するの制度は、古く羅馬法以来各国の立法の等しく採用するところ」とし、民法424条はこれを認め、旧破産法72条以下はこれに関する規定を設けているとしている。「前者は、学者の所謂廃罷訴権又は債権者取消権に関するものにして、後者は、法典が否認権の名称を以て規定して居るもの」とする。これは信用の保護と衡平の維持からの立法であるとする。廃罷訴権と否認権の性質についてはとくにドイツで議論があった。「債務者の財産関係につき生じたる法律上の変動に対する債権者の救済は、債権者の満足を害すべき財産関係変動の法律原因に効力を付与せず、当然に絶対の無効とするか、又は債務者の財産関係の変動に因りて失はれたる債権者の利益、即ち債務者の財産より債権者の満足を得べかりし可能を回復せしむるに依りて達せられる」とした。

(161) 否認権という方法のほかに破産日を遡及させ、破産日以降の債務者の行為を取り消すという形で否認と同じ効果をもたらす方法もある。フランス倒産法9条は「裁判所は該当する場合、支払いの停止日を定める。この日を定めない場合、支払停止は宣告判決の日とする。支払いの停止日は一度または複数回変更されるが、開始判決の日付から18ヶ月以上前となることはない。職権により、または

第2章　倒産法各論

このような実体法上の権利との対照を図にすると以下のとおりである。

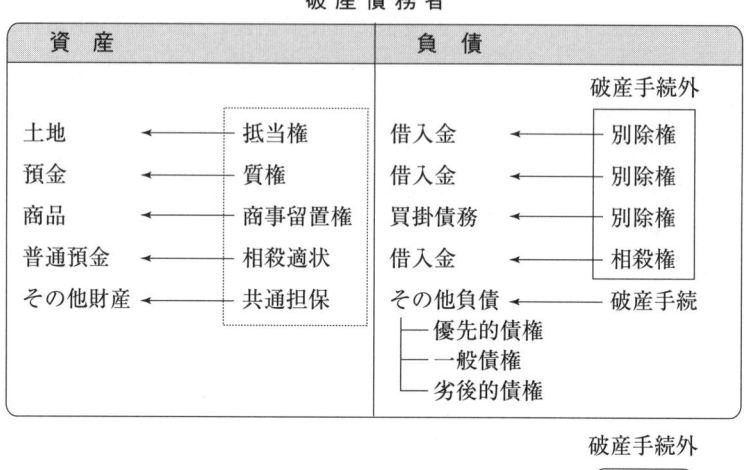

破産債務者

資　産		負　債	
			破産手続外
土地　←	抵当権	借入金　←	別除権
預金　←	質権	借入金　←	別除権
商品　←	商事留置権	買掛債務　←	別除権
普通預金　←	相殺適状	借入金　←	相殺権
その他財産　←	共通担保	その他負債　←	破産手続
		├ 優先的債権	
		├ 一般債権	
		└ 劣後的債権	

　　　　　　　　　　　　　　　　　　　　　破産手続外
　　　　　　　　破産手続費用など ←　　財団債権
　　　　　　　　第三者の所有物　　 ←　　取戻権

(3)　破産手続法

　破産法は「債権者その他の利害関係人の利害及び債務者と債権者との間の権利関係を適切に調整」するために，倒産実体法を定めているが，それとともに，「債務者の財産等の清算に関する手続を定める」手続法でもある(新破産法1条)。破産法には債務者の異常な状態における債権者・債務者の権利関係を調整する倒産実体法と倒産手続の詳細を定める破産手続法の二つの部分から構成されているのである。

　破産手続法としては，すでに説明した破産開始決定前の保全処分のほかに，破産に関する裁判(破産能力，破産裁判所，破産手続開始申立て，破産手続開始決定)，破産手続の機関(破産管財人，債権者集会，債権者委員会)，破産債権の届出(債権調査，債権の確定，債権者表，債権の確定)，配当(中間配当，最後配当)などがある。破産は「債務者の財産等の適正か

136

1 「倒産」という社会現象

つ公平な清算を図る」(新破産法1条) ことであり，債務者の財産を換価処分し，債権者に配当をすることであるから，この手続について簡単に説明しておこう。

① 破産能力

まず，破産法の適用対象を確認しておこう。破産法の適用を受ける地位を破産能力というが，これは「破産宣告を受けうる資格，すなわち債務者が破産者たりうる資格を意味」[162]する。

新破産法13条 (旧破産法108条) は「破産手続等に関しては，特別の定めがある場合を除き，民事訴訟法の規定を準用する」と定めており，民事訴訟法における当事者能力のある者は原則として倒産能力を有する。自然人はすべて破産能力を有する。かつて明治破産法の時代は，破産法は商法に規定されていたので，いわゆる商人破産主義をとり当時は破産するのは商人に限られていた。しかし，旧破産法と新破産法は商法とは別に設けられており，商人でなくても破産することができる。法人のうち，私法人は，一般に破産能力がある。これは公益法人と営利法人 (会社──商事会社，民事会社) を問わず，民商法上の法人と特別法上の法人 (学校法人，宗教法人，医療法人，商工会議所，信用金庫，相互保険会社) を問わない[163]。

　　管財人，債権者代表，清算人または共和国検察官の申立てによって決定する。日付の変更の要求は18条に予定された報告または145条に予定された計画の提出または清算が決定された場合には103条に予定された債権調査の提出の後，15日の満了前に裁判所に行われなければならない」と定める。また同法3条は「会社更生の手続は，2条に述べられたすべての企業でその処分可能な資産によって支払うべき債務をまかなうことができない企業に適用される」，「この手続の開始は前項にいう支払いの停止の後15日以内に債務者によって申立てられなければならない」としている。

(162)　伊藤眞『破産法 (全訂第3版補訂版)』(有斐閣，2001) 55頁。
(163)　民法上の組合 (民法667条) については，破産能力は原則として認められないが，民訴法29条に該当すると認められる場合には，破産能力を認めるとする意見が有力である (伊藤眞『破産法 (全訂第3版補訂版)』(有斐閣，2001) 64頁，

権利能力なき社団（法人格のない社団）については，代表者の定めがあれば訴訟上の当事者能力が認められるので(民事訴訟法29条)，破産能力があるとされる。ただし，破産手続は破産財団に属する財産を換価し，債権者に配当する手続であるが，権利能力なき社団には固有の財産がなく，その構成員の財産とどのように区別するか，という問題がある。このほかに，相続財産（新破産法229条，旧破産法12条）については規定がある。

　外国人について，旧破産法2条に「外国人または外国法人は破産に関し日本人または日本法人と同一の地位を有すただしその本国法により日本人または日本法人が同一の地位を有するときに限る」との但書が規定されていた。これは「相互主義」規定であるが，この但書は，平成12年の改正で削除された。また，外国人，外国会社の裁判手続の管轄については，新破産法4条（旧破産法104条ノ2第1項）は「この法律の規定による破産手続開始の申立ては，債務者が個人である場合には日本国内に営業所，住所，居所又は財産を有するときに限り，法人その他の社団又は財団である場合には日本国内に営業所，事務所又は財産を有するときに限り，することができる」と定めている。

● **コラム 13** ●　**国は破産するか**

　破産法の適用対象は，民事訴訟法における当事者能力のある者であり，自然人，民商法上の法人，特別法上の法人である。

　各地に設けられている道路公団，住宅公団などの公共企業体(特殊法人)には破産能力がないとするのが通説である。一方，破産能力を認める肯定説が有力に主張されている(いずれにしても民営化によって株式会社化が進められている)。公共企業体の破産能力については，その公共性の程度によって個々に判断せざるを得ない。公共組合のうち，森林法上の森林組合，農業災害補償法上の農業共済組合には破産能力が明定されている[164]。

　　斉藤＝麻上＝林屋編『注解破産法［第3版］下巻』（青林書院，1999）106頁［谷合克行］）。
（164）　大審院昭和12年10月23日第四民事部決定民集16巻1544頁（百選第3版第3事

また，地方公共団体などの公法人が株式会社に出資する第三セクターがある。大阪市が出資した第三セクター方式[165]で設立されたアジア太平洋トレードセンター，大阪ワールドトレードセンタービルディング，湊町開発センターが特定調停を申し立てているが，これら第三セクターは株式会社であるから，破産能力がある。たとえば，中国自動車道・美祢西インターチェンジの開発主体である美祢南部開発（山口県美祢市）は，建設資金の返済の原資として工業団地開発を予定していたが，奏功せず，日本道路公団からの借入金の返済が不能となり，2004年3月9日の取締役会で自己破産の申立てをすることを決定したと報じられている[166]。

国および地方公共団体は，本源的な統治団体なので，破産能力がないとされている。しかし，本源的統治団体であっても，金融機関からの借入れや証券市場での債券発行など，一般の法人と同様に商取引を行うことがある。国・地方公共団体がこのような金融債務を返済することができなければ，支払不能にあたるので，破綻または倒産の状態にあるといってよい。国・地方公共団体には財産があるが，国道・県道，官公署建物，教育施設などの固定資産がほとんどであり，売却することができないので，国・地方公共団体が破綻しても，

　　件）は，財産区（明治期に江戸時代以来のムラを統合して市町村制を確立した際にムラの山林などの公的財産の所有権をムラに残した）は，公法上の団体であるので破産能力がないとした。
(165)　第三セクターとは，たとえば地方公共団体（その出資され，又は拠出された金額の全部が地方公共団体により出資され，又は拠出されている法人を含む）の出資又は拠出に係る法人をいう。最近，第三セクターの企業が特定調停を申し立てる例が多い。特定調停は倒産手続ではないが，これらの企業は債務整理のために特定調停を利用している。
(166)　県が40.6％，美祢市が50％，他を周辺自治体などが出資し，1992年に設立。日本道路公団から6億5,500万円を借り入れ，美祢西インターチェンジを建設した。借入金の全額を山口県信用農業共同連合会（県信連）が債務保証しているので，破産に伴い，県信連が保証債務を履行し，県信連は同社に対する求償権を破産債権として届け出ることになる。詳細については2004年3月10日付け日本経済新聞，2004年3月9日のAsahi.com（http://mytown.asahi.com/yamaguchi/news02.asp?kiji=3846）を参照。

清算型倒産手続をとることはできない。

　たとえば，1980年代ユーロ・マネーのリサイクルが問題となっていたころ，旧東欧諸国，中南米諸国の政府系金融機関の債務不履行が問題となったことがある。最近では，ナウル共和国の金融公社の返済不能が問題となった。このような国家の機関の支払停止については，返済条件の変更（金利の引き下げ，返済期限の延長），すなわちリスケジューリングで対応することになる。また，このような政府機関の場合には債権者が極めて多数にわたることがあるので，パリクラブで包括的に債務のリスケジューリングを交渉する。

　② 破産裁判所

　破産手続は，会社である債務者の場合にはその本店の所在地，債務者が個人の場合には，原則としてその住所地の裁判所が破産事件を管轄する(新破産法5条1項，旧破産法105条)。

　現在では，金融機関などを中心に企業グループが持株会社の下に再編されることが多い。会社はその本来業務とは異なった業務を手がける場合，あるいは新規の事業を開始する場合，自社で行うのではなく，別会社を設立して行わしめることが多い。また既存の事業の一部門を分社化し，他社の事業部門を買収し，別会社とする例も多い(たとえば，製造業を本来業務とする会社が販売子会社を設立する，エレクトロニクスの会社が人材派遣会社を設立するなど，こうした例は多様である)。このような親子関係にある会社の場合，子会社は親会社に業務・資金調達・人材などの面で親会社に依存していることが多く，親会社が倒産すると子会社やグループ会社も倒産する例が多く，また親会社子会社間で債権債務関係が交錯することも多く，一体的な破産処理が可能であれば，効率的な倒産処理が可能となろう。

　しかし，破産手続を管轄する裁判所について旧破産法は「債務者が営業者なるときはその主たる営業所の所在地」を「管轄する裁判所の管轄に専属す」ることとしていた(旧破産法105条)。破産手続の上では親子関係

1 「倒産」という社会現象

にある会社であっても，個々の会社はそれぞれ別法人として，「主たる営業所」の所在地を管轄する裁判所が破産裁判所とならざるを得なかった。たとえば下記の図のとおりである。

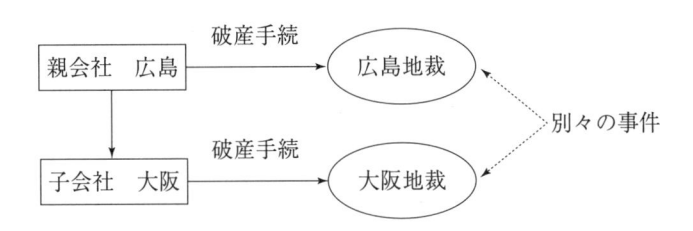

```
親会社 広島 ──破産手続──→ 広島地裁 ┐
  │                                  ├┄ 別々の事件
  ↓                                  │
子会社 大阪 ──破産手続──→ 大阪地裁 ┘
```

　新破産法は，複数の債務者が経済的に密接な関係にある場合には，同一の裁判所で破産事件を取扱うことが円滑で効率的な処理を可能にするものであるとして，管轄の特例を設けている。すなわち，親法人と子会社（法人が株式会社または有限会社の総株主または総社員の議決権の過半数を有する場合の当該法人を「親法人」といい，当該株式会社または有限会社を「子会社」という）について，親法人の破産事件，再生事件，更生事件が係属している裁判所に子会社または孫会社の破産手続を申し立てることができるとし，また逆に子会社の破産事件，再生事件，更生事件が係属している裁判所に親法人の破産手続を申し立てることができるとした（新破産法5条3項）。この趣旨は，孫会社（親法人および子会社が他の株式会社または有限会社の総株主または総社員の議決権の過半数を有する場合の当該他の株式会社または有限会社）についても適用される（新破産法5条4項）。たとえば下記の図のとおりである。

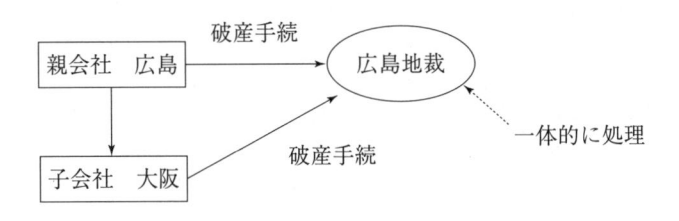

```
親会社 広島 ──破産手続──→ 広島地裁 ┄ 一体的に処理
  │                            ↗
  ↓                           /
子会社 大阪 ──破産手続──
```

141

さらに，商法特例法（株式会社の監査等に関する商法の特例に関する法律）にいう大会社と連結子会社についても同様の扱いが認められることとなった（新破産法5条5項）。

　多数の債権者が関係する大規模な破産事件の件数は多くはないが，複雑で困難が伴うことから，主たる営業所の所在地にかかわらず，大規模破産事件の取扱の経験やノウハウを有する裁判所に扱わせるほうが効率的である。このため，債権者が500人以上となる事件については，高等裁判所が所在する地の地方裁判所（たとえば中国地方であれば，高等裁判所の所在する広島の地方裁判所）にも申立てをすることができ，さらに債権者が1,000人以上となる場合は東京または大阪の地方裁判所に申立てをすることができることとした（新破産法5条8項，9項）。

　さらに，旧破産法には裁判所間での破産事件の移送に関する規定はなく，民事訴訟に関する法令の準用に関する規定(旧破産法108条）を適用し，民事訴訟法中の移送に関する必要な規定が準用されるものと解されていたが，新破産法は，破産事件の移送について新たに規定を設けた(新破産法7条)。

　③　破産管財人

　(a)　機　能

　破産処理の中心は破産者の財産の処分・換価なので[167]，財産管理が重要であるが，破産裁判所が自ら倒産者の財産を管理することはできない。このため管理機構を設け，これに管理を委ねる必要がある。これが破産管財人である。したがって，破産管財人は「全面的管理機構」であり，破産手続上必須の機構である。裁判所が，ほぼ常に弁護士の中から

（167）　新破産法は，破産管財人の任意売却に伴う担保権の消滅の制度を新たに導入し，換価の迅速化簡易化を図っている(新破産法186条～191条)。また，配当手続については，配当可能金額が1,000万円未満以下の場合には，簡易配当が可能としている（同204条～207条）。

選定する。

　旧破産法では，法人（弁護士事務所）を破産管財人に選任することができるか否か，明らかでなかった（会社更生法67条3項は法人の管財人が明示的に認める）が，破産事件がますます大規模になり，また破産者をめぐる取引も複雑になっているため，破産管財人が単独で事務を行うことに限界もあり，新破産法は，法人が破産管財人になることができる旨を明らかにした（新破産法74条2項）。

　また，旧破産法では，破産管財人は原則として一人（旧破産法158条）とされ，破産裁判所は複数の破産管財人を選任できるが，実際には破産管財人は一人で代わって常置代理人を選任する（旧破産法165条）とされていた。この点についても新破産法は「破産管財人が数人あるときは，共同してその職務を行う。ただし，裁判所の許可を得て，それぞれ単独にその職務を行い，又は職務を分掌することができる」（新破産法76条）として，複数の破産管財人も可能であるとした。

(b)　破産管財人の善管義務

　破産管財人は，善良な管理者の注意義務をもって業務に当たらなければならない（新破産法85条1項）。その懈怠があれば，損害賠償請求を受けることになる。下記の事件は，税務署が破産管財人に対して租税債権について交付請求をしたが，破産管財人がこれを弁済しなかったため，税務署が損害賠償を請求した事件である。

・最高裁昭和45年10月30日第二小法廷判決民集24巻11号1167頁（百選第3版第120事件）

　訴外の中部日本急配株式会社は，昭和30年7月4日破産宣告を受け，Yがその破産管財人に選任された。国は同社に対し，昭和28年度源泉所得税金等合計11万円強の租税債権を有し，国（熱田税務署）は同年8月16日Yに，滞納税金について交付要求をしたが，Yは国に対して交付すべきであるにもかかわらず，無視して破産手続を進行し，昭和35年6月1日には破産手続の終結決定が行われた。そこで国はYが財団債権であ

る国の租税債権についての交付要求を無視してその弁済をなさずに前記破産手続を終結させるに至つたのは、「破産法第164条1項に定める破産管財人の義務に違反する」ものであるとして損害賠償を求めて訴えを提起した。

第一審（名古屋地裁昭和39年3月19日判決）[168]は、「破産管財人としての善良なる管理者の注意義務に違反したとは到底認め難い」として請求を棄却した。控訴審（名古屋高裁昭和40年9月27日判決）[169]は、「被控訴人（破産管財人）が本件弁済要求のあつた税金債務を全く弁済することなく終つたのは、その間破産財団財産の主部をしめる競落代金が破産前散逸することなく残存していたことに寄与するところのあつた破産債権者にまで配当しえなくなる結果を招来することをさけようとした被控訴人の善意の配慮や、破産終結の見とおしもついて来た時に弁済要求をして来た控訴人（熱田税務署）への不満ないし不信感があつたであろうにはせよ、前記経過から見て管財人としての注意義務に欠けるところあつた」として請求を認容した。

最高裁は「上告人が本件債権を弁済しないで破産手続を終結するにいたらしめたのはその善良な管理者としての注意を怠つたものであると判断しているところ、原審の右認定判断は、正当として是認することができる」として原審を支持した。

(c) 破産管財人の業務内容

破産管財人の業務の内容は、債権者の利益と債務者の利益の二つの側面がある。

ⅰ) 債権者の利益

これは、現有の破産財団を本来あるべき財団の範囲と一致させることが主眼である。

すなわち、財産の占有・管理、封印、財産評価、財産目録・貸借対照

---

(168) 名古屋地裁昭和39年3月19日判決下民集15巻3号547頁。
(169) 名古屋高裁昭和40年9月27日判決民集24巻11号1685頁。

表の作成・提出，郵便物の管理，否認権の行使，破産財団に関する訴訟の追行，配当を受領する債権者の範囲および債権額の確定，届出債権の調査と異議申立て，債権確定査定決定に関する訴え，配当に関する職務，配当表の作成，認否書の作成，配当の実施などを行う。

ⅱ) 債務者の利益

これは破産者などに対する扶助料の給付，小額の生命保険など債権者にとって余り重要でない債務者の財産の管理処分権の放棄，免責不許可事由の有無に関する報告などがある。

これに対して，破産裁判所は，破産手続の開始，終了などにかかわる裁判を行い，破産管財人の選任，債権者集会の召集・指揮，債権届出の受理などの手続の実施を内容とする職務を担い，管財人などに対する監督を行い，利害関係人の権利義務に関する争いについて裁判によって解決し，免責申立ての裁判を行うこととされている。

現実には，破産管財人は，破産手続の遂行の中心となっている。破産管財業務の最終目的は，破産債権者に対する公平な配当の実施にあり，破産管財人は財産管理と換価を行い，否認権を行使して破産財団を増殖させ，財団を巡る法律関係を整理し，現有財団と法定財団を一致させることが職務である。

また，配当の相手方の破産債権者の権利内容を調査・確定させ，破産者の免責の審理に際して破産者の再生にも意を払う。

このような職務の遂行に当たっては，常に社会的な影響を考慮する。管理機構である破産管財人はそれ自体権利義務の帰属点ではなく，倒産者に帰属する財産の処分権を有するに過ぎない。法的主体ではあるが，破産者や債権者等の関係人の利害からも離れた中立的な立場にある。

(d) 破産管財人の法的性質をめぐる議論

破産管財人の法的性質については従来から議論があった[170]。

---

(170) 破産管財人の法的性質については，下記の裁判例を参照。最高裁昭和37年12月13日第一小法廷判決（判タ140号124頁），最高裁昭和46年2月23日第三小法廷

第2章　倒産法各論

　破産管財人の法的性質論は，破産管財人が行った行為の効力の問題，管財人は破産財団にとって第三者かどうかという問題で，破産管財人の地位は外部者との実体的法律関係の中で現実に問題となりうるのであり，議論のための議論ではない。破産者から宣告前に不動産を譲り受けていたものが登記なしにその権利取得を管財人に対抗できるか（民法177条に言う第三者に当たるか），破産者と通謀虚偽表示（民法94条2項）を行った者が取引を無効と主張した場合に，破産財団を管理処分することのできる管財人はどうするかという具体的な問題につながる(171)。

　その他，民法94条2項，96条3項，467条，545条1項但書の問題が生じる。具体例としては，破産者乙と共謀した甲がその所有する商品を乙に売却する契約を結び，商品を引き渡したが，乙が破産手続開始決定を受けた場合，甲は通謀虚偽表示であるとして契約を無効とし，引き渡した商品に取戻権を行使することができるかということである。

　破産管財人の法的性質については，下記の裁判例がある。

判決（百選第3版第18事件），最高裁昭和48年2月16日第二小法廷判決（百選第3版第16事件），最高裁昭和58年3月22日第三小法廷判決（百選第3版第17事件）。昭和48年判決は，「破産管財人は，破産者の代理人または一般承継人ではなく，破産債権者の利益のために独立の地位を与えられた破産財団の管理機関であるから，破産宣告前破産者が設定した土地の賃借権に関しては，建物保護ニ関スル法律1条にいわゆる第三者にあたる」とした。

(171)　高見教授（百選第3版第16事件評釈）は，管財人の法律上の地位をめぐっては，「破産法律関係における管財人の地位にかかわり，破産財団に対する管理処分権の管財人による行使，破産裁判所や破産債権者と管財人の関係，否認権の行使主体，あるいは財団債権の債務者などを合理的に説明できるかという局面，さらには，管財人の職務遂行にあたっての指導理念をどこに求めるかという問題の局面，第2は，破産者から破産宣告前に不動産を譲り受けていた者が登記なしにその権利取得を管財人に対抗できるかといった，外部者との実体法律関係の中で問題になる局面」の二つがあるとしている。昭和48年最高裁判決はこの第二の点を扱い，管理機構説などの議論は第一点に関するものとする。管財人は管理機構であって，権利義務の帰属主体には変更がない。

・大阪地裁昭和62年4月30日判決（百選第3版第116事件）[172]

本件は純金投資証券の詐欺商法を行った豊田商事の営業社員に対して，同社の破産管財人が給与の返還を請求した事件である。同社の社員は高額の歩合報酬を受取っていた。

大阪地裁は「破産管財人は，裁判所によって選任され，裁判所の監督のもとに，総債権者に公平な満足を得させることを目的として，破産法に基づき固有の権限をもって管財業務を執行する独立した法主体であって，その権利行使は破産者の権利承継人または代理人としてするものではない」と判示した[173]。

豊田商事は純金ファミリー契約という詐欺商法を行って2,000億円の負債をかかえて昭和60年7月に破産宣告を受けた。この事件で仮に破産管財人が権利承継人または代理人であるとすると民法708条の不法原因給付に当たって，営業社員は高額の報酬をまるまる懐に入れることができた。これでは被害者の感情としては許せないというところであり，大阪地裁の判旨は妥当といえよう。従業員の報酬は雇人の給与として一般の先取特権を認められ，破産法上優先的破産債権になってしまうからである。

破産管財人の法的性質に関する意見は，代理説，代表説，職務説，管理機構人格説，法定信託説に大別することができる。

i）代理説

この説は，権利主体を破産債務者，または債権者として破産管財人をそのいずれかの代理人であるとする。代理説は，債務者の代理とするか，債権者の代理とするかによって2説がある。債務者代理説は，破産財団の財産の権利主体は債務者であり，管財人がこれを代理行使するとする。しかし，そもそも処分権限が債務者から剥奪されるので，必ずしも妥当

---

(172) 大阪地裁昭和62年4月30日判決（百選第3版第116事件）（判時1246号36頁，判タ651号85頁）。本田純一「判例批評」判例評論390（判例時報1385）号192頁。
(173) 1989年9月15日付け朝日新聞記事を参照。

しない。債権者代理説は，破産宣告にもとづいて破産債権者が破産財団財産上に差押質権を取得し，破産管財人がこれを代理行使するとする。しかし，わが国には差押質権の概念がなじまない。代理説では，破産者や債権者と管財人との対立的な関係が説明できないし，管財人を特定の者・グループの代理人とすることはその地位に適当でないという批判があり，いまでは過去の説となっている。

ⅱ）代 表 説

代表説は，破産財団に破産的清算のための目的財産としての法主体性・法人格を認め，管財人をその代表であるとする。代表説もさらに，二つに分けられる。破産財団法人代表説は，特定の関係人との間で管財人の機能を解明することができ，かつては通説であった。しかし，法律の規定がないのに財団を認める点に難があるとされている（財団に法人格を認めるのは法律の根拠がなければ無理）。破産団体代表説は，破産財団を破産者および破産債権者によって構成される権利能力なき社団と構成し，管財人をその代表機関とする。しかし，管財人が権利の調整機関である点では合理的ではあるが，破産団体の成立に難がある。代表説では，破産者と債権者，債権者相互には対立があるから団体としての構成は無理であろう。

ⅲ）職 務 説

職務説は，管財人は財団所属財産を管理換価して清算手続を行うために，自己の名において職務を行使する権能を国家から委託されたものであるとする。すなわち，破産財団に関する処分権を自己の名で行使するのであり，破産の包括執行としての性格に着目しているということができる。破産管財人に選任された自然人がその職務として破産法上の権利を行使するとして，職務として破産法上の権能の行使が認められるものとしている。職務説も公法上の職務説と私法上の職務説の2説がある。公法上の職務説は，かつての有力説で，国家機関（執行機関）として行使するとした。これは，大審院昭和3年10月19日判決民集7巻80頁に見られ，強制執行法上の執行機関と同視する意見である。公法上の職務説は，

1 「倒産」という社会現象

破産者の財産を管理するという側面では合理的ではあるが，執行機関ととらえる点に難があり，財産の管理処分権限を行使するといっても公的強制力を行使するのではないと批判される。執行機関であるとすると訴訟の当事者となることは適当ではない。私法上の職務説は，国家事務を委託された私人であると解する。破産管財人は私人であるが，国家機関である破産裁判所から職務を委託されていると構成する。一種の法定訴訟担当であるとするが，管財人の行為は管財人自身にではなく，破産財団に帰属するので法定訴訟担当ではなく，私法上の職務遂行であるとする。破産管財人の相続人にも一定の義務があり，破産管財人にも私人としての側面はあり，私法上の職務説は破産管財人の職務の公益性を「職務」として説明することができるが，管理処分権の帰属，双方未履行契約の解除権の帰属，否認権の帰属，倒産実体法上の権利義務の帰属を考えると私人ととらえる点に難がある。

iv） 管理機構人格説

現在の通説である。管財人に破産財団の管理機構としての性質とその担任という二つの側面を認め，管理機構に性質の面で管財人に独立の法主体性を与える説である。破産財団の財産に管理処分権権限を有する管財人に管理機構としての法主体性を認めるもので，破産管財人が債権者や債務者から独立していること，実体法上の権能を行使する主体として位置づけられることから，私法上の職務説に近いが，法主体性を認める点で異なる。

すなわち，破産財団の財産は債務者に属するが，管理処分権は管財人に属するのであり，財団債権については管理機構としての管財人が債務者となり，解除権，否認権も管理機構としての管財人に属するものとする。管財人の地位を破産財団の管理機構としての管財人とその担当者としての管財人に分け，管理機構としての管財人は破産手続開始決定により成立する破産財団の管理処分権の帰属する法主体であり，担当者としての管財人は裁判所の選任により就任，解任される個人であるとして，個人としての管財人と管財人の地位を分けてとらえる。この説はある意

味では破産財団代表説を止揚しており，職務説の包括執行としての性格と管理機構そのものに法的主体性を認める（代表説では破産財団に人格を認める）点で破産財団代表説の実質的な点をとっている。

ⅴ）　法定信託説

　最近，破産管財人について信託法理を適用する説が主張されている(174)。破産手続開始決定と同時に破産財団は信託財産となり，受益者たる破産債権者のために，破産者の財産関係を管理処分する受託者として破産管財人をとらえる意見である。旧破産法162条は，「破産財団に関する訴えについては破産管財人をもって原告または被告とす」と規定し，新破産法80条も同様に規定するが，これはそもそもドイツ法が英米法の信託関係を導入するために破産管財人としたのであるという。私的整理における債権者委員長や会社更生の更生管財人と整合的に説明することができ，内部的法律関係と外部者との実体的法律関係における破産管財人の地位を統一的に説明できるという利点があるが，法律上「信託」とは書かれていない点，疑問が残る。

　なお，他の倒産手続における破産管財人に対応する管理人の法的性質についても同様に議論がある(175)。

---

(174)　池田辰夫「倒産手続と債権者代位権」判タ530号54頁，中野貞一郎＝道下徹編『基本法コンメンタール破産法』（日本評論社，1989）36頁［池田］，霜島甲一『倒産法体系』（勁草書房，1990）44頁，林屋礼二＝上田徹一郎＝福永有利『破産法』（青林書院，1993）67頁［林屋］，小林秀之＝齋藤善人『破産法』（弘文堂，1997）13頁。

(175)　更生管財人は，全面的管理機構であり，会社更生手続上必須(会社更生手続開始決定と別の裁判によって裁判所が選定する）である。旧会社更生法では，更生管財人は破産管財人と異なり，自然人でなくても銀行，信託会社でも就任可能であるとされ，また，経済的知識が必要なので経営者が就任（業務管財人）することがあり，この場合弁護士が法律顧問となるとされていたが(旧会社更生法186条)，これらは新法でも踏襲された。旧会社更生法でも，更生会社の取締役が管財人に就任することは明文では禁止されていなかったが，改正後の会社更生法ではこの点が明示された。

④ 破産手続の流れ

債権者または債務者から裁判所に対して破産の申立てがあったあと，裁判所は破産開始原因があると認めるときは，費用が予納され，不当な目的で破産手続開始の申立てが行われたものでないときは[176]，破産手続開始決定を行う（新破産法30条）。

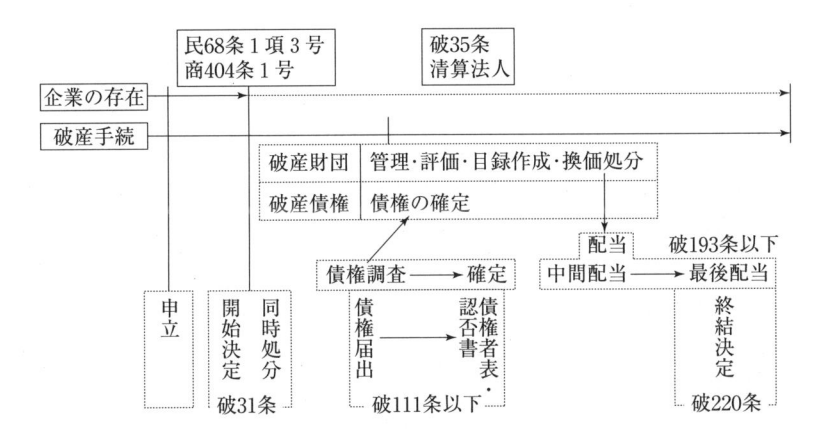

```
                 民68条1項3号    破35条
                 商404条1号      清算法人
企業の存在 ─┬─────┼──────────┼──────────────────────
破産手続   └─────┤          │
                 ┌─破産財団　管理・評価・目録作成・換価処分─┐
                 │　破産債権　債権の確定                  │
                 │              ↑                      │
                 │          債権調査 → 確定    配当      破193条以下
                 │                          中間配当 → 最後配当
  申　開　同         債　認債
  立　始　時         権　否権              終
      決　処         届　書者              結
      定　分         出　　表              決
      ・　・         ・                    定
      破31条         破111条以下           破220条
```

裁判所は破産手続開始決定と同時に，破産管財人を選任し，破産債権の届出期間，財産状況を報告するための債権者集会の期日，破産債権の調査期間を定める（同時処分，新破産法31条1項，旧破産法142条）。また，付

なお，会社更生法，民事再生法では管財人が選任されずにDIPが手続を進めることができ新会社更生法では従来の経営者が更生管財人に選任されることができる（67条3項）が管財人に就任するのであって，DIP型ということはできない。保全管理人の法的性質も全面的管理機構であり，更生手続開始決定前に行われる保全処分である管理命令とともに選任される。特別清算は清算中の株式会社の清算人が裁判所に特別清算人として選任されるが，それまでは会社の機関であったが，特別清算人は会社とは委任関係がなく中立的な立場から公正に清算事務を行う。

(176) 破産手続の申立ての濫用については，岡田幸宏「破産申立の濫用」『現代倒産法・会社法をめぐる諸問題』（民事法研究会，1995）を参照。

随処分として，公告（(新破産法32条，旧破産法143条)手続開始決定の主文，管財人の氏名等，同時処分として定められた債権の届出期間などが行われる），送達（破産では公告事項を記載した書面を知れたる債権者，破産者の債務者，財産所持人に送達），登記・登録（法人倒産登記）（新破産法257条）を行うこととされている。なお，旧破産法144条は「破産の宣告をなしたるときは遅滞なくその旨を検察官に通知」することとしていたが，新破産法では削除されている。

破産債権の届出(新破産法111条，旧破産法228条)は，破産債権者が破産裁判所に書面または口頭により裁判所の定めた届出期間内に債権の額および原因を届け出るものである[177]。証拠書類があればその原本または謄本もしくは抄本を提出しなければならない。

破産債権の届出に従って，裁判所書記官が債権者表を作成し（住所氏名・債権額と原因，優先権，劣後，別除権者），謄本を管財人に交付し，異議のある債権者は裁判所に異議を申立てることになる。裁判所に閲覧のため供え置かれる。

届け出られた破産債権は破産管財人・破産債権者および破産者が意見を述べ合う方法で調査される。破産管財人は，届出られた債権について認否書を作成する。債権調査期日は，債権者集会と併合されることが多い。一般期日とは，債権調査のために最初に開かれる期日であり，知れたる債権者には送達によって通知する。また，特別期日には，届出期間後に届け出られたため一般期日に調査されなかった債権や届出機関後に他の債権者の利益を害すべき変更を加えた債権が対象となる。また，調査期日の費用は調査を受ける債権者が費用を負担することとされている。調査期日の出席者は，破産者（正当な事由があれば代理人），届出債権者で，管財人は必ず出席しなければならない。このような調査期日は裁判所が指揮するが，公開を要せず，調査期日に管財人他の届出債権者の異

---

(177) 新破産法は，原則として一般調査期間経過後または一般調査期日終了後の債権届出を制限し(新破産法112条)，また書面による調査を導入し(同116条～120条)，債権の確定作業を迅速化している。

議がなかった場合には，確定する（新破産法124条1項）。また，確定債権についての債権者表の記載は，破産債権者の全員および破産管財人に対して確定判決と同一の効力を有し（新破産法124条3項），既判力が認められることになる。

債権者表に既判力が認められることは債務名義として強制執行ができることを意味する。旧破産法の債権表に既判力を認める通説に対して，他の債権者，管財人の錯誤を一定の要件で再審事由とする再審事由拡張説，債権表の記載は確認的なもので，既判力はないとし，争いがあれば通常の確認訴訟を提起するとする既判力否定説がある。

破産管財人または破産債権者から異議を述べられた債権については，異議を述べられた破産債権の債権者が破産債権査定の決定を申し立てる（新破産法125条1項）。従来の債権確定訴訟に代えて，決定で行うことができるものとして手続の迅速と簡易を図ったものである。

(4) 破産手続における債権者

① 債権者集会

旧破産法では，債権者集会の開催は必要であったが，現実には債権者集会への出席率は低く，届出債権者の10％前後といわれていた。破産の場合には，配当率も低く，債権者の中心である金融機関が関心を持たないからである。また，最後の債権者集会では出席者皆無のことが常態となっていた。私的整理では，債権者がイニシアティブを握り，債権者委員会を組成することと対照的である。

このため，新破産法では，破産債権者が多数で集会の開催が困難な場合には，裁判所が開催しないことができるものとし（新破産法135条），併せて書面投票も可能とした（新破産法138条）。

債権者集会は，集会の期日ごとに成立する債権者の事実上の集合体であり，手続の進行についての情報を開示し，それを基礎として重要事項にかかる意思決定の機会を提供し，多数の債権者の意見をまとめてその

第2章　倒産法各論

		債権者集会
破産手続	新破産法135条	裁判所が指揮する決議機関。債権者集会のほかに債権者委員会が新設された。
特別清算	商法439条	清算の実行上必要な場合に清算人が召集する決議機関。
再生手続	民事再生法114条	再生手続では、債権者集会のほかに、債権者説明会（規則61条）、債権者委員会（法118条）がある
更生手続	関係人集会（会社更生法114条）	
会社整理	なし	

共同の意思を破産手続に反映させるための機関である。

② 債権者委員会と監査委員

　新破産法は，従来なかった「債権者委員会」制度を設けている。これは民事再生法における債権者委員会制度を破産法に導入するものである。ちなみに，改正会社更生法も更生債権者委員会を新設している。

　明治破産法は債権者の意見を反映させる機関として，フランス法にならって破産主任官の制度を設けていた。旧破産法は明治破産法の破産主任官が管財人に対する一般的監督を行うこととされながら，現実には破産債権者の利益を十分に保護することができなかったという反省からこれを廃止して，監査委員制度を導入した。監査委員制度は債権者自治原則に基づいているということができ，破産債権者の利益を守るため，破産管財人の職務執行を監督，補助する機能，すなわち，破産財団に関する報告の請求，破産財団の状況の調査，破産管財人の報告書に対する意見，債権者集会の召集の申立てを行うこととされていた[178]。しかし，

---
(178) 特別清算については，「債権者集会は監査委員を選任することを得」（商法444条1項）とあるが，実際に選任されることはまれである。また，裁判所が精算人等の申立てによりまたは職権で，会社の業務および財産の検査を命ずることが

新破産法は旧破産法にあった監査委員制度を廃止したものである。これに伴い，旧破産法が監査委員の同意を要するとしていた事項を，裁判所の許可事項として裁判所の監督権の行使により管財業務の適正な処理を図ることとし，また，債権者の意思を破産手続に反映するために，民事再生法にならって，債権者委員会制度を設けた（新破産法144条）。

```
明治破産法      旧破産法      新破産法
破産主任官  ─→  裁判所   ─→  裁判所
            監査委員        債権者委員会
```

旧破産法のもとで監査委員が置かれることはまれであった[179]。これについて，高木教授は「旧破産法は監査委員を置くのを本来の建前としていたが(旧破産法170条以下，197条，198条)，それをおくかどうかを決める第1回債権者集会において，破産裁判所がこれを置かない方向に誘導しており，実際にもここ数十年の間監査委員が置かれた例を聞かない」と記している。

　　でき，この場合には裁判所は検査役を選任する（商法452条）。会社整理について，商法上は整理実行のために，裁判所は整理に関する立案および実行の命令（商法386条1項4号）を行い，必要があるときは，整理委員を選任することができる（商法391条）。また，裁判所が会社の業務および財産の検査の命令（商法386条1項3号）を行ったときは，検査役を選任する(商法388条)。改正会社更生法は，債権者委員会を設けている（同117条）。民事再生法は，監督委員（同54条），調査委員（同62条）を設けている。監督委員は任意であるが，再生手続開始の申立てがあると，東京地裁は通常弁護士の中から選任している。これは濫用的な申立てを防ぐ趣旨であり，また民事再生法はDIP型の倒産手続を認めているので，管財人が選任されないDIP型の場合，監督委員は必須である。したがって民事再生では管財人の選任は例外的な場合に限られる。監督委員は，開始要件の存否の調査，再生債務者の常務外の行為の監督，開始前の行為の共益債権化の承認，会計帳簿の調査，許可要件に関する意見具申，否認権の行使，再生計画の履行の監督を行う。実際には監督委員が会計士を補助役として使って行う例が多いので，調査委員の選任の例は少ない。

(179)　高木新二郎『新倒産法制の課題と将来』（商事法務，2002）24頁。

第2章　倒産法各論

　旧破産法の下で監査委員が利用されなかったのは，監査委員は3人以上選任する必要があり（旧破産法171条1項），監査委員に支払うべき報酬（旧破産法175条は166条を準用）が破産財団の負担となること，裁判所の監督権の行使により管財業務の適正を保つことは十分可能であること，一部の債権者により自らの利益を不当に実現するために制度を濫用するおそれがあること，監査委員内部で意思の一致をみるのに時間がかかり，破産手続の迅速な処理が損なわれる可能性があることなどであった。

(5)　旧破産法と新破産法

①　主要な改正点

　新破産法では，破産手続全体の見直しとして，手続を迅速化し合理化するために，管轄裁判所の拡大，債権者集会の召集の任意化，破産債権の届出，調査および確定の合理化，破産管財人の換価権限の強化，配当手続の迅速化合理化が図られ，次に手続全体の公正さの確保として，事件に関する文書の閲覧等制度の整備，保全処分の拡充，説明義務（破産者の説明義務）の強化，債権者委員会制度の導入，損害賠償請求権（破産法人の理事・取締役の経営責任）の査定の制度の導入が行われている。
　次に，個人の破産・免責の制度については，自由財産の範囲の拡大，破産手続と免責手続の一体化，免責手続中の個別執行の禁止，免責不許可事由等の調査に対する破産者の協力義務，非免責債権の拡大を挙げることができる。倒産実体法については，賃貸人破産の場合の賃借人の保護の強化，租税債権の一部の破産債権化（現行法では租税債権はすべて財団債権となるが，破産手続より一年以上前に納付期限が到来した租税債権は優先的破産再建にとどまるものとした），労働債権の一部の財団債権化（現行法では，破産手続開始前の原因に基づく労働債権は優先的破産債権にとどまるが，新破産法では，破産手続開始前3ヶ月間に生じた給料の請求権，退職手当の請求権のうち退職前3ヶ月間の給料に相当する額を財団債権としている），否認権の行使の対象となる行為を財産減少行為と偏頗行為に分

類し，各要件を設定するなど否認制度の明確化，相殺制限の対象の明確化などの改正を行っている。

② 強制和議の廃止

旧破産法の制度で新破産法では廃止されたものとして，「強制和議」がある。これはいったん破産手続に入った場合にも，最後のチャンスとして再生の機会を与える制度であった。同制度が廃止された理由は，同制度が旧和議法上の和議手続と基本的に同じ構造で，旧和議法が廃止されて，民事再生法に基づく再生手続が多く利用されるに至ったこと，同制度がほとんど利用されなかったことである。同制度の利用例としては，虫プロ商事事件がある[180]。同社は鉄腕アトムなどで有名であったが，昭和48年8月に手形の不渡を出して倒産し，旧破産法上の強制和議によって再建された。負債は約4億円であり，同社幹部，弁護士は再建型の任意整理を目指すこととしたが，一部債権者の同意を得られず，破産を宣告された。同社の事件を担当した河合弁護士は「結論からいうならば，強制和議は会社再建の方法としては最悪のものである」，「強制和議は，法律，破産会社に与えた，最後の，かつ最も困難な再建のチャンスである」と述べている。

2 再建型の倒産手続

(1) 再生手続

① 旧和議法と民事再生法

現行の民事再生法は従前の和議法に替わるものとして制定され(民事再生法附則12条)，平成11年（1999年）に公布，平成12年（2000年）4月1日

---

[180] 河合弘之「虫プロ商事の倒産から債権までの顛末──ある強制和議事件」NBL87号（1975）12頁参照。

に施行された。

　民事再生法による再生事件は，年間2万件程度に達しているが，破産と同様にほとんどは個人の再生事件であり，会社など法人の再生事件は少ない。それにしても旧和議法の時代には和議事件はほとんどなく，1990年の東京地裁の和議件数はわずか2件であったという。上述したように，平成8年（1996年）に法務大臣は倒産法制全体の見直しを諮問し，法制審議会の下に倒産法部会が設けられたが，バブル崩壊後の長びく景気低迷を前にして，とくに中小企業の再建型倒産手続が緊急であるとされ，利用されることの少なかった旧和議法に代わって，新たな再建型倒産法制の制定が急がれたのは，こうした旧和議法の手続に使いにくさがあったためである。

● コラム 14 ●　　旧和議法の問題点

　倒産法として大正11年以来の歴史を有する旧和議法にはどのような問題点があり，なぜ旧和議法は廃止され，民事再生法が制定されたのだろうか。

　旧和議法について，高木教授は「倒産はパニックであるから，秩序だった倒産処理を行い，債権のための道筋をつけるためには，まず取付け騒ぎを鎮静化しなければならず，そのためには一般的保全処分は不可欠である」のに，「東京地裁民事20部は長い間この保全処分を出さなかった」と述べている[181]。また，「例外的にあった濫用事例に過剰反応して，また和議で決めた延べ払いが実行されなかった案件に対する非難に必要以上に責任を感じすぎて，裁判所が窓口を閉めてしまったことにある。その結果，多くの倒産処理を，整理屋や事件屋が介入し，不正が行われやすい私的整理に追いやってしまった。これは，何度も繰り返すようだが，羊をオオカミが群がる荒野に放ったようなもので罪深いことであった」としている[182]。

---

(181)　高木新二郎『新倒産法制の課題と将来』（商事法務，2002）75頁。
(182)　高木新二郎『企業再生の基礎知識』（岩波アクティブ新書，2003）136頁。また，高木教授は「保全処分の濫用を防ぐことを理由に保全処分発令にはきわめて

旧和議法の問題点としては、会社更生法のような担保権に対する制約がないこと、和議履行確保の制度が不十分で、和議条件が認可されると手続が終了し、その履行について監督が働かないこと、和議可決要件が厳しく（旧和議法49条）、和議開始要件は破産原因の存在であるが、悪化した時点で手続を開始しても遅きに失しており、再建の見込みは低く、また、和議手続開始の申立てのときに和議条件（和議計画案）を要し、迅速な申立てができないこと、整理委員と管財人が重複し、役割分担が不明確であること、否認権制度がないこと、債権確定手続がなく、債権表の記載に執行力がないこと、和議手続開始決定後に挫折した場合には、破産移行が必要的であったこと（旧和議法9条）、共益債権の制度がないので、債務者は手続申立てすると信用供与を受けられなくなること、などが挙げられていた。

裁判所が和議の濫用事例に過剰反応して和議の窓口を必要以上に狭め、整理屋の介入しやすい私的整理に追い込んでしまったようである。裁判所が保全処分の濫用を防ぐために、厳しい書面審査、債務者代表者本人の審問、総債権額の二分の一以上の債権者の同意を2、3週間以内にとることなど弁済禁止の保全処分の発令要件を厳格に絞り込んだ。民事再生法とともに原則と例外が転換された。一方、関西では（暴力団系整理屋が多かったので）裁判所が運営を正確に行ったが、東京では私的整理が増えてしまった。破産者の汚名を来たくない債務者、明日の10より今日の5を選ぶ債権者、予納金が惜しい債権者、経営者の実質的な責任を追及したい債権者、経営者の座を追われたくない破産会社の役員、会社更生に巻き込まれたくない担保債権者が私的整理に向かったようである。

② 民事再生法の特徴

再生手続は、破産手続と異なり、破綻した個人、法人を再生・再建する手続であり、同じ倒産手続でも破産とは異なる点が多い。一つは、債務者の財産の換価処分と配当手続がないことである。その代わりに、債権者の同意を得て債務者を再生させる計画（再生計画）を作成し、これを実行させることになる。この再生計画において債権者に対する返済の金

額，時間的猶予，再生のための資産の売却などが決められる。なお，再生債務者の営業の譲渡は，再生計画の中でなくても裁判所の許可があれば再生計画の前でも行うことができる。

(a) 手続開始原因の緩和

　破産手続の開始原因は，前述のとおり「債務者が支払不能にあるとき」(新破産法15条1項)，「債務者が支払を停止したときは，支払不能にあるものと推定」され (新破産法15条2項)，さらに法人の債務者については支払不能に加え，債務者が，その債務につき，その財産をもって完済することができない債務超過の状態にある場合である(新破産法16条)。旧和議法も，和議手続の開始原因を「破産の原因たる事実ある場合においては債務者は和議の申立てをなすことを得ただし法人にありては理事またはこれに準ずべきものの一致あることを要す」(旧和議法12条1項)としていた。

　これに対して，民事再生法は，再生手続の開始原因として「債務者に破産の原因たる事実が生ずるおそれがあるときは，債務者は，裁判所に対し，再生手続開始の申立てをすることができる」とし，「債務者が事業の継続に著しい支障をきたすことなく弁済期にある債務を支払うことができないときも，同様とする」と定めている(民事再生法21条1項)。すなわち，再生手続開始原因は破産手続開始原因に至る「おそれ」のある時点であり，再生手続開始は，破産原因事実が生じる前に可能である。

　ちなみに，旧会社更生法30条1項は更生手続の開始原因を「事業の継続に著しい支障をきたすことなく弁済期にある債務を弁済することができないとき」，「会社に破産の原因たる事実の生ずる虞があるとき」として，改正後の会社更生法17条1項も「破産の原因となる事実が生ずるおそれがあること」(1号)，「弁済期にある債務を弁済することとすれば，その事業の継続に著しい支障をきたすおそれがある場合」(2号)と規定している。

　なお，民事再生手続の開始の申立てが認められない場合がある。費用の予納がないとき，再生債務者につきすでに破産手続，会社整理手続，

特別清算手続が係属し，その手続によることが債権者一般の利益に適合する場合（清算価値保障原則），再生計画案の作成，可決，再生計画の認可の見込みのない場合，不当な目的で開始申立てがなされた場合（誠実になされたものでない場合）には民事再生手続の開始の申立てを棄却することとされている。

(b) デッター・イン・ポセッション（DIP）（占有継続債務者）

破産手続では，裁判所が破産管財人を選任し，債務者は自分の財産の処分権限を失い，破産管財人が処分権限を得ることになる。会社更生法の更生手続も基本的には更生管財人が更生債務者の財産の処分権を把握して，更生債務者[183]は財産を処分することができない。ところが民事再生法38条1項は「再生債務者は，再生手続が開始された後も，その業務を遂行し，又はその財産（日本国内にあるかどうかを問わない。第66条及び第81条第1項において同じ。）を管理し，若しくは処分する権利を有する」と定めている。再生手続が開始されても，債務者は財産管理処分権

慎重となってしまった。保全処分発令の前提として，和議の可決要件である総債権額の4分の3以上の債権を有する債権者の和議条件に対する同意書の提出を要求したのであった。混乱を未然に防ぎ秩序だった倒産処理をするために，和議の申立をなし，一般的保全処分の申立をしたのに，保全処分を求めるならば無防備のままで事前に倒産の事実を公表して，大多数の債権者から同意書を徴して提出するよう求めたのであった。これは債務者代理人に対してほとんど不可能を強いるものであった。法の力に頼ることなく自力で混乱を鎮められるのであれば，和議手続によるまでもなく最後まで私的整理で処理することができたし，倒産直後の取付け騒ぎを防ぐことができれば，その後は裁判所に頼らずに，私的整理で進めたほうが迅速で融通が利く処理ができたのであった。こうして当時の東京地裁民事20部は，債務者代理人弁護士の多くを私的整理に追いやってしまった」と裁判所の対応を批判している（高木新二郎『新倒産法制の課題と将来』（商事法務，2002）75頁）。保全処分の濫用とは支払手形の不渡を免れるための手段として支払禁止の仮処分を申し立てることなどを指す。

(183) ここで，再生債務者とは個人の場合には債務者本人であるが，会社の場合には実質的には従来の経営者を意味する。

や事業経営権を失わないが，裁判所は監督委員を選任して，再生債務者の一定の行為についてはその同意を要求している（民事再生法54条）。このような特殊な地位にある再生債務者を，アメリカ連邦倒産法に倣って，デッター・イン・ポセッション（Debtor in Possession，またはDIPまたは占有継続債務者）と呼ぶ。

　民事再生法は，企業の清算を目的とする破産とは異なり，企業または事業の再生を図る手続を定めるものであるから，仮に従来の経営者に経営能力の点などで特段の問題ないと考えられる場合，再生債務者の事業内容をだれよりもよく知っているはずであるから，引き続き再生債務者に処分権限を認めたほうが再生の実を挙げるのに好都合な場合がある。経営が破綻しそうな企業にはメイン銀行などが経営者を送り込むことがある。送り込まれた新経営者が民事再生法の適用申請をすることがあるが，この経営者には業態悪化の責任はないのであるから，そのまま経営に当たらせて，建て直しを図らせたほうがよい。これもDIPが有効な場合のひとつである。このような企業再建のために送り込まれる経営者をターン・アラウンド・マネージャーまたはターン・ラウンド・マネージャーと呼ぶ[184]。従来の経営者がそのまま残って，経営の建て直しのために事業の一部を売却するような場合，引き続き営業譲渡先を探すことができ，経営が一時的に中断することを避けることができる[185]。たとえば，マイカルの例ではメインバンクの意向に反して社長を解任したあと選任された社長は，マイカルの現況を承知している従来の経営者が残った方が早期の再生を果たせる，再生手続の方が更生手続よりも手続が迅速なので，企業資産が劣化しない，店舗が重複しているイオンを提携相手とすると大幅なリストラが必要になるが，ウォールマートが相手であれば店舗の重複はなく維持できる，などを理由に民事再生法の適用の申請す

---

(184)　わが国では，事業再生実務家協会が組織されている。http://www.turnaround.jp を参照。

(185)　民事再生法42条は，再生計画外での裁判所の許可による営業の譲渡を規定し，同43条は，営業譲渡が事業の継続に必要である場合，株主総会の特別決議

ることにした。

　しかしながら，再生債務者が引き続き処分権限を有し，再生債務者の経営者が引き続き経営に当たることができるとすると，経営能力に問題があり，その誤った判断によって企業が破綻に陥ったような場合も，経営者が居座りを続けるために，破産ではなく民事再生を望み，会社更生よりも民事再生を望むことにもなりやすい[186]。再生債務者の財産管理などが失当であるときには，例外的に管財人が選任されることとされている（民事再生法64条）。

　DIP型の場合，再生債務者は公平誠実義務を負う（民事再生法38条2項）。破産手続の破産管財人は，善良なる管理者の注意義務（善管注意義務）を負うものとされているが，再生債務者の公平誠実義務は善管注意義務とは異なるものとされ，債権者を平等・公平に扱う義務と債権者の利益を害して，再生債務者が自らの利益を図ってはならないという誠実義務の二つから構成されているとされている。

・財産価額の評定

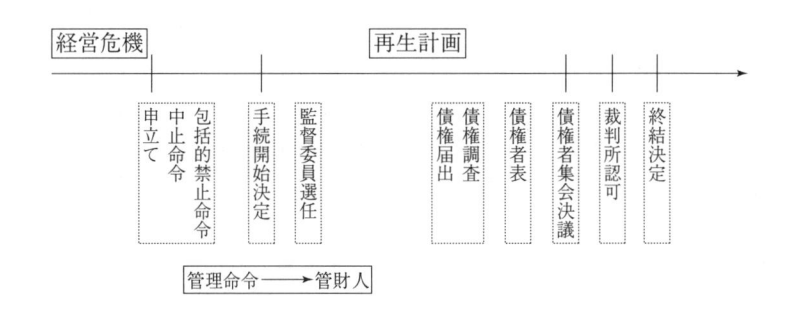

```
経営危機                        再生計画
  │                              │
  ├申立て                        ├債権届出
  ├包括的禁止命令                ├債権調査
  ├中止命令                      ├債権者表
  ├手続開始決定                  ├債権者集会決議
  ├監督委員選任                  ├裁判所認可
                                 └終結決定
      管理命令 ──→ 管財人
```

（商法245条1項）を要せず，裁判所の許可で代替されることとしている（代替許可）。これは，否認リスクと株主総会での承認リスクを回避する。
(186)　伊藤眞「再生債務者の地位と責務（上）」金法1685号12頁。

(c) 開始決定前の保全処分

　民事再生法はアメリカ連邦倒産法のチャプター・イレブン手続を参考にしている。チャプター・イレブン手続では，倒産手続の開始が決定されると債権者による担保権の実行，民事執行などの手続が自動的に停止される（automatic stay）。民事再生法は，チャプター・イレブン手続を参考にしながらも，自動停止制度を採用せず，中止命令などの裁判所の決定を要するものとしている。

　民事再生手続の開始の申立てをしてから，手続開始命令が出るまでの間，民事再生法では短縮されたが，それでも時間を要する。このために，申立て後，開始決定までの間，保全措置をとる必要がある。手続の申立てから開始までの間，債権者は少しでも債権を回収しようとするし，債務者も偏頗行為や財産を減少させるようなことを行いかねない。このために債務者の財産保全の制度を整備した。

　とくに棄却事由がなければ早期に再生手続開始決定するが，開始決定まで時間を要する場合には保全処分が利用される。これは利害関係人の申立てまたは職権により裁判所が決定をもって命じている。東京地裁では直ちに開始決定しないときは，再生債務者からの申立てがあり，濫用的であるという疑いがない場合には，開始申立ての当日に弁済禁止保全処分を発している。

　開始前の保全処分としては，他の手続の中止命令（民事再生法26条），担保権の実行中止命令（同31条）と包括的禁止命令（同27条）がある。

　他の手続の中止命令は，破産，会社整理，特別清算，強制執行，仮差押え・仮処分，民事留置権による競売，財産関係の訴訟，仮差押え・仮処分その他の保全処分などの中止を命じる処分をいう。

　また，民事再生法では，担保権は別除権であるから手続外で実行することができるが（同53条），担保権を実行すると事業の再生ができないような場合には，再生手続を申し立てた債務者は裁判所に担保権の実行の中止を申し立てることができる（同31条1項）。これは，民事再生法では担保権の消滅請求の制度を設けているが，担保権消滅請求の交渉には担

保権実行を停止させる必要があるので，設けられたものである。

また，包括的禁止命令は，多数の強制執行が予定される場合，個々の強制執行に対する中止命令では間に合わないので，包括的禁止命令によってこれを中止させるものである。

(d) 別除権と担保権消滅請求

民事再生手続では，破産法と同じく，担保権は基本的に別除権として扱われる。この点は，民事再生法と並ぶ再建型の倒産手続である会社更生法において，担保権を有する債権者については更生担保権として手続に取り込まれることと対照的であり，再建型手続である民事再生と会社更生を使い分ける場合の判断の基準となっている。

再生手続において，債権者としては担保権を実行すればすぐに回収を期待できるが，満額の満足を期待できるとは限らない。担保権を実行しないでおけば，すぐには債権を回収できないが，将来債務者の業績が回復すれば，満額の満足を得られるかも知れない。さてどちらを選ぶかということになる。不可欠な資産の上に担保権が設定されていると民事再生法では別除権があるので，再生手続外で権利行使される可能性があるが，これが処分されては再生そのものが不可能になる場合がある。このために設けられたのが担保権消滅請求制度である（民事再生法148条）。ただし，このためには別除権者との個別に協定を結ぶ必要が生じる。その財産が再生債務者の事業の継続に不可欠であるときは，再生債務者は裁判所の許可を得て，その財産価額に相当する金銭を裁判所に納付して，その財産上のすべての担保権を消滅させることができる。担保権者はこれに対して即時抗告ができ，また価額に異議があるときは1ヶ月以内に価額決定の申立てを行うことができる。裁判所はこの場合，評価人を選んで財産評価を命じる。

再生手続が開始されると，破産，強制執行などの他の手続は当然に中止され（民事再生法39条），裁判所の許可を得れば，全債権者または債権者委員会の意見を聞き，再生計画を作成する前に営業譲渡が可能である

(同42条)⁽¹⁸⁷⁾。

(e) 再生手続における否認権

破産法では，管財人が行使し，行使の費用と労力が結果に較べて不釣合いに大きい場合，その行使を控えることがあるが，それ以外には破産管財人は積極的に行使する。一方，民事再生では，否認権は裁判所の個別の授権に基づき監督委員が，また管理命令により管財人が選任された場合には管財人が行使する。

監督委員は認可決定確定後3年間を経過すると地位を失う(民事再生法188条2項)ので，それまでに否認権の存在が確定できる見通しがない場合，行使を差し控える。否認権を行使すると債権者からの同意を取り付けにくくなる。この点も債権者の協力を得ながら進める再生手続の特徴を示している。

裁判所の監督委員への否認権の権限付与の判断基準は，総債権者の意向，認可決定後3年以内に判断確定の見込み，経済的負担能力とされている。

民事再生法における否認の制度は破産法の否認とほぼ同じである。新破産法の制定に伴う関係法律の整備によって，民事再生法の否認の規定も改正された。改正前の民事再生法は，旧破産法と同様に，故意否認(改正前の民事再生法127条1項1号)，危機否認(同127条1項2号，3号，4号)，無償否認(同127条1項5号)，対抗要件の要件の否認，執行行為の否認，手形支払いの特則，危機否認の除斥期間，転得者に対する否認を設けていた。改正後の民事再生法は，新破産法と同様に，これらを整

---

(187) 民事再生法では，再生計画が認可成立する前に，営業譲渡を行なうことが認められている。これは会社更生法の改正で更生手続でも認められた。債権者の合意という再生計画の認可前に資産を売却することはそれ自体では速やかな再生には不可欠であるが，一方，民事再生手続はDIP類似型であるから，従来の経営者がそのまま再生会社の経営に当たることになり，経営者が資産を安価で売却し，買い手からキックバックを受ける，すなわち会社の資産内容を悪化させ，最終的には債権者の負担を重くしながら，個人としては利益を得るということもできないではない。この点で裁判所の監督が必要とされる。

理して，改正後の民事再生法127条で財産減少行為に対する否認，同127条の3で偏頗行為に対する否認を定め，さらに同127条の2で財産減少行為のうち相当の対価を得て行った行為についての否認を規定した。また，否認の対象となる行為が行われた時期についても，新破産法と同様に，財産減少行為については「支払の停止または破産手続開始の申立てがあった後」（改正後の民事再生法127条1項2号）とし，偏頗行為については「支払不能になった後または破産手続の開始の申立てがあった後」（同127条の3第1項）として，二つの行為について危機時期の定義を分けている。

また，民事再生法では否認権の行使を訴えまたは否認の請求によって行うこととしている（民事再生法135条1項）。これは再生手続では管財人が選任されず，DIPで監督委員が選任される場合，否認権の行使は監督委員が行なうが，監督委員には再生債務者の財産の管理処分権がないことによる制約から設けられたものである。

(f) 再生手続の機関

再生手続は基本的に再生債務者が財産の処分権を保持するDIP型の手続であるが，再生債務者による処分等が適正に行われるようにこれを監督する機関等が設けられている。

・監督委員

破産手続では，旧破産法の下で監査委員制度が設けられていたが，ほとんど利用されず，このため新破産法ではこれを廃止した。再生手続では，たとえば東京地裁は申立てがあるとほぼすべて監督委員を選任し，監督命令を発している。これは，破産手続が原則として破産管財人によるものであるのに対して，再生手続が原則としてDIP型であるために，再生債務者の事業などを監督する必要があるからである。監督委員は，裁判所が指定した一定の行為に関する同意権限の行使を手段として，再生債務者の事業及び手続遂行を監督する機関である。その監督の対象と

しては，開始要件の存否の調査，再生債務者の常務外の行為の監督，開始前の行為の共益債権化の承認，再生債務者の会計書類の調査，認可要件に関する意見具申，否認権行使（権限付与が前提），再生計画の履行監督などがある。

監督委員とは別に民事再生法は，調査委員制度を設けている (民事再生法62条)。しかし，監督委員は調査機能ももっているために，調査委員を設ける例は少なく，専門家による調査が必要な場合に，公認会計士や税理士などが調査委員として選任されている。

・債権者集会

債権者集会は原則として任意であるが，再生債務者・管財人，債権者委員会，総債権額の十分の一以上の債権を有する再生債権者の申立てがある場合，再生債務者から提出された再生計画案を書面決議に付さない場合には，裁判所は債権者集会を召集しなければならないとされている (民事再生法114条)。

・債権者説明会

再生債務者は債権者説明会を開催できるとしている(民事再生規則61条)。これは任意であるが，債権者の理解がなければ再生は困難なのであるから，説明会を行うべきであるとされている。また主体はあくまでも再生債務者である。あまり債権者は関心を示さない。

・債権者委員会

民事再生法は，債権者集会の開催を任意とする一方，債権者委員会の制度を設けている (民事再生法117条)。任意の機関である。再生手続に直接の利害を有する債権者に意思を反映させる場を提供するものである。裁判所は，一定の要件を満たす場合に債権者委員会の関与を認めることとしている。

委員たる債権者の数が3人以上10人以内，再生債権者の過半数が再生手続への関与に同意している，委員会が再生債権者の全体の利益を適切

に代表していることを要件とする。

　営業譲渡に関する意見陳述，債権者集会の召集申立て，再生計画の履行監督，一般的な意見陳述であり，債権者委員会は任意（従来の倒産手続にはない）であり，裁判所の裁量によることも可とされているが，現実にはほとんど設けられたことがない。

・管財人
民事再生法は，原則としてDIP型で，再生債務者自らが手続を遂行することとされており，管財人が選任される例はまれであるが，債務者の業務遂行等が適当でない場合には，手続開始のときまたはその後に，再生債務者の業務及び財産に関して管財人による管理を命ずる処分（管理命令）を発する（民事再生法64条）。

　その結果再生債務者の業務遂行権と財産管理処分権は管財人に専属する。管理命令の発令は再生債務者が法人の場合に限る。自然人の場合，事業者でなければ管理命令の必要がなく，事業者の場合にも債務者の再生への配慮から再生債務者の財産から生活資産を管財人の権限の及ばぬところに除外することが絶対の前提である。

・保全管理人
　法人である再生債務者について申立てから決定までの間に，業務遂行件管理処分権を行使して事業を継続する機関である（民事再生法79条）。

● コラム 15 ●　DIPファイナンス

　民事再生法の特徴は，新たに発生した売掛金や新たに融資された貸金債権の保護を厚くした点にある[188]。また，開始決定が下りずに破産に移行して

---

(188)　DIPファイナンスは必ずしもアメリカだけの制度ではなく，たとえば，フランス倒産法40条は倒産手続開始判決以降の債権者，とくに事業の継続のために融資を行なう銀行を有利に扱うこととしており，実質的にそれ以前の債権者の担保権は損なわれかねない。倒産手続は歴史的に，倒産債務者に対する制裁としての手続から事業の再生のための手続に移行しているが，このような融資を認める

も，他の破産債権に優先して弁済されることとされている。

　再生債務者のファイナンスについて民事再生法は規定を設けている。再生手続の開始を申し立てると，裁判所による弁済禁止の保全処分が命じられるので，債務者にとっては資金繰りは楽になる（出る方は抑えられ，入る方は従来どおりである）が，一時的な資金不足に陥ることがある。このため，再生債務者に対するファイナンス，すなわちDIPファイナンスが必要になる。民事再生法120条は，申立て後開始決定前であっても裁判所の許可または監督委員の承認があれば，債務者の業務に関する借入金を共益債権とすることができるとし，さらに，民事再生法119条は，開始決定後，裁判所の許可や監督委員の同意を要する行為として指定されない限り，開始決定後の通常の取引によって発生した再建は裁判所の許可や監督委員の承認を得なくても自動的に共益債権となるとした。共益債権は再生手続によらないで弁済されるので（民事再生法121条1項），一般債権に比べて圧倒的に優先的な弁済が認められる。アメリカの倒産処理では，債権者にフローティング・リーエン（浮動担保）が認められ，代金（プロシーズ）に対する追求効があるが，わが国にはアメリカ法上のリーエンは存在せず，したがって商品を売った債権者の債権には追求効もないので[189]，再生債務者の資金調達について何らかの手当てが必要とされて

ことによって倒産債務者の再生を容易にしているのである。
（189）　DIPファイナンスは，1980年代にアメリカで生まれたファイナンスで，連邦倒産法チャプター・イレブンの手続では自動停止があり，新たな融資は優先債権となる。DIPファイナンスの貸し手は回収の優先度や担保権で優遇される。①裁判所の許可なしにDIPは通常業務の過程で無担保の与信を受けることができ，この与信は管理費用（共益債権）として，申立て前の一般無担保債権よりも優先する。②DIPは裁判所の許可を得て，通常業務外でも無担保の与信を受けることができ，これも管理費用となる。③これらの与信を受けることができなかった場合，DIPは裁判所の許可を得て担保付与信を受けることができる。この担保物件は担保権がついていない資産，ついている場合には既存の担保権に後順位となる。この与信には他の管理費用に優先するスーパープリオリティが認められる。④以上のいずれも得られなかった場合，裁判所の許可を得て，既存担保権のついている担保物件に対し，先順位または同順位の担保権を設定することができる。DIPファイナンスは担保価値に着目するのではなく，キャッシュ・フローに着目する。

いたのである。

　なお、再生計画の認可決定が確定すると再生手続は終結決定がなされる。監督委員が3年経過後に任期が終了すると再生手続は終結する。この間の新規貸付は共益債権となる。再生手続終後は通常の貸付となる。

　民事再生から破産手続に移行した場合（再生手続開始申立て棄却、手続廃止、再生計画不認可、計画取消しの決定の確定による裁判所の破産手続開始決定）（牽連破産）には、共益債権は財団債権となる（民事再生法250条1項）。

　会社更生法では裁判所の許可を受け、保全期間中に融資された資金は、開始決定があれば過去の債権に優先して支払われる共益債権となるが（会社更生法128条）[190]、開始決定がなく破産に移行すると他の破産債権と同様に扱われる。この点が会社更生と民事再生の大きな違いである。

　では、なぜ倒産した会社に新たに融資するのだろうか。倒産した企業がまず直面する困難は当面の資金繰りである。資金は会社の血液であるから、血液が体に回らなくなってしまうと、そこから腐敗してくる。たとえば、日本政策投資銀行（旧日本開発銀行）のサイトでは「DIPファイナンスとは、米国において再建型倒産手続きである連邦倒産法第11章手続(チャプター11)に入った企業（占有継続債務者）に対する融資のことを指しますが、日本においては、再建型倒産手続きである民事再生法、会社更生法の手続き申立後、計画認可

---

[190]　会社更生手続の開始申立て後の保全管理命令と融資について、大阪高裁昭和56年12月25日判決（百選第3版第13事件）がある。これは、ゴルフ場を経営する日興観光株式会社に対して債権を有する者が、同社について更生手続開始の申立てを行った。裁判所は保全管理命令を発し、保全管理人が選任され、その旨登記された。一方、同社の代表取締役が保全管理人の知らない間に、従業員の給与支払資金として、ある個人から1,000万円を借入れた。その後、更生手続開始決定が下され、保全管理人が引き続き更生管財人に選任された。同氏は貸付金1,000万円を更生債権として届け出たが、更生管財人がこれに異議を申立てた。大阪高裁は保全「管理命令は登記すべき事項であるから、保全管理人は、商法第12条に基づき、管理命令の登記がなされたときは、これをもって善意の第三者に対抗することができ」るとした。

決定前までの融資をDIPファイナンスと称します。民事再生法等申し立てた倒産企業は、申立直後から計画認可までの期間において、運転資金を調達できずに（自社倒産のため、取引先である優良企業の手形を持っていても銀行がその割引に応じないなど）、事業の継続が困難となることがあります。このような場合において、この事業の価値を維持させるために、一時的な運転資金を速やかに融資することが典型的なDIPファイナンスです」と説明している[191]。

もちろん破綻した企業に対する融資であるから健全な企業に対する場合に較べてリスクが高く、このリスクを反映してマージンは高めに設定される。日本のDIPファイナンスの第一号は、2001年3月倒産（民事再生法適用）のフットワークエクスプレスであるとされている。負債総額は1,954億円、運送業の規制緩和による新規参入の影響で売り上げが減少し、決算を粉飾している。このDIPファイナンスは日本政策投資銀行（開銀）が供与し、売掛債権担保で20億円の融資枠を設定し、市中銀行との協調融資で7億円を実行した。

(2) 更生手続

① 民事再生法と会社更生法

会社更生法は、戦後昭和27年にアメリカの連邦倒産法にならって制定され、それから約50年を経て、平成14年に抜本的に改正され、平成15年4月1日に施行された。

更生手続は、株式会社に破産の原因が生じるおそれがある場合、一定株数・債権額以上の株主または債権者が申立てる手続で、裁判所は必要があれば保全管理人を選任して、債務者の業務や財産を調査させることができるものとしている。更生手続の開始決定があると、会社の経営、財産の管理処分権は更生管財人に移り、取締役の権限は原則として失われるが、取締役の地位は失わないので株主総会召集などの会社組織法上

---

[191] http://www.dbj.go.jp/japanese/revitalise/kaisetu.html を参照。

の権限は残る。

　更生手続は，更生会社について再建のための更生計画を策定し，これを履行するものであるが，更生計画の内容は公正，衡平で遂行可能なものでなければならない(会社更生法199条2項)。改正後の現行会社更生法は，168条1項で「次に掲げる種類の権利を有する者についての更生計画の内容は，同一の種類の権利を有する者の間では，それぞれ平等でなければならない。ただし，不利益を受ける者の同意がある場合又は少額の更生債権等若しくは第136条第2項第1号から第3号までに掲げる請求権について別段の定めをしても衡平を害しない場合その他同一の種類の権利を有する者の間に差を設けても衡平を害しない場合は，この限りでない」として，旧会社更生法と同様に更生担保権，一般の先取特権その他一般の優先権がある更生債権，一般の更生債権，株式を挙げ，さらに同3項で「更生計画においては，異なる種類の権利を有する者の間においては，第1項各号に掲げる種類の権利の順位を考慮して，更生計画の内容に公正かつ衡平な差を設けなければならない。この場合における権利の順位は，当該各号の順位による」と定めている。すなわち会社更生法は，(1)株主を手続の中にとりこんでいること，(2)利害関係者間に差を設けることを予定しており，この点で破産手続，再生手続と異なっている。

　会社更生法は平成14年に抜本的に改正されたが，主要な改正点は，手続の開始要件を緩和したこと，属地主義の規定を削除したこと (旧会社更生法4条)，管轄裁判所を拡充したこと，関連する会社の事件の一体的処理を可能にしたことなどである。

　旧会社更生法30条は，更生手続開始の要件として「事業の継続に著しい支障をきたすことなく弁済期にある債務を弁済することができないとき」と「会社に破産の原因たる事実の生ずる虞があるとき」を挙げていた。改正会社更生法17条1項も基本的には同じ規定であるが，旧会社更生法38条5号は「更生の見込みがないとき」には開始の申立てを棄却することとしていたが，改正会社更生法41条1項3号は「事業の継続を内容とする更生計画案の作成若しくは可決の見込み又は事業の継続を内

容とする更生計画の認可の見込みがないことが明らかであるとき」と改められて，改正法は更生手続開始の申立てを棄却する場合を狭めている。これは，旧会社更生法では，更生手続の開始の決定はある意味では，裁判所は更生が順調に行くことを認めたものと理解されていたので，裁判所は慎重にならざるを得ず，これが更生手続の開始を遅らせる要因になっていたためであり，これを明らかに更生計画が認められないような会社の場合には認めないというふうに，棄却のケースを絞り込んだので，裁判所が更生手続の開始を決定したからといって，必ずしも更生が保障されたことにはならず，裁判所も判断がしやすくなったといえる。

　また，更生裁判所について，旧法は本店の所在地，新法は原則として主たる営業所の所在地としており，原則について変更はないが，あらたに二つの手当てが施されている。原則的管轄を主たる営業所の所在地として，本店所在地を競合管轄とし，また，更生手続は大規模な事件が多いので，ノウハウの蓄積のある東京地裁（民事第8部），大阪地裁（民事第6部）にも競合管轄を認めることとした。さらに，更生手続は大規模な株式会社の破綻の場合に適用されることが多く，こうした大企業はグループ会社を抱えていることが多いため，グループ全体をひとつの更生裁判所で担当することとした。親子会社，連結親子会社の更生事件がすでに係属している場合，他方についても当該裁判所に申立てることができることとした。これは新破産法にも導入されている。

　さらに，従来更生管財人について規定はなかったが，改正後の会社更生法は，信託会社などの法人が管財人となることができることを明示し，経営責任の追及を受ける恐れがない経営者は管財人に就任することができるようになった（会社更生法67条3項）。たとえば，危機的状態にある企業に銀行など主要債権者から経営者が立て直しのために送り込まれるような場合，この経営者には経営破綻の責任はないので，更生手続開始後も引き続き管財人として経営に当たることができる。

　旧法では経営者が一掃されるとはどこにも規定がないが，少なくとも管財人は「その職務を行うに適した者」であり，弁護士と理解されてい

たので、この点は拡大といえる。そもそも会社の経営者とくにオーナー経営者の場合には、会社と自分を一体視することが多い。会社の経営から外されるのでは、これまでの自分の努力が無駄になると思って、会社更生法の手続の開始の申立てをすることを躊躇しがちである。このために、もっと早く手をつけておけば再建の仕様もあったのに、手遅れになる（債務の増大、事業内容の劣化）ことがあった。これを経営者も管財人として会社の再建に腕を奮えるとなれば、経営者も躊躇しなくなるであろう。ただし、経営責任を問われるような経営者では認められない。

② 会社更生法の特徴

民事再生法と比較した場合の会社更生法の特徴は、その厳格性にある。

(a) 更生管財人の選任

再生手続では、DIPとして債務者は財産の管理処分権を失わないが、更生手続では原則として管財人が選任され、債務者の財産の管理処分権は管財人が掌握する（会社更生法72条1項）。

(b) 債務者の財産について設定された担保権の実行の制限

会社更生法上の更生債務者（更生会社）に対する債権は、更生債権と更生担保権とされる。会社更生では会社財産を解体、清算するわけではないから、担保権者も企業の再建を損なうような権利の実現は抑制されなければならない。このために、担保権は制約を受ける。

会社財産上の特別の先取特権、質権、抵当権または商事留置権によって担保された債権については、更生担保権を届け出て更生手続に参加する必要がある。ただし、更生計画では権利内容の変更について更生担保権をもっとも優遇し、他の債権者との間に公正、衡平な差を設けるととしている。

(c) 株主の手続への参加

　更生手続はすべての権利者の利害を調整し、企業の維持再建を図る手続であり、株主が利害調整のプロセスに加わる余地が残されている。更生手続が開始されると、事業の経営、財産の管理処分の権限は管財人に移るが、法人格としての会社は存続している。株主は株主総会において会社の活動に参加することができるとされているが、現実には会社に財産の管理処分権はないから、株主が株主総会において権利を行使することはほとんどない[192]。

　再生手続では債権債務の調整が中心となり、株主は債務会社の構成員として背後にかくれることになるが[193]、更生手続は債権債務の調整のみならず、利害関係人全体の利害を調整する手続であるため、株主も更生手続に参加する。会社更生法165条1項（旧会社更生法129条1項）は、「株主等は、その有する株式又は端株をもって更生手続に参加することができる」と定めている。株主の参加とは、(1)関係人集会における議決権の行使[194]（会社更生法114条）、(2)債権調査期日での異議申立て（会社更生法147条1項）、(3)更生計画案の提出（会社更生法184条2項）、(4)更生手続開始後、更生計画案を決議に付する旨の決定がされるまでの間に、裁判所の許可を得て、更生会社の営業の全部または重要な一部を譲渡する場合の、株主への通知、(5)株主等委員会の構成（会社更生法117条7項）、(6)代理委員の選任（会社更生法122条）とされている。

---

(192) 更生手続開始後の株主の代表訴訟提起権を否定する裁判例がある（東京高裁昭和43年6月19日判決、判タ227号221頁、東京地裁昭和41年12月23日下民集17巻11・12号1311頁）。

(193) 民事再生法は、「再生手続開始後において株式会社である再生債務者がその財産をもって債務を完済することができないときは、裁判所は、再生債務者等の申立てにより、当該再生債務者の営業の全部又は重要な一部の譲渡について商法第245条第1項に規定する株主総会の決議に代わる許可を与えることができる」と定めている（民事再生法43条）（「代替許可」）。

(194) ただし、会社の破産開始原因がある場合には、株主の議決権はない（会社更生法166条2項）。

③ 更生会社の従業員

　民事再生法の下では，原則として労働債権は全額が一般優先債権として，再生手続によらず，随時弁済される（民事再生法122条1項，2項）[195]。一方，更生手続では原則として労働債権も更生債権の一種（優先的更生債権）とされ，手続の制約を受け（会社更生法47条1項，50条1項），原則としては更生計画によらなければ弁済できない。ただし，給料の請求権については，更生手続開始前に生じたものと開始後に生じたものとを分け，開始前の請求権については開始前6か月分の請求権は共益債権となり，随時弁済される（会社更生130条1項，132条1項）。開始手続後に生じた給料の請求権は，更生手続開始後の更生会社の事業経営に関する費用の請求権として，全額が共益債権となる（会社更生法127条2号）。

　退職手当の請求権についても，更生手続開始前に生じたものと開始後

---

[195]　平成15年の担保物権および民事執行制度の改善のための民法等の一部を改正する法律（平成15年法律第134号，担保・執行法改正）で従来，民法308条が「雇人の給料の先取特権は雇人が受くべき最後の6ヶ月の給料につき存在す」とあったところを，「雇用関係の先取特権は給料その他債務者と使用人との間の雇用関係に基づき生じたる債権につき存在す」とし改正され，期間の制限が外れた。また，従前，商法295条は「会社と使用人との間の雇用関係に基づき生じたる債権を有する者は会社の総財産上に先取特権を有す」として，株式会社の雇人については従来から制限がなく，株式会社の従業員とそれ以外の法人の従業員との間で労働債権の保護に違いがある（民・商法の不一致）が問題とされていた。平成15年の商法及び株式会社の監査等に関する商法の特例に関する法律の一部を改正する法律（平成15年法律第132号）は，従前の商法295条を削除し，労働債権については民法308条によるものとした。この結果，民事再生法では労働債権は一般の先取特権を有し，一般優先債権として再生手続きの外で弁済される（民事再生法122条）。会社更生法では「更生手続開始前6月間の当該株式会社の使用人の給料の請求権」等が共益債権とされ（会社更生法130条），それ以外は優先権のある債権として更生手続に取り込まれる（会社更生法168条1項参照）。新破産法では「破産手続開始前3月間の破産者の使用人の給料の請求権」が財団債権とされ（新破産法149条），それ以外は優先的破産債権とされる（新破産法98条）。

に生じたものとを分け、開始前の請求権については退職前6か月分の給料の総額に相当する額または退職手当の額の三分の一に相当する額のいずれか多い額が共益債権となり、その他は優先的更生債権となる。

　開始手続後の退職手当の請求権は、更生会社の都合により退職した場合には、更生会社の事業経営の費用として全額が共益債権となり(会社更生法127条2号、130条4号)、使用人側の都合により退職した場合には、退職前6か月分の給料の総額に相当する額または退職手当の額の三分の一に相当する額のいずれか多い額が共益債権となり、その他は優先的更生債権となる。

● コラム *16* ●　更生計画によらない営業譲渡

　改正後の会社更生法46条2項は、「更生手続開始後更生計画案を決議に付する旨の決定がされるまでの間においては、管財人は、裁判所の許可を得て、更生会社の営業の全部又は重要な一部を譲渡することができる」と定めている。改正前の会社更生法にはこの規定はなく、更生計画が認可されるまでは、営業の譲渡は商法の規定によらざるを得なかった。商法245条は、営業の譲渡に特別決議(総株主の議決権の過半数が出席し、議決権の3分の2以上に当たる多数)を要求しているが、現実には、倒産して会社更生法による手続きを申し立てた会社が株主総会を開催するのは、事実上不可能であった。しかし、会社更生の場合には、工場などの資産や債権を売却できれば再建が可能な場合もある。ところが売却しようにも更生計画で認められなければ売却できないのでは、資産が劣化してしまう恐れがあった。この適例が、日本リースである[196]。同社は長銀(現在の新生銀行)の系列であったが、会社更生法の申立てを行った。同社は経団連の肝煎りで作られた総合リース会社で、産業機械から、自動車などを業務対象として、海外でも展開していた。さらにリース債権を証券化してABS、ABCPなどリース債権の証券化も手がけていたが、リースというのはリース料を定期的にユーザーが支払うことになる。リース会社

---

(196)　宗田親彦『会社更生手続の新展開――旧「日本リース」再建の法理と実際』(商事法務、2002)を参照。

が倒産するとユーザーとしてはどこにリース料を支払えばよいのか判断になやむことになり，リース料収入が途絶えかねない。また証券化していた場合には，返済が即刻滞ることになる。したがって売却するならば，早く手を打たないとリース債権として価値がなくなってしまう恐れがあった。そこで会社更生法の改正前であったが，日本リースでは更生計画によらない形で，リース債権をGMの子会社のファイナンス会社に売却するという手を打った。

3　個人（消費者）の多重債務整理

(1) 個人の多重債務の整理方法

昭和50年代から消費者信用が急激に膨張し，多重債務の問題の深刻さが増してきた。これはわが国のみならず，イギリス，フランスなどでも同様である。個人の借入れが過多になる一方で，返済原資となる給与はこのところ伸び悩むか，あるいは低減しているから，個人債務者の返済が滞おり，困難になっている。

1980年代には年間の破産事件は1万件内外で推移していたが，1991年に2万5,000件と急増した後，増加傾向を続けた。1998年以降，さらに急激に増加している。2003年の新規破産事件数は，25万件を超えているが，このうち個人の破産事件は95％を占めている[197]。

個人債務者が債務の返済が困難になった場合に，考えられる手続として，私的整理，破産，再生手続(民事再生法)，特定調停(特定調停法)がある。私的整理は，個人の場合も法人と同様，債権者の同意を得る手続であり，裁判所の監督がない。個人の場合には，私的整理に関するガイドラインのような私的整理を成立させるための具体的なガイドラインはなく[198]，個々のケースごとに債権者との間で債務の整理（借金の整理）

---

(197) かつて個人が借金するところといえば質屋であった。銀行に個人が預金口座を持つ例は限られていた。現代社会は，消費が優先し，無担保の借入が容易になっている。

(198) 2003年6月に日本弁護士連合会の消費者問題対策委員会などが個人債務者

第2章　倒産法各論

に関する合意を取り付ける必要がある(199)。

	免　責	同時廃止	資格制限
破　産	○	○	○
個人再生	×	×	×
特定調停	×	×	×
任意整理	○	×	×

(2)　個人破産

①　個人破産すると

　個人については，債務者自らが破産を申し立てる「自己破産」(新破産法18条1項)がほとんどである(200)。各地の裁判所は，増加する個人破産に対応するため，ホームページ上で破産について情報提供し(201)，また申立書を工夫している(202)。

の私的整理に関する基準として「多重債務者に対する任意整理を処理するための全国統一基準」を設けているが，内容は，①取引経過の開示（取引開始時点からのすべての取引経過の開示を求めること），②残元本の確定（利息制限法所定の制限利率によって元本充当計算を行い，最終取引日における残元本を確定すること），③残元本のみを対象とする弁済案の提示（弁済案の提示にあたっては，それまでの遅延損害金や将来利息はつけないこと）の3項目である。
(199)　宇都宮健児『消費者金融』（岩波新書，2002）を参照。同弁護士は個人が債務の整理（借金の整理）をする場合には，弁護士に依頼するのが一番確実で安心と述べている。
(200)　申立てと同時または申立て後遅滞なく，財産の概況を示す書面と債権者・第三債権者の一覧表を提出する必要がある。自己破産の場合には，申立書には600円の印紙を貼付する。債権者の申立ての場合には，1万円の印紙を貼付する。
(201)　http://courtdomino2.courts.go.jp/K_tetsuduki.nsf/1f945a20634ef37849256b14001d7da7/07bb72f09734b18a49256d85001bd0c7?OpenDocument を参照。
(202)　法曹会『倒産法改正関係資料』には複数の例がある。

180

3　個人（消費者）の多重債務整理

(a)　破産者にとっての制約

　個人の破産者に対しては，法律上数々の制約（資格制限）が課せられている。これは破産制度が「制裁」と位置づけられていた時代の名残ということができる[203]。たとえば，破産手続が開始された場合，選挙権や被選挙権を失うことはないが，多くの制約がある。

　個人破産者は，管財人が選任される管財事件の場合には，破産手続開始決定時の所有財産について管理処分権を失う（財産管理処分の喪失，新破産法78条）という制約をうけることになる[204]。ただし，後述の自由財産の制度があり，一定の範囲で破産者は処分可能な財産をもつことができる。このほかに，破産管財人への説明，債権者集会に出席し，説明する義務を負わなければならず（新破産法40条），破産者は（破産手続中）裁判所の許可が無ければ居住地を離れることが出来ない（居住の制限，新破産法37条）。また，裁判所によって破産者は説明義務を果たすために引致されることもあり（新破産法38条），通信の秘密も制限され，破産者宛に配達される一般郵便物はすべて管財人に配達され開封される（新破産法81条）[205]。この結果，隠されていた破産者の財産が明らかになることがあるからである。とくに重要な制限は，職業の制限である[206]。破産法には規定がないが，下記の個別の法律は破産者の就任を認めていない。

　弁護士法7条5号，公証人法14条2号，公認会計士法4条4号，税理士法4条3号，弁理士法8条10号，司法書士法5条3号，行政書士法2条の2第

---

(203)　第二次大戦前には，免責制度がなく，破産宣告を受けると個人は選挙権，被選挙権を失うとされていた。
(204)　山下幸明『ある多重債務者の選択──自己破産』（ハート書房，1996）74頁，宇都宮健児『自己破産と借金地獄脱出法』（主婦と生活社，2003）116頁を参照。
(205)　郵便物を破産管財人が点検して，破産者が財産を隠していたことが明らかになる例がある。
(206)　「公民権（選挙権，被選挙権）」を失うことはない。破産は戸籍に記載されることはないが，破産者は本籍地の市町村役場の「破産者名簿」に登録される。免責を受けた場合には破産者名簿からも抹消される。破産者名簿は閲覧できない。

3号，人事官（国家公務員法5条3項1号），公安委員（警察法7条4項1号，39条2項1号），公正取引委員（独占禁止法31条1号），検察審査員（検察審査会法5条2項），商品取引所会員（商品取引所法24条1項1号），宅地建物取引業者（宅地建物取引業法5条1項1号），商工会議所会員・役員（商工会議所法15条2項2号，35条8項1号，72条），商工会ないし連合会の役員（商工会法32条2項1号，58条2項），日本銀行役員（日本銀行法25条1項1号），日本政策投資銀行役員（日本政策投資法13条2項3号），質屋（質屋営業法3条5号），建設業者（建設業法8条1項1号），後見人（民法847条3号），保佐人（民法876条の2第2項），補助人（民法876条の7第2項），遺言執行者（民法1009条），受託者（信託法5条），合名会社社員（商法85条4号＝破産による当然退社），株式会社取締役（商法254条の2第2項，民法653条（委任の終了）），株式会社監査役（商法280条），有限会社取締役（有限会社法32条），有限会社監査役（有限会社法34条）など(207)。

さらに，いったん個人が破産して免責を受けた場合，7年間，再度の免責決定を得ることができない（新破産法252条1項10号）。とくに破産者にとって実生活上支障があるのは，新たな借入れが極めて困難になることであろう。破産者としての情報ではないが，全国銀行協会加盟銀行からの借入れがあって，延滞が生じた場合には，全国銀行個人信用情報センターに登録される(208)。このほか，消費者金融会社のデータを扱うジャ

---

(207) ここに表示したものに限られない。このほかにたとえば，卸売市場法は，中央卸売市場において卸売の業務を行なおうとする者は，農林大臣の許可を受けなければならない（15条）とし，許可の基準を「申請者が破産者で復権を得ないものであるとき」，「申請者が，禁錮以上の刑に処せられた者又はこの法律の規定により罰金の刑に処せられた者で，その刑の執行を終わり，又はその刑の執行を受けることがなくなつた日から起算して3年を経過しないものであるとき）」（17条）としている。なお，破産宣告を受けている者を取締役に選任できるかについては議論があった。最高裁昭和42年3月9日判決（民集21巻2号274頁）は，会社財産を運用する責任のある取締役の地位と破産者の地位は両立しないとしたが，商法254条の2第2項が新設されて選任可能性が明示的に否定された。

(208) http://www.zenginkyo.or.jp/pcic/index.html を参照。

パンデータバンク[209]，全国信用情報センター[210]などの個人信用情報機関に返済の遅滞が登録されることになる。

(b) 自由財産

破産者は，破産手続開始決定後に取得した財産（新得財産）については破産者が処分することができるほか，一定の財産を自由財産として自由に処分することができる[211]。

破産制度本来の趣旨は，「破産手続において破産財団に属する財産の管理及び処分をする権利を有する者」は，「破産管財人」（新破産法2条12号）であり，破産者は財産に対する管理処分権を失う。破産財団（破産者の財産又は相続財産であって，破産手続において破産管財人にその管理及び処分をする権利が専属するもの，新破産法2条14号）に属する財産であっても，破産者は破産管財人の許可を得れば破産財団の財産を処分することは可能であるが，日常生活に必要な金銭についてまで個々に破産管財人の許可を得ることは面倒であり，破産法は，破産者にも一定の限度内でその自由に処分が可能な財産を認めている。

新破産法34条3項は下記の財産を自由財産として認めている。

1．民事執行法（昭和54年法律第4号）第131条第3号に規定する額に2分の3を乗じた額の金銭
2．差し押さえることができない財産（民事執行法第131条第3号に規定する金銭を除く）。

（但書省略）

民事執行法131条は「執行禁止財産」を定めている。同3号は，標準的

---

[209] http://www.jdb-web.com/personal/index.html を参照。
[210] http://www.fcbj.jp/b/b_12_1.html を参照。
[211] 破産制度は，本来破産者からその財産の管理処分権を奪う手続であるが，個人破産者の場合には当面の生計のためにある程度の財産を破産者の自由に処分できる財産として残している。旧破産法は自由財産の範囲を差押禁止財産と同一としている。

な世帯の二ケ月分の必要生計費(平成15年に1か月分から改正)を勘案して政令で定める額の金銭を執行禁止財産とし，そのほかに債務者等の生活に欠くことができない衣服，寝具，家具，台所用具，畳及び建具（1号），債務者等の二月間の生活に必要な食料及び燃料（2号），主として自己の労力により農業を営む者の農業に欠くことができない器具，肥料，労役の用に供する家畜及びその飼料並びに次の収穫まで農業を続行するために欠くことができない種子その他これに類する農産物（4号）などが挙げられている。民事執行法施行令は，民事執行法131条3号の差押え禁止金銭の額を，「66万円とする」としているので，66万円の2分の3である99万円が破産者の自由財産となる。

② 免　責

(a) 免責制度の経緯と改正法

上記のような制約があるのに，なぜ個人の多重債務者は破産を選ぶのかといえば，破産の場合には「免責」制度があるからである。

「免責」は昭和27年（1952年）の破産法改正で英米法にならって[212]，自然人破産者の経済的更生のための手段として新設され，新破産法も248条以下に継承している。免責とは，破産配当により弁済されなかった債務について破産者の責任を免除する制度である[213]。

---

[212] ただし，免責制度は英国型と米国型で大きく異なる。英国型は，公務員である管財官が破産者の財務調査，処遇決定に大きな役割を持ち，免責は自動的ではなく，債務者の誠実性などに応じて債務弁済の目標を設けその実行を見て，数年後に免責を与えることとしている。一方，米国型では，事件が多いために，ほぼ自動的に免責を与えている。アメリカでは，ニューヨーク州で1784年に免責制度が採用され，1845年に全州に及んだ。

[213] 兼子博士は「破産による免責の根拠は，人の経済活動は通常財産を基礎とする事業の経営管理として行われるから，その通常の結果と認められる損失による債務に対しては清算当時の財産の範囲で責任を負えば足り，それ以上の負担を残さないのが当然だとの考慮にある」としている（兼子一『民事法研究2巻』（酒井書店，1977）145頁）。一方，破産免責は，自然人たる破産者の再起再生を図る

3 個人（消費者）の多重債務整理

　昭和27年改正によって免責制度が採用されてから，昭和51年(1976年)までの24年間に免責の申立ては607件にすぎなかった。しかし，個人破産の急増にともない，昭和52年（1977年）から56年（1981年）の５年間で2,273件に増え，平成２年（1990年）に9,969件，平成６年（1994年）には37,711件に増えている(214)。個人の多重債務の整理には，後述するように，破産のほか個人再生，特定調停の制度があるが，免責制度があるために破産が選択される。個人の破産事件についてほとんどすべて免責の申立てをされているようであるが，免責の申立ては破産の申立てとは別に行う必要があるために，裁判所も破産の申立てだけではなく，免責の申立て期間を徒過しないように注意を促していた。

　今回の破産法の見直しでは，「現行の破産法（旧破産法）では，破産手続と免責手続とは別個の手続とされており，免責の決定を得るためには，債務者は，破産の申立てとは別個に，破産宣告を受けた後に免責の申立てをする必要がある（第366条ノ２）」とされ，「確かに，免責の申立ては，破産者のみがすることができるのであって，破産の申立てと免責の申立ては区別されるものであるが，一般に，債務者申立ての場合においては，債務者は破産のみならず免責を得ることを目的として破産の申立てをしているのが通常であって，それにもかかわらず，破産宣告後別途免責の申立てをさせることは迂遠であり，合理的とはいえ」ず，また，「債権者申立ての場合も，債務者が破産の申立てがされていることを知れば，破産宣告前に免責の申立てをすることを妨げる理由はない」ので，債務者

　　ことが必要との政策的考慮に基づくとする意見もある。新破産法をめぐる座談会で，山本（和）教授は，「従来，免責の制度の理念として，特典説と更生手段説があった」としたうえで，新破産法１条が「債務者について経済生活の再生の機会」を目的にしていることは，「従来の特典説的な理解は，新法の下では見直しを迫られる」と述べている（「座談会新破産法の基本構造と実務」ジュリ1284号85頁）。

(214)　大阪地裁の統計によると，平成８年に新たに受けた破産事件が3,828件で，免責の申立ては2,735件，平成９年は同じく4,971件と4,919件，平成10年９月までは，5,313件と3,977件となっていて，免責の申立件数は急増している。

が破産の申立てをした場合には，同時に免責の申立てがあったものとみなすものとする」(215)とする改正が考えられたが，新破産法は「個人である債務者（破産者）は，破産手続開始の申立てがあった日から破産手続開始の決定が確定した日以後一月を経過する日までの間に，破産裁判所に対し，免責許可の申立てをすることができる」と規定して，旧破産法のとおり，個人の場合の破産手続の開始申立てと免責の申立てを別立てとする制度を維持したが，新破産法では破産手続の申立てと同時に免責許可の申立てを行うことができるとし（新破産法248条1項），さらに，債務者は破産手続開始の申立てを行うと原則として免責の許可の申立てもあったものとみなすこととした（新破産法248条4項）。

(b) 免責と浪費

破産法は，免責の要件としてとくに債務者の「誠実」を求めていない（新破産法252条1項，旧破産366条の9，なお旧破産法は免責の消極的要件を5件挙げ，新破産法は免責の積極的要件を11件挙げ，規定の仕方が異なっている）。このため，免責制度に対して，健全な倫理観念を破壊し，安易な生活態度を助長する，誠実な破産者の救済というが，現実にはそうでない者が利用している，多重債務者の救済は予防的救済で対処すべきである，などの批判がある。破産には一定の制裁が課せられているが，免責を安易に認めることは適当ではなく，免責に対する慎重な姿勢が望まれる(216)。なお，新破産法は浪費，射幸行為を免責不許可事由としている（新破産法252条1項4号）。どのような行為が浪費に当たるのだろうか。下記の裁判例を見てみよう。

---

(215) 「破産法等の見直しに関する中間試案」（補足説明）83頁。
(216) 伊藤教授は，免責不許可事由を①破産者が意図的に破産債権者を害する行為をしたと看做される場合（詐欺破産罪，過怠破産罪に該当する場合や詐術を用いた信用取引による財産取得，虚偽の債権者名簿提出など），②破産手続き上の義務履行を怠り，手続進行を妨げる場合（監守違反罪，説明義務違反，破産者義務違反），③免責に対する政策的制限（10年以内の免責取得）に分類している（伊藤眞『破産法（全訂第3版補訂版）』（有斐閣，2001）472頁）。

3 個人（消費者）の多重債務整理

・**東京高裁平成8年2月7日決定**（百選第3版第92事件①）

証券投資を行って自己破産した元銀行員について，東京地裁は，株式投資は「浪費」にあたるとして，免責を認めなかったので，抗告した。

東京高裁は「財産状況に照らして不相応な3,650万円もの多額の借入れを行」い，「その結果過大な債務を負担したものであって，その行為は，(旧)破産法375条1号所定の浪費行為に該当する」とし，「株式投資は，その性質からして投機性を有する」としたが，バブル経済の渦中にあっては無理からぬ面があるとし，免責を認めた。

・**福岡高裁平成9年8月22日決定**（百選第3版第92事件②）

プロ野球選手がその父の経営する電気店の営業による債務，自動車を4台乗り換えたことによる債務を抱えて，自己破産したという事例である。

免責が許可されなかったので抗告したところ，福岡高裁は，自動車の買い替えは不相応な支出であるが，父親の債務の返済，球団の退団などの事情もあり，一概に非難できないとして，免責を認めた。

これに対してカード破産の例で，免責決定を得ていた破産者に，債務の返済の責任を認めた判決がある。免責を得たからといってかならずしもすべての債務が免除されるわけではない。

・**最高裁平成12年1月28日第三小法廷判決**（百選第3版第97事件）

平成5年10月に保険会社の勧誘員となり，イラストも描いていた個人Yがカード発行会社Xにカード発行の申込をした。その際，借入残高が290万円と銀行借入50万円があったにもかかわらず，50万円のみ申告して，カードを発行させた。当時毎月12万円を返済していた。

その後平成6年6月に，Yは自己破産を申立て，同年11月に破産宣告と破産廃止の決定を受け，翌年7月には免責の決定がなされた。その間，平成6年12月にカード会社Xは立替金債権について判決を得たので，これを債務名義にYの給料債権を差押え，一部17万円余の返済を得た。

第2章　倒産法各論

　カード会社Xは，Yが自分に返済能力がないのに，Xにカードを発行させ，Xに立替払いさせたことは不法行為に当たるとして，弁済されていない債務の支払を求めて訴えを提起した。

　これに対して，YはXの差押えが不法行為に当たること，差押えによる弁済は法律上の原因を欠くとして，損害賠償と不当利得返還の反訴を提起した。

　東京地裁平成9年4月9日判決（金判1093号19頁），東京高裁平成9年11月18日判決（金判1093号18頁）は，いずれもYがカードを利用して商品を購入した際には，返済が滞ることを十分認識していたとし，「原審は上告人の借入行為が(旧)破産法366条の12第2号に該当する」としてXの請求を認容し，Yの反訴を棄却した。(旧)破産法366条の12第2号にいう「悪意」とは単なる故意ではなく，他人を害する積極的な意欲，即ち「害意」を意味するが，原審判決はこの点を判断していないとして上告した。なお，この「悪意」について，通説は「害意」を意味するとするが，最近は故意以上の別段の意欲，害意を要しないとする有力説もある。

　最高裁は，Yの上告を棄却した。

　(c)　法人の破産と免責

　なお，免責は個人についてのみ認められ，法人には免責制度はない。民法68条1項3号により，法人は破産を解散事由としているので，清算が結了すると法人は消滅し，債務の免除を考えるまでもない（合名会社（商法94条1項5号），合資会社（商法147条），株式会社（商法404条），有限会社（有限会社法69条1項6号），宗教法人（宗教法人法43条2項3号），私立学校（私立学校法50条1項5号），医療法人（医療法55条1項6号））。

　法人格は清算の目的の範囲内において存続する（新破産法35条）ので，破産によっても法人の人格的側面は従来どおり存続するが，その目的は清算目的に限定される。

　一方，自然人は消滅するわけではないから，免責の手続が必要になる。

法人格が消滅し，法人の債務も消滅するが，個人は，破産手続が終結しても生存しているので，破産手続で支払いを受けなかった債務が存続することになる。そうすると，債権者があらためて残った債権を取り立てるかもしれない。

このため「免責」によって残存財務の支払いを免除させ，個人の再生を図ることが必要になる。要するに，個人は破産を契機に心機一転という形にするわけである。

(d) 免責手続

破産免責を受けるために，免責の申立てを要する（新破産法248条）。裁判所は破産者審尋期日を定めて公告し，検察官，破産管財人，破産債権者に送達し，審尋する。検察官，管財人，破産債権者は免責に対する異議申立てを行うことができる。

免責許否の裁判は，免責不許可事由の存否について審理・判断する裁判である（新破産法252条）。また，免責の効力は，免責を得た債務者・破産者はその破産手続による配当を除き，破産債権者に対する債務の全部につきその責任を免れる（新破産法253条）。ただし，租税債権，破産者が悪意を持って加えた不法行為に基づく損害賠償債権，雇人の給料債権のうち一般の先取特権のある部分などの債権は免れない。

破産者は，免責の裁判が確定すると破産者は当然に復権する（新破産法255条）。復権によって，破産手続の開始によって失われた資格が回復される。

③ 同時廃止と管財事件

個人の多重債務者の債務整理に当たって，破産手続が利用されるのは免責制度があるためであるが，さらに，個人の破産の場合，免責と同時廃止を組み合わせることが多い。新破産法216条は「裁判所は，破産財団をもって破産手続の費用を支弁するのに不足すると認めるときは，破産手続開始の決定と同時に，破産手続廃止の決定をしなければならない」

と定めている。これを同時廃止（または同廃）という。すなわち，債務者の財産が破産手続の費用をまかなうのに十分でないような場合，いったん破産手続を開始するがすぐに手続を終了させる制度である。この結果，破産者に若干なりとも残された財産は，破産手続に使われることなく，破産者の手元に残される。このような事件を同時廃止事件，略して同廃事件という。これに対して，破産管財人を選任し，破産手続を行う事件の形態を管財事件という。管財人を選任した場合には，管財人費用を支払う必要がある[217]。

個人債務者の債務の返済原資としては，大体の場合当人の労働の対価しかないから，破産した個人にはもともと返済するだけの財産がない財団不足の状態に陥っているので，破産の同時廃止が認められることが多い。同時廃止の後に，破産の免責を申立て，認められると，債務者の破産時の財団はそのまま債務者に残ることになる。しかし，同時廃止・免責は，借金の棒引きであるから，これを安易に認めると個人債務者のモラル・ハザードを起こしやすく，制度への信頼を損なう懸念がある。

④　個人破産と退職金

個人の破産の場合には，配当に充当できる資産にはめぼしいものがなく，せいぜい退職金請求権があるに過ぎないという場合が多いから，個人破産の場合の退職金の扱いが問題となる。生命保険の解約返戻金請求権，賃貸借契約の敷金返還請求権は，破産手続開始決定の時点で将来の請求権とみなされ，破産管財人が解約してこれらの請求権を現金化することとされている。退職金請求権を実現させるためには，破産者に退職させる必要があるが，破産管財人が強制的に破産債務者を退職させるこ

---

(217)　平成14年10月15日現在の東京地裁民事第20部作成の「破産事件の手続費用一覧」によると，予納金基準額は，同時廃止事件で原則的に2万円，個人少額管財事件で20万円と個人1名につき16,413円，さらに通常の管財事件では負債総額が5,000万円未満の場合50万円，負債総額5,000万円～1億円未満の場合には80万円（以下，トランシュ毎に増加）とされている。

とはできないから，将来の退職金請求権（金額未定の将来債権）であるが，これに対して執行できるかという問題がある。

　退職金は一般に給与の後払いと理解されているので，破産時点までの退職金請求権は破産債務者の財産であるが，一方，破産した個人にとって退職金請求権は重要な債務の返済原資であると同時に，自分自身の生活を維持するための生活費でもあり，債権者の満足と破産者の生活の維持という二つの要求を調整する必要がある。

　そこで，新破産法34条2項（旧破産法6条2項）の「破産者が破産手続開始前に生じた原因に基づいて行うことがある将来の請求権は，破産財団に属する」を適用して，退職金全額を破産財団に組み込むのではなく，破産者に残すという扱いが行われている。新破産法34条1項，同3項2号は「差し押さえることができない財産」を挙げている。差押ができない財産（差押禁止財産）について，民事執行法152条1項は「次に掲げる債権については，その支払期に受けるべき給付の4分の3に相当する部分（その額が標準的な世帯の必要生計費を勘案して政令で定める額を超えるときは，政令で定める額に相当する部分）は，差し押さえてはならない」として，1号で「債務者が国及び地方公共団体以外の者から生計を維持するために支給を受ける継続的給付に係る債権」，2号で「給料，賃金，俸給，退職年金及び賞与並びにこれらの性質を有する給与に係る債権」を挙げ，さらに同2項で「退職手当及びその性質を有する給与に係る債権については，その給付の4分の3に相当する部分は，差し押さえてはならない」と定めている。したがって，破産宣告前の賃金の後払いに相当する部分の4分の一に相当する部分のみ破産財団となる。

　下級審判例では，退職金債権が差押禁止に含まれる部分を除いて，将来の請求権として破産財団に属するという判断を示し，実務では，破産管財人が雇用契約を解約するのではなく，破産者の自発的退職を待つか，退職金と同価値の自由財産を破産財団に組み入れて，破産管財人が退職金債権を破産者のために放棄する取り扱いをする（福岡高裁昭和37年10月25日決定下民集13巻10号2153頁は，免責不許可事由との関連）。退職金請求

権に関わる判例には以下のものがある。

・福岡高裁昭和59年6月25日判決（百選第3版第11事件）
　福岡県の市の職員であった者が退職し，同日自己破産の申立てを行った。福岡県市町村職員共済組合からの借入残高は317万円であった。市は退職を認め，退職手当金558万円の支給を決定し，税・借入れを控除して212万円の現実支給を告知した。同日，破産裁判所は破産宣告前の保全処分として，市の退職金支払いを禁じる仮差押決定を送達したが，それから半月後に市は福岡県市町村共済に返済額相当を払い込んだ。その後破産宣告があり，翌々月に現実支給額を支払った。212万円は558万円の4分の一を超えるが，半分以下である。破産管財人は，市の共済組合に対する支払いを無効とし，共済組合支払い相当額の退職金が未払いとして市に対してその支払いを求める訴えを提起した。原審は破産管財人の請求を認容した。高裁は，差押を禁止された財産は破産財団に属さず，退職金請求権は4分の一だけが差押を許容されるとして，原判決を取消し，請求を棄却した。

・最高裁平成2年11月26日第二小法廷判決民集44巻8号1085頁（百選第3版第39事件）
　ZはY社の従業員であったが，昭和58年に負債総額8,000万円をもって破産を申立て，宣告された。1ヶ月前にY社を退職していたが，在職中に社内の住宅財形融資等により借入れていた。同融資では退職金により残債を返済する条件であった。そこでY社は退職金440万円を返済に充てるべく相殺した。Zの破産管財人Xは，労働基準法24条（賃金の直接・全額払い）違反であると主張し，否認権を行使した。
　第一審は請求を認容し，原審はこれを覆し否認を認めなかった。最高裁は破産管財人の上告を棄却した。最高裁は「相殺権の行使にZがその自由な意思により同意したことに基づくもの」と判示した。

・最高裁昭和44年9月2日第三小法廷判決民集23巻9号1641頁（百選第3版第113事件）

A合資会社が昭和39年6月に破産宣告を受け，その前に同社を退職したXらが退職金債権の存在と，一般先取特権による優先権を主張した。破産管財人は債権を認めたが，優先権について異議を述べたので，Xらは優先権の確認を求めて訴えを提起した。Yは，A社の退職金は一方的かつ恩恵的に支給されていたとするが，退職金支給基準は設けられていた。第一審はXらの主張する債権の一部の優先権を認めた。控訴審も第一審を維持した。最高裁は上告を棄却した。支給基準があることから給料の後払いの性格を有すると認めた。

(3) 小規模個人再生

個人の多重債務者は，破産手続を選択することが多く，他の倒産手続を申し立てることは少なかった。しかし，2000年11月29日の改正（平成12年法律第128号）によって，民事再生法第13章として設けられた「小規模個人再生及び給与所得者再生に関する特則」による小規模個人再生または給与所得者等個人再生手続を選択する例が増えている。平成15年（2003年）の再生事件で既済の件数は全体で1万9,885件であるが，このうち小規模個人再生が1万950件，給与所得者再生が8,428件を占めている。

民事再生法は，平成12年（2000年）に662件，同13年に1,110件に急増しているが，小規模個人再生が1,732件，給与所得者等再生が4,478件となっている。

民事再生法の小規模個人再生の特則は，再生計画における弁済が破産を選択した場合の配当の総額を上回ることが前提である。これを「清算価値保障原則」という。仮に下回ることが明らかになった場合には，再生債権者の申立てにより，裁判所は再生計画を取り消すことができる。

この特則には，小規模再生，給与所得者等再生の二つと住宅資金貸付債権に関する特則がある。

第2章　倒産法各論

(a)　小規模個人再生（民事再生法221条以下）

これは担保債権を除く再生債権の総額が300万円を超えない小規模個人債務者の再生手続についての特則である。将来において継続的にまたは反復して収入を得る見込みがあり、住宅ローンを除く無担保の債務総額が3,000万円以下の先が対象となる。

再生計画（最終弁済期は、再生計画の認可決定日から3年後の日の属する月まで、弁済総額は無担保債務総額の5分の1または100万円のいずれか多い額以上、再生計画の認可後、その遂行が著しく困難になった場合、最終期限をさらに2年以内の範囲で延長することができる）を策定する。自営業者を対象とし、アメリカ連邦倒産法13章手続をモデルとする。債権者の多数決を要件とするもので、給与所得者等再生手続とは別個の手続である。

(b)　給与所得者等再生（民事再生法239条以下）

小規模個人再生手続の対象者のうち、給与またはこれに類する定期的な収入を得る見込みがある者で、その額の変動の幅が小さいと見込まれる者（サラリーマンが主となる）の特則である。

したがって、給与所得者再生の要件を充足するものは、当然に小規模個人再生の要件を充足するので、こちらのいずれかの選択ということになるが、給与所得者の場合には毎月一定の収入が期待できるので、可処分所得の一定割合を弁済に充当しなければならない。この条件があるために、小規模再生を選択させる結果になっている。

(c)　住宅資金貸付債権に関する特則

住宅ローン債務者が担保権の実行によって住宅を手放すことなく、再生を図ることを目的として、住宅貸付債権の弁済条件の変更等の特別条項を定めている。これは、弁済条件を変更するもので、元利金の全額回収が前提である。再生手続の開始の申立てを行うと、裁判所は抵当権実行としての競売手続の中止を命ずることができ、住宅貸付債権の弁済条件の変更等が可能となる。

⑷　特定調停法

　民事再生手続でも，破産事件と同様に個人債務者を対象とする小規模個人再生と給与所得者等再生がほとんどを占めているが，現在では，個人破産件数が20万件を超えており，再生事件は破産事件よりも一桁少ない。しかし，最近は，個人の場合にも破産事件よりも特定調停が多い。個人と法人の合計であるが，特定調停事件数は，平成12年（2000年）に21万785件，平成13年（2001年）に29万4,426件，平成14年（2002年）には，41万6,642件さらに平成15年（2003年）には53万7,015件と急増を示している。

　特定調停とは「特定債務等の調整の促進のための特定調停に関する法律」[218]（特定調停法，平成11年12月17日法律第158号）（平成12年2月17日施行）に基づく調停手続である。同法は「支払不能に陥るおそれのある債務者等の経済的再生に資するため，民事調停法（昭和26年法律第222号）の特例として特定調停の手続を定めることにより，このような債務者が負っている金銭債務に係る利害関係の調整を促進すること」，「経済的に破綻（はたん）するおそれのある債務者（特定債務者）の経済的再生に資するため，民事調停法の特例として特定調停の手続きを定めることにより，特定債務者が負っている金銭債務に係る利害関係の調整を促進する」ことにあり，民事調停法の特例手続である。

---

[218]　特定調停法（2000年2月17日施行）は，⑴特定債務者の経済的再生に資するため，⑵民事調停法の特例として特定調停の手続を定めることにより，⑶特定債務等の調整を促進することを目的とする。集団的処理・調停委員会に調停成立にむけての調査権限の強化がはかられている。金銭債務を負って支払不能に陥るおそれがある者等の特定債務者であれば個人でも法人でも利用できる。特定調停では，「特定債務等の調整」の促進が目的である。ここで「調整」とは，債権者・債務者間の「金銭債務の内容の変更，担保関係の変更その他の利害関係」をいう。特定調停では，当事者は，調停委員会に対し，取引内容に関する事実を明らかにする。調停委員会が特定調停のために必要があると認めたときは，職権をもって取引内容に関する文書を求めることができるようになった。

第2章　倒産法各論

　特定調停は，債務支払条件の緩和を債権者と債務者が調停委員を交えて話し合う手続であるから，倒産法に近接した分野の法律である(219)。ただし，特定調整は簡易裁判所に申し立てるとはいえ，あくまでも当事者の合意形成を目指した手続である。これに対して民事再生法や会社更生法，会社整理は裁判所の監督の下に強権的に進められる手続である。つまり，倒産法は裁判所が強権的に遂行する手続である。特定調停はあくまでも民事調停であり，特定調停法は倒産法ではなく，この手続をとることは倒産を意味しない。

　債務者が簡易裁判所に，債権者との債務の返済の調停を申し立てる手続で，裁判所で民事調停委員により，調停が行なわれる。これは裁判所が関与するとはいえ，調停であるから倒産法のような拘束力はない。ただし，調停が成立すると，その内容を記載した調停調書作られ，この調書には，裁判所の確定判決と同じ効力が与えられ，相手がその内容を守らないと，強制執行することもできる。

　2004年2月19日と20日の日本経済新聞は「住宅公社・危機の真相」と題する特集を掲載し，民間企業の倒産が相次いできたが，さらに公法人まで経営破綻が広がっていると伝えている。住宅供給公社とは，地方住宅供給公社法（昭和40年6月10日法律第124号）に基づいて，都道府県・市町村が出資して住民向けの住宅の建設，賃貸，分譲を行う目的で設立された法人で，現在47都道府県と10市の合計57法人があるが(220)，金融機関等からの借入れによって調達した資金で取得した土地の地価が下落し，また住宅の需要も低迷する中で，業績が悪化し，債務超過に陥るところ

---

(219)　特定調停については，2003年10月11日付け日本経済新聞「お茶の間法律相談」が簡にして要を得た説明をしている。

(220)　住宅の積立分譲，住宅の建設，賃貸，管理及び譲渡，宅地の造成，賃貸，管理及び譲渡，市街地の店舗付住宅の非住宅部分の建設，賃貸，管理及び譲渡，利便施設または住宅の建設と一体としての店舗，事務所などの建設，賃貸，管理及び譲渡，県営住宅，都市基盤整備公団等の住宅管理の受託，市町村営住宅の建設受託，その他の業務を行う。

が出始めている。

　また，公有地の拡大の推進に関する法律（昭和47年6月15日法律第66号）に基づき，同10条（地方公共団体は，地域の秩序ある整備を図るために必要な公有地となるべき土地等の取得及び造成その他の管理等を行わせるため，単独で，又は他の地方公共団体と共同して，土地開発公社を設立することができる）に基づいて全国の自治体が設立した土地開発公社（全国に1594団体）も自治体の債務保証を受けた金融機関からの借入金で土地を取得したため，不良資産化している。2003年7月に和歌山県土地開発公社が特定調停を申し立てた。

　これらは地方公共団体の出資した公法人あるいは第三セクターの株式会社であるが，一般民間企業ならば，破産申立て，民事再生・会社更生手続の申立てを行うべきところ，特定調停という倒産手続ではない手続によって債務の整理をはかろうとしている。

● コラム 17 ● 免責は財産権の侵害に当たらないか

　個人の債務者に対する破産手続において，裁判所が免責を認めると，債権者は当該破産者に対する債権（貸金債権が主流）を失うことになるが，これが憲法29条1項にいう「財産権は，これを侵してはならない」，同2項にいう「財産権の内容は，公共の福祉に適合するやうに，法律でこれを定める」に反しないかという問題があった。

　最高裁昭和36年12月13日大法廷決定民集15巻11号2803頁（百選第3版第90事件）は，破産法の免責制度を財産権侵害ではないとしている。すなわち「破産法における破産者の免責は，誠実なる破産者に対する特典として，破産手続において，破産財団から弁済出来なかった債務につき特定のものを除いて，破産者の責任を免除するものであって，その制度の目的とするところは，破産終結後において破産債権を以って無限に責任の追及を認めるときは，破産者の経済的再起が甚だしく困難となり，引いては生活の破綻を招くおそれさえないとはいえないので，誠実な破産者を更生させるために，その障害となる債権者の追及を遮断する必要が存する」からであり，「一般破産債権につき

破産者の責任を免除することは，債権者に対して不利益な処遇であることは明らかであるが，多面上述のように破産者を更生させ，人間に値する生活を営む権利を保障することも必要であり，さらに，もし免責を認めないとすれば，債務者は概して資産状態の悪化を隠し，最悪の事態にまで持ち込む結果となって，却って債権者を害する場合が少なくないから，債権者にとっても最悪の事態を避けるゆえん」であり，「これらの点から見て，免責の規定は，公共の福祉のため憲法上許された必要かつ合理的な財産権の制限である」としている(221)。

4 取締役の倒産責任

(1) 倒産会社の取締役の地位

会社が倒産した場合，取締役の地位に影響はあるのだろうか。一般には会社が破産した場合などでは，それまでの取締役などの経営陣が一掃されることがよく見られる。倒産会社の取締役は退陣を義務づけられて

---

(221) 本決定には，池田・垂水・奥野・山田各裁判官の補足意見がある。補足意見は「破産法の免責の制度は誠実なる破産者に経済的再起の余地を与え，以って更生を得せしめるために存することは多数意見のいうとおりであるが，多面免責によって債権者の債権の一部が切り捨てられ，その財産権が侵害されることも疑のないところである。しかし，免責によって侵害される債権は債務者が無資力であるから，少なくともその当時においては，実質的に価値の乏しいものであるということができるから，債権者の犠牲は左程大きいものではない。左の如くに破産者に更生の機会を与えることと，債権者に及ぼす犠牲の比較的金賞であることとの双方の事情が衡平に勘案されて，始めてよく破産者免責制度の合理性が肯定できるものと思う。けだし，如何に誠実なる破産者の更生のためとはいえ，単にそれだけの理由で公共の福祉のためと称して，債務者のため債権者に多大の犠牲を払わしても構わないというものではなく，結局両者の利益を衡平に考慮して，債権者に与える不利益がこの程度のものであれば，公共の福祉のうえから，已むを得ない制限として認容すべきであると言えるからである」と述べている。破産者に対する債権の実質的価値が失われているという指摘はきわめて正鵠を得ているが，これは「公共の福祉」の問題であろうか。

いるのだろうか。

　破産の場合には会社の財産について取締役の処分権は失われる。さらに，会社と取締役の関係は委任関係とされ，会社が破産した場合，委任関係が終了するので（民法653条），従来の取締役はその地位を失うという意見がある。しかし，会社（法人）は「破産手続による清算の目的の範囲内において，破産手続が終了するまで存続するものとみなす」（新破産法35条）ので，財産の管理処分とは関係のない，組織法上の活動（会社設立無効の訴えの応訴など）については取締役の地位を存続させることはできる[222]。

　たとえば，有限会社の社長が自ら社屋に放火して全焼させ，破産前に同会社が契約していた火災保険について質権を設定していた信用組合が保険会社に対して支払いを求めた事件で，最高裁平成16年6月10日第一小法廷判決は，「破産しても取締役は当然には地位を失わない」とし，社長は放火した時点でも約款の「取締役」にあたり，「故意や重大な過失で保険事故を招いた場合に保険金請求権を認めるのは，信義則や公序良俗に反する」として，保険会社に2,370万円の保険金の支払いを命じた原判決を覆している[223]。

　更生手続の場合，原則として管財人が選任され，「更生会社の事業の経営並びに財産の管理及び処分する権限は，裁判所が選任した管財人に専属する」こととされている（会社更生法72条1項）。また，更生会社は株式の消却，併合，新株・社債の発行などの組織に関する事項を行うことを禁じられている（会社更生法45条1項）。更生手続の開始は，委任の終了事由ではないので，更生会社の取締役は更生手続の開始によって当然にはその地位を失うものではないが，更生会社の役員に対する責任追及（会社更生法99条以下）が予定されており，手続自体は基本的に会社の組織事態に影響を及ぼさないものの，財産の管理処分権が更生管財人に移るの

---

(222)　伊藤眞『破産法（全訂第3版補訂版）』（有斐閣，2001）254頁。
(223)　最高裁平成16年6月10日第一小法廷判決（判時1864号168頁，判タ1159号114頁，金法1720号36頁，金判1202号2頁）。

で(会社更生法72条)、従来の会社の経営陣には会社の経営に関する権限がなくなり、更生管財人の下で更生を進めることになる。このため更生会社では経営陣が辞任することになり、現実には退陣を余儀なくされる。

再生手続の場合には、再生会社は従来どおり財産の管理処分権を有する(民事再生法38条1項)。また、更生手続と同様に再生手続の開始は委任の終了事由ではない。したがって再生会社の取締役は、再生手続の開始によってその地位を失うことはない。ただし、更生手続と同様に、法人の役員の責任追及(民事再生法142条以下)が予定されており、倒産の原因に責任のある役員(取締役、監査役)が現実にその地位にとどまることは困難であろう。

(2) 倒産会社の取締役の責任

取締役は「会社と取締役との間の関係は委任に関する規定に従う」(商法254条3項)とされ、さらに取締役は「法令及び定款の定め並びに総会の決議を遵守し、会社の為忠実にその職務を遂行する義務を負う」(商法254条の3)。商法254条は監査役についても準用されている(商法280条1項)。さらに違法配当などを行なった場合には、取締役は会社に対する責任を負い(商法266条)、取締役が職務を行うにあたって悪意または重過失があったときは、第三者に対して責任を負う(商法266条の3)。では、このほかに会社が倒産した場合、経営にあたっていた取締役には倒産責任があるのだろうか。倒産によって債権者・株主に損害を与えることになるが、取締役個人にこの損害賠償責任はあるのだろうか。取締役の倒産責任の具体例としては、以下の裁判例がある

・大阪高裁平成元年10月26日判決 (百選第3版第22事件)

A社が昭和55年3月26日に更生手続開始決定を受け、Yが更生管財人に選任された。56年2月18日に更生計画が認可され、Yらが更生会社の代表取締役らに就任した。Xらは提訴請求から6ヶ月前から保有しているA社の株主であった。Xらは更生計画遂行中の昭和61年5月31日にY

が虚偽の法人税申告を行い，加算税等1,500万円の損害を与えたとして，提訴請求を行い，株主代表訴訟を提起した。第1審，控訴審ともに請求を棄却した。

大阪高裁は「更生手続が開始された後も当該会社は株式会社として存続することには変わりがなく，それ故，取締役等は会社の必要常置機関として選任，存置する」とし，「更生手続遂行中でも取締役にその責任を追及すべき事態が発生したときは，取締役は訴えをもってその責任を追求されることがある」のであり，「更生手続中の会社においては，会社の財産の管理・処分権はすべて管財人に専属しており，右取締役に対する責任追及も会社財産の管理・処分権に含まれるから，右の訴えを提起するかどうかは，専ら管財人の判断に委ねられている」とした。

現実には，会社の破産事件では破産管財人が破産会社の経営者に私財を提供させ，破産財団に組み入れることがある。

また，2003年2月2日付け日本経済新聞は，北海道拓殖銀行が行なったリゾート開発会社ソフィアグループに対する不正融資について，同行の元頭取が商法の特別背任罪(商法486条)に問われた事件の第一審判決に関して報じている。特別背任は「自己若しくは第三者を利しまたは会社を害せんことを図りてその任務に背き会社に財産上の損害を加えたるときは10年以下の懲役または千万円以下の罰金に処す」とされている。利を図る目的を要件としているので，この点が争点になったようであるが，検察側は倒産による責任問題を恐れて自己保身を図ったことをこの利を図る目的と主張していた。裁判所は検察の主張を認定することはできないとして，特別背任罪の成立を認めなかった。新聞報道では，過剰融資は前任者の時代に行われたものであるが，前任者については時効が成立したとしている。

(3) 会社の倒産と取締役への責任追及

① 査定制度

　会社整理，特別清算，民事再生，会社更生では簡易な方法として，否認における否認の請求に対応する損害賠償請求権の査定の規定（商法386条1項8号，同454条1項5号，民事再生法143条，会社更生法100条）を設けている[224]。旧破産法では取締役に対する倒産責任追及の制度は特に定められていなかったが，新破産法は，民事再生法などにならって，「査定」制度を設けた（新破産法178条～181条）。

　さらに新破産法177条，民事再生法142条，会社更生法99条は，倒産について責任を追求される取締役等役員が，その財産を隠匿したり，処分したりすることを防止するため，これらの役員の財産に対する保全処分を設けている。

　なお「査定」の裁判に対して不服がある者は，その送達を受けた日から一月の不変期間内に，異議の訴えを提起することができる（145条）。

　倒産自体については，取締役は道義的責任を負うのみである。商法266条，280条の13は，取締役の行為，任務違背が破産の原因となった場合の損害賠償責任を定めている。これは破産管財人が訴えを提起するが，私財の提供を迫る例がほとんどで裁判所に訴えを提起することまではしない。すなわち，取締役の倒産責任は会社の取締役の会社に対する責任が根拠であり，責任の取り方として，役員の辞任・退任，保有株式の提供，個人資産の提供などがある。

② 倒産した企業の取締役の債務填補責任

　わが国では倒産企業の取締役の責任は，取締役の行った個々の行為に

---

[224] たとえば，東京地裁平成12年12月8日決定は，そごうの役員に対して，架空取引，貸倒れ，違法配当によって会社がこうむった損害の賠償額の査定として，十億円単位の金額，とくに元会長には総額約60億円の金額を決定している。

よる会社への損害を根拠としているが，外国にはこのような個別の損害にとどまらず，倒産について責任のある取締役に倒産した会社が負っていた負債を負担させるという制度を設けていることがある。たとえば，フランス1985年倒産法の180条1項は，「会社更生ないし法定清算において，当該企業の積極財産で負債を支払うことができず，その債務超過が経営判断の誤りに起因する場合，商事裁判所は報酬の有無に拘らず，また登記上，事実上に拘らず，当該企業の取締役に対して，当該企業の負債の全部ないし一部を，連帯してないし非連帯で負担を命ずることができる」と定めている。すなわち，取締役は会社の債務について個人保証を行っていなくても，保証人と同様の立場に陥るおそれがあるのである。

　また，イギリス1986年倒産法45章（清算前または清算中の違法行為：会社と役員に対する制裁）の214条（誤った取引）1項は「本条3項に従い，会社の清算中に会社の取締役である者またはあった者について，本条2項を適用することが明らかになった場合には，裁判所は清算人の申立により，当該の者について，裁判所が適当とするまで，会社の資産への補填の責任があると命ずることができる」としている。同条の2項は，「本項は下記の者に適用される」として，(a)会社が支払不能清算になり，(b)会社の清算の前に，当該の者が支払不能清算を避けられないと承知しており，(c)当該の者が当時，会社の取締役であった場合と規定している。なお，同条3項は，「裁判所は，2項(b)を充足する者が会社の債権者に生じる損失をミニマイズするために手段をとった場合には，本条に基づく命令を発してはならない」としており，倒産を回避するために手段をとった取締役に対しては免除することになっている。

第2章　倒産法各論

5　国際倒産

(1) 債務者の在外財産

① 国際倒産の対象

　現代は，企業取引がきわめて国際化しており，企業にしても個人にしても財産をが国に持つ，外国の金融機関から借入れを行うことが常態化している。倒産手続は，破綻した債務者の資産と負債の整理の手続であるから，財産が外国にあったり，債権者が外国に所在している場合もある。たとえば，1979年9月に会社更生法の適用を申請したヤオハンは，シンガポール，タイなどの東南アジアからイギリス，アメリカにも事業を展開していた。2001年12月にアメリカ連邦倒産法のチャプター・イレブン手続を申請したエンロンは，わが国で発電所建設を事業目的とする子会社を持っていた。このように企業組織も企業活動も国際化しているが，一方，倒産手続は一国の裁判所が監督する手続であり，企業活動・企業の資産負債の国際化のもとで，手続機関は属地的にならざるを得ないという基本的問題点がある。
　こうした属地的な倒産手続と企業の国際化の調整を図る分野として「国際倒産」という領域がある。

・わが国の債務者が外国の銀行預金など直接に在外財産を持ち，外国に債権者がいる場合

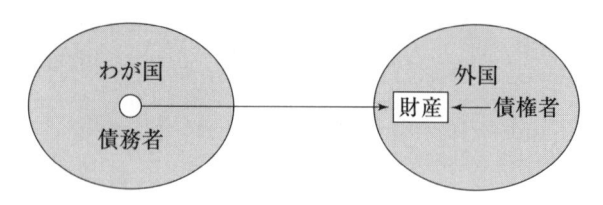

・わが国の債務者が外国に支店を設けて支店が在外財産を持ち，支店が当該国で債務を負う場合（わが国の債務者の支店は本店と同一法人格を有する）

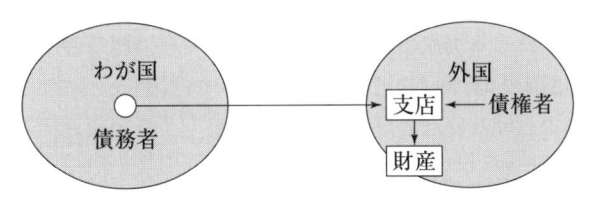

```
┌─────────┐        ┌─────────┐
│ わが国  │        │  外国   │
│         │───────▶│ 支店 ◀─│─債権者
│ 債務者  │        │ 財産    │
└─────────┘        └─────────┘
```

・わが国の債務者が外国に現地法人（法人格は別である）を設け，現地法人が当該国で財産を持ち，債務を負う場合

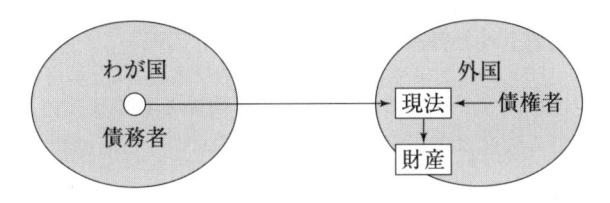

```
┌─────────┐        ┌─────────┐
│ わが国  │        │  外国   │
│         │───────▶│ 現法 ◀─│─債権者
│ 債務者  │        │ 財産    │
└─────────┘        └─────────┘
```

　国際倒産とは，倒産債務者が外国に財産や事務所・営業所あるいは現地法人を持っている場合に，どのような倒産処理をするか，という問題である。国際投資のこれらの形態の違いは，倒産処理に大きく影響する。すなわち，国際倒産は同一法人について倒産手続を国際的の普遍的に行うことであって，子会社であっても別法人については倒産手続が個別に行われている[225]。

---

(225) 倒産者が国内と国外に財産を有していた例として，アーバン事件がある。破産したアーバンの追加の管財人に選任された小杉弁護士は，同社の在外財産の処理を担当した。この財産とは農場で，工事を請け負った業者が債権者となっていた。そこで，小杉弁護士は現地の債権者と売却代金はフランスの債権者に優先的に弁済する，その代わりに差押え，破産申立などを行なわないとする和解をまとめた。ところが，すでに日本の債権者の一人が当該在外財産にフランスでの

205

第2章　倒産法各論

　国際倒産のうち債務者の有する財産については，次の二つの方向がある。

　(a)　国内倒産手続の対外的効力という問題
　　　日本における倒産　　→　対外的効果　→　外国における倒産処理
　(b)　外国倒産処理手続の国内での効力という問題
　　　日本における倒産処理　←　対内的効果　←　外国における倒産

　なお，欧州連合の2000年5月29日国際倒産規則「支払不能手続に関する規則番号1346-2000号」(欧州連合国際倒産規則)は，親子会社を同一の倒産裁判所に係属させ，同一の手続で処理することとしており，わが国の国際倒産法よりもきわめて先進的な処理を定めている(226)。

　②　倒産属地主義と普遍主義

　わが国の旧破産法3条1項は平成12年に削除されるまで，「日本に於いて宣告したる破産は破産者の財産にして日本に在るものに付いてのみ其の効力を有す」と規定し，同2項は「外国において宣告したる破産は日本に在る財産に付いては其の効力を有せず」と定め，また旧和議法11条は旧破産法3条を準用し，さらに，旧会社更生法も4条1項で「日本国内で開始した更生手続は，日本国内にある会社の財産についてのみ，効力を有する」，同2項で「外国で開始した更生手続は，日本国内にある財産については，効力を有しない」，同3項で「民事訴訟法により裁判上の請求をすることができる債権は，日本国内にあるものとみなす」と同様に規定していた。

　　　仮差押えを行なっているのが分かった。このため，わが国の破産宣告についてフランスでの執行判決を取り，倒産宣告以後の仮差押えを失効させることにした。
　　　小杉丈夫「国際倒産と管財人業務」『法律業務の国際化』(商事法務，1995) 247頁。
(226)　同規則は，支払不能(倒産)手続を定め，商人・非商人，企業・個人を問わず，欧州連合内に主たる利害を有する支払不能者の国際倒産に適用される。先進的ではあるが，後述のような問題がある。

わが国の倒産法はわが国の倒産手続の効果は外国に及ばない，外国の倒産手続の効果はわが国には及ばないとする，倒産属地主義（Territorialism）を採用していたのである。

破産法の制定された大正時代には，国際倒産の問題に緊急性はなかったので，わが国破産法は「厳格な，徹底した属地主義」を採用したとされている[227]。すなわち，倒産手続は国家の公権力が行う手続であるから，その執行力は手続の国内に限定されるとするものである。倒産属地主義を反映する裁判例として下記がある。

・大審院明治35年6月17日判決[228]

ハワイに住所を有する日本人Yがハワイの裁判所で一旦破産宣告を受け，その後巡回裁判所で責任解除の命令を受け，破産宣告当日に存在した債務の免除を得たが，Yが他の日本人Xに約定金の返還請求を行ったため，Xが契約上の債権の支払を求めて反訴を提起した。原審はこの免責命令の効力を認め，破産財団に対する債権はすべて消滅したとして，Xの請求を棄却したため上告した。

大審院は「破産により破産者は其の権利行使中多少の制限を受くることあるも，其の為破産は強制執行たるの性質を有せざるものというを得ず。既に破産にして一の強制執行に外ならざる以上は，破産宣告は宣告裁判所所属国の裁判が執行力を有する地域内に限り効力を有すべきものにして，しかして裁判は特別の法令もしくは国際条約あるにあらざる以上は領域内に限り執行力を有するもの」，「布哇（注：ハワイ）に置ける破産手続に関する裁判は我が国においても其の効力を有するものと判断したるは不法たるを免れず」として，原判決を破棄差戻した。

---

[227] 加藤博士は破産の属地主義について「破産法は公の安寧秩序に関係する法律なるが故に」，「属地破産主義を主張するは破産の執行的性質よりするを最も可なりとす」とする（加藤正治「破産法研究第一巻」有斐閣1922年310頁）。

[228] 大審院明治35年6月17日判決。渉外判例百選（1967年）第90号事件188頁［三井哲夫］。

第 2 章　倒産法各論

　上記の判決の趣旨は，その後も大阪地裁昭和58年 9 月30日判決（判タ516号139頁），東京高裁昭和34年 1 月12日判決（下民集10巻 1 号 1 頁）に踏襲されている。わが国の債務者が倒産しても，その債務者の外国にある財産にはわが国の倒産手続の効果が及ばないので，次の一成汽船事件のような例があった。早い者勝ちということである。

・一成汽船事件(229)

　更生手続開始の申立てをしたわが国の海運会社が所有する船舶がカナダの港に入った際に，わが国の債権者が当該船舶に対して差押えを行った事件である。この事件は対物管轄事件で，対人管轄事件ではなく，債務者に対する送達の問題は生じなかったので，外国債務者の財産である船舶に対する差押えが認められた。事案の概要は以下のとおりである。

　わが国の海運会社一成汽船は，わが国の会社Ⓐから船舶の高成丸を割賦売買契約で購入し，残割賦債権についてはⒶは同船舶に抵当権を設定し，これを神戸法務局に登記していた。一成汽船は1978年 1 月に会社更生法の適用を申請し，翌日弁済禁止の仮処分を受け，債務の弁済を停止した。Ⓐは会社更生には反対であったため，更生手続開始決定に対して即時抗告を行うとともに，1978年 6 月，当該船舶がカナダ・オンタリオ州ハミルトンの港に入港した際に，Ⓐはカナダ連邦地裁に抵当権の実行による競売の申立てと本船舶の差押えを申し立て，同連邦地裁は同日差押命令を発した。一成汽船の更生管財人は，連邦地裁に差押えの取り消しと競売申立ての棄却を申し立て，同地裁は「競売の申立ての根拠たる売買契約，抵当権設定契約は日本法に準拠しており，カナダの債権者は存在し

---

(229)　Orient Leasing Co. Ltd. v. The Ship "Kosei Maru", Federal Court Trial Division, [1978] 3 A.C.W.S. 371; 94 D.L.R. (3d) 658, November 10, 1978, Decided. 谷口安平「国際倒産の現状と問題（下）」NBL385号（1987）51頁，同「国際倒産の回顧と展望」金法1188号（1988） 8 頁，「トピックス」NBL167号（1978） 4 頁，小林秀之「カナダにおける我が国の倒産手続の効力と属地主義」金法1284号37頁を参照。

ない」ので、日本の手続を優先すべきであり、「競売の申立ては手続の濫用」であるとして、前に発した差押命令を取り消し、競売の申立てを棄却する判決を言い渡した。Ⓐはこれを不服として、連邦控訴裁判所に控訴した。

　連邦控訴裁判所は、本事件は対物管轄事件（action in rem）であり、カナダの裁判所に対する救済の申立てが実体法に根拠がある限り（it is a remedy that must be used only for enforcing a valid substantive right）、カナダの裁判所に裁判管轄があるとし、「わが国会社更生法の条文を自然かつ伝統的な意味合いにおいて解釈する限り（read in its natural and traditional sense）、わが国会社更生法は債務者の在外資産に対してはその効力を有せず、したがって、本件船舶に対する差押え（すなわち船舶抵当権の実行）もカナダにおいて許容すべきである」として、更生管財人の異議申立てを棄却した。

　この事件では、わが国の会社更生手続とカナダでの個別執行（船舶執行）はまったく無関係に行なわれたものである。会社更生手続では、担保権の実行を禁じられるから、高成丸という船舶が日本の港に係留されている間は、担保権を有する債権者といえども抵当権の実効はできなかった。ところが、高成丸が外洋に出たとたんに個別執行が行なわれてしまった。大企業であるⒶならばこそ外国における個別執行が可能であったのであって、本来倒産法を支配する理念である債権者の平等原則からいえば、このような一部債権者の債権回収はあってはならない。しかし、会社更生法はわが国の法律であるから、担保債権者の外国における個別執行を禁じることまではできない。

　③　倒産属地主義の問題点

　国際倒産に関わるわが国企業の例は、80年代に入るまでは船会社に多かった（三光汽船、一成汽船、照国海運）が、90年代に入ってからは多様な業種に拡大している。従来のわが国企業の国際倒産事件には問題があり、

第2章　倒産法各論

マルコー事件のようにわが国とアメリカと別々に倒産処理手続をとり，アメリカの倒産法制を利用するケースもあった。

　これは下記のような事件である[230]。マルコーは，日本の外にハワイ，カリフォルニア，ニューヨークなどの米国各地やカナダ，オーストラリアなどにもホテル，ショッピングセンター，コンドミニアムを多数所有或いは分譲・管理していた。

　1991年8月29日に，同社は東京地裁に更生手続開始を申立て，同年12月6日同裁判所は更生手続開始を決定した。更生計画は，その3年後の1994年7月1日に認可された。

　アメリカでは，1991年10月30日，更生手続の保全管理人はマルコーの資産がカリフォルニア州南部に集中していたことから，サンディエゴのカリフォルニア州南部連邦破産裁判所に，連邦倒産法に規定されるチャプター・イレブンの手続を申し立てた。同申立に当たっては，大口無担保債権者名簿，債権者一覧，株主名簿，資産負債一覧，双務契約一覧，財務状況説明書などを提出した。同破産裁判所も申立から3年後の1994年2月4日に再建計画を認可した。

　日本での更生手続を担当した弁護士及び海外案件の管財人代理の弁護士によれば，すでに日本で更生手続を開始している日本法人について，さらに米国でチャプター・イレブンの手続を申し立てた理由として，(1)事業の海外資産管理処分権の掌握（日本の会社更生法4条1項の反対解釈。米国連邦倒産法におけるDIPの地位の活用），(2)在外資産の保全（米国連邦倒産法に言う付属手続を活用），(3)米国以外の資産の保全（米国のチャプター・イレブン手続の倒産普及主義を活用）を挙げている。

　チャプター・イレブンの手続の申立によって，米国法上は，自動停止の効果が与えられる。一方，日本の会社更生法上同等の効果を得るためには，裁判所の保全命令を得る必要があるが，米国の手続では担保権の

――――――――――
(230)　阿部昭吾＝片山英二＝坂井秀行＝中島健仁「国際並行倒産の実務－更生会社マルコーの実務にみる米国倒産手続」NBL556号6頁，558号13頁，559号38頁，563号50頁，568号59頁，569号64頁。

実行の禁止，強制執行の禁止，継続中の訴訟の禁止，相殺の禁止等の効果が認められる。なお，米国連邦倒産法にはアブステンション（自制）と言う手続があり，米国の倒産手続と外国の手続が競合した場合，一定の要件の充足を条件に米国の手続が終了されることとなっている。米国の倒産手続は普及主義を取るため，日本で進行中の会社更生手続の債権者に米国倒産手続の効果が及ぶことを避けるために，本事件では，管財人は日本の倒産手続について米国でのアブステンションを申し立て，破産裁判所から自制命令を得た。

　削除前の旧破産法3条1項にあるとおり，倒産手続は基本的には国家の司法権力機関である裁判所の監督の下で行なう財産の換価と配当の手続であるから，一国の裁判所の権限の及ばない外国にある倒産者の財産について倒産手続に含めることはできないとする議論がある一方で，このような厳格な属地主義は，国際取引が増加するにつれてその限界が明らかとなり，学説は破産手続の効力が外国にも及び，外国の破産手続の効力がわが国にも及ぶとする普遍主義的（Universalism）解釈を展開した。
　倒産普遍主義は，破産手続の効力が外国にも及び，外国の破産手続の効力がわが国にも及ぶとする。削除される前の破産法，旧会社更生法，旧和議法は条文で倒産属地主義を取っていたから，普遍主義的な対応を要する現実を前にして，理論的な支柱を必要とし，事実上の回復是認説，原則管轄・例外管轄区分説，財産・権限関係区分説，包括的執行力区分説が主張され，また裁判例としても個々に普遍主義的な考え方を採用した。
　たとえば，下記の事案がある。

・**東京高裁昭和56年1月30日決定**[231]
　仮差押執行取消決定に対する抗告事件である。スイス法人フィンカメ

---

(231)　東京高裁昭和56年1月30日決定（判時994号53頁，判タ438号147頁）。渉外判例百選第三版第121事件［青山善充］。

ラ社は，1979年10月26日ジュネーブ地方裁判所において破産を宣告され，ブレイズ・ロエリッヒ氏が破産管財人に選任された。一方，わが国特許庁には，商標権の出願が登録され，その権利名義人は1978年1月19日以降フィンカメラ社となっていた。日本法人インターナショナル・マネージメント社は，フィンカメラ社に150万円の売掛債権を有していたが，この債権の執行を保全するために，1979年12月10日東京地方裁判所に本件商標権の仮差押命令を申立て，翌11日東京地裁は仮差押を決定し，特許庁に仮差押の登録が行われた。仮差押決定の末尾には「債務者は金150万円を供託するときは，この決定の執行の停止，または，その執行処分の取消を求めることができる。」とあった。フィンカメラ社は1980年6月26日，150万円を供託し，東京地裁に仮差押決定執行の取消を申立て，同月30日にその旨の決定を得た。このためインターナショナル・マネージメント社がこの決定を不服として抗告したものである。

抗告人は破産法3条2項を引用し，「本件商標権はわが国特許庁に出願登録された権利であって，『日本にある財産』であるからスイス連邦国のジュネーブ地方裁判所において宣告された本件破産は本件商標権についてはその効力を有せず，その破産に伴って就任した破産管財人である相手方は本件商標権については管理処分の権限を有しない」と主張した。

東京高裁は「破産法の右規定（3条2項）は，外国において宣告された破産はわが国にある財産については当然にはその効力，特にその本来的効力（包括執行的効力）が及ばないことを宣言したにとどまり，それ以上に，外国において破産の宣告がなされたことや，それに伴い破産管財人が選任されたこと自体を無視したり，その宣告の結果，当該外国において，その国の法律に従い，破産管財人が破産者の有する財産の管理処分権を取得するなどの効果が発生することを否定したりすることまで要求するものでないことは明らかである。すなわち，外国において破産の宣告がなされた場合には，その破産管財人が，わが国にある財産について，それが当然に破産財団に帰属する財産であって，自己の管理処分権の直接の対象になると主張したり，それに対してなされた第三者からの個別

的執行(仮差押等を含む。)を破産の効力に抵触するとして，その停止，取消等を求めたりすることができないことはいうまでもない。しかし反面，破産宣告のなされた当該外国の法律が，破産管財人において破産者の有する全財産の管理処分権を取得することを認めており，しかもその財産の中に他国（わが国を含む。）にある財産も含まれているような場合には，その破産管財人は，右外国法によって認められる破産者の全財産の管理処分権に基づき，その財産を保全するため，わが国にある財産についても，破産者がわが国の法律に従いその財産について有する権利を行使することが許されるものと解すべき」で，Y（注：ロエリッヒ氏）は「本件破産の効果としてスイス連邦国の法律に従って取得した破産者の全財産についての管理処分権に基づき……執行取消を申立てると当事者適格を有する者というべきである」として抗告を棄却した。

また，東京地裁平成3年9月26日判決[232]では，日本の現地法人の発行済株式総数の50％を有するノルウェー法人親会社がノルウェーで破産宣告を受け，同国で破産管財人が選任された事例である。日本の現地法人の株主総会にあたって，破産管財人がその招集通知を受取っていないとして，株主総会決議の取消しを求め，東京地裁は同国破産管財人が「商法247条1項の『株主』の権利を行使する者として，本件訴えの原告適格を有する」とした例がある。

(2) 国際倒産法制の制定

① 民事再生法の規定

このような早い者勝ちの状態では，調査能力のある債権者は回収できるが，その他の債権者は指をくわえてみているだけという事態になる。そこで平成12年に，旧破産法3条，旧会社更生法4条が削除された。

倒産法制見直しの作業の中でいち早く成立した民事再生法は，その38

---

[232] 東京地裁平成3年9月26日判決（判時1422号128頁）。

条1項で「再生債務者は，再生手続が開始された後も，その業務を遂行し，又はその財産（日本国内にあるかどうかを問わない。第66条及び第81条第1項において同じ。）を管理し，若しくは処分する権利を有する。」と定めており，債務者が外国に財産を持っていても，民事再生手続の効果は，外国にある財産に及ぶことになった。

さらに，会社更生法についても平成14年の改正で32条本文で更生手続開始前の「保全管理命令が発せられたときは，開始前会社の事業の経営並びに財産（日本国内にあるかどうかを問わない。）の管理及び処分をする権利は，保全管理人に専属する」と定め，更生手続開始後については同72条で「更生会社の事業の経営並びに財産（日本国内にあるかどうかを問わない。第4項において同じ。）の管理及び処分をする権利は，裁判所が選任した管財人に専属する」と規定している。

新破産法34条も，破産財団の範囲について「破産者が破産手続開始の時において有する一切の財産（日本国内にあるかどうかを問わない）」と定め，同93条で「保全管理命令が発せられたときは，債務者の財産（日本国内にあるかどうかを問わない。）の管理及び処分をする権利は，保全管理人に専属する」として，わが国の倒産手続の効果が外国にある債務者の財産にも及ぶことを明らかにした（前述の(a)にあたる）。

これらの規定から，わが国における倒産手続の効力は外国にも及ぶとする，国内倒産手続の対外的効力が認められる方向に転換したということができる。

このように倒産債務者の外国にある財産にもわが国の倒産手続の効果が及ぶ一方で，わが国の倒産債務者の債権者が債務者の外国にある財産から債権回収する（すなわち，上記の一成汽船事件のような場合）までも禁止することはできない。

ただし，外国で一定の債権回収をしているのに，わが国での倒産手続で他の債権者と同等の配当を受けることにすると，このような抜け駆けをした債権者が有利になってしまう。

そこで，民事再生法89条1項は「再生債権者は，再生手続開始の決定

があった後に，再生債務者の財産で外国にあるものに対して権利を行使したことにより，再生債権について弁済を受けた場合であっても，その弁済を受ける前の債権の全部をもって再生手続に参加することができる」としつつ，2項で「前項の再生債権者は，他の再生債権者が自己の受けた弁済と同一の割合の弁済を受けるまでは，再生手続により，弁済を受けることができない」，3項で「第一項の再生債権者は，外国において弁済を受けた債権の部分については，議決権を行使することができない」と定めた。会社更生法137条，旧破産法265条の2新破産法201条4項は，民事再生法89条2項と同様に規定する。これを「ホッチポット・ルール」という。開始決定後に在外財産から回収した債権者は弁済前の債権額をもって債権届けをして再生手続に参加できるが，他の再生債権者が自己と同じ弁済を受けるまでは再生計画による弁済を受けられないとするルールである。

② 外国倒産処理手続承認援助法

わが国民事訴訟法は外国判決の承認を規定し，また民事執行法24条は外国判決の執行手続を定めているが，外国における裁判所の破産宣告または破産手続その他倒産処理手続の開始決定について，日本において執行判決を求めることができるかという点については，積極説と消極説に分かれていた[233]。

積極説は，属地主義のもとでは，外国の倒産手続における裁判はわが

---

(233) ちなみに，フランスでは，クレベール社事件（Cass. 1er civil 25 fév. 1986）が執行判決を出している。コペンハーゲンに本社を有するデンマーク法人フリイス・ハンセン社は，1981年5月29日コペンハーゲン裁判所で破産を宣告された。フランス法人クレベール社は，ハンセン社に対して500万フランを超える債権を有していたが，ハンセン社は，フランス国内に評価額110万フランの不動産を有していたため，クレベール社は債権の一部を回収するために，1981年7月27日，アルベールビル大審裁判所（注：地裁に相当）に当該不動産の仮差押と抵当権の仮登記を申立て，8月3日にこの旨が決定された。クレベール社は債務名義を得るために，今度はアルベールビル大審裁判所に債務の支払請求の訴えを起こした。

国では当然には効力をないというだけであって，外国倒産手続における申立人，管財人などの機関が日本の裁判所に対して執行判決の申立をすることは可能であり，日本の裁判所が執行判決を与えた場合は，外国倒産の効力がわが国の財産にも及ぶというものである。

一方，消極説は，民事訴訟手続と倒産手続を峻別し，民事訴訟手続は当事者が対立するという構造のもとで判決が行われるので，これに対しては執行判決を与えることはできるが，倒産手続ではわが国の利害関係者は手続に参加していないので，一方的に外国の倒産処理手続に関する裁判に執行判決を与えることはできないというものである。

平成12年に制定された「外国倒産処理手続の承認援助に関する法律」を併せて，わが国における承認の申立てと承認を条件に外国倒産手続について対内的効力を認めるに至った(234)。

同法の前文は「国際的な経済活動を行なう債務者について開始された外国倒産処理手続に対する承認援助手続を定めることにより，当該外国倒産処理手続の効力を日本国内において適切に実現し，もって当該債務者について国際的に整合のとれた財産の清算または経済的再生を図ること」と規定している。

外国倒産処理手続承認援助法による個々の具体的な手続は以下のとおりである。

承認の申立ては，外国倒産処理手続における債務者財産の管理処分権

1981年11月3日，4日の両日デンマークの破産管財人は，同裁判所にデンマークでの破産判決の執行判決(exequatur)を求める訴えを起こした。同裁判所はまず，管財人の訴えを先行して審理し，1982年1月15日執行を認める判決を出し，一方1982年2月5日，クレベール社の訴えについては却下と仮登記の抹消を命ずる判決を出した。この2件の判決に対して控訴審のシャンベリー控訴院は判決を支持した。破毀院は「フランスの国際公序の概念に反しない限り，フランスで執行力があるとされた判決は有効であり，……保全の目的で取られた差押は受入れることができない」とした。

(234) 外国倒産処理手続承認援助法は，国連国際商取引法委員会(UNCITRAL)が1997年12月に採択したモデル法を参考にしている。

5　国際倒産

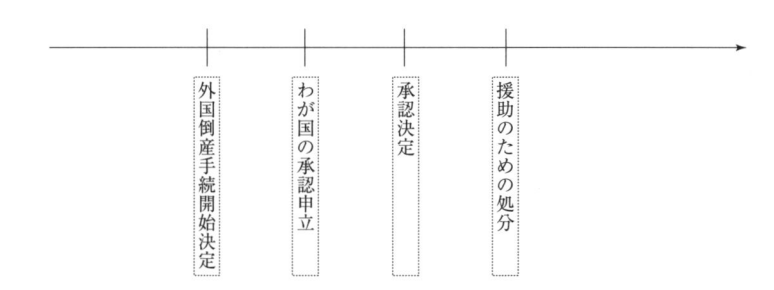

```
────┼────────┼──────┼──────┼────→
    外        わ      承      援
    国        が      認      助
    倒        国      決      の
    産        の      定      た
    手        承              め
    続        認              の
    開        申              処
    始        立              分
    決
    定
```

を有する外国管財人等が行なう。この裁判については，東京地裁が専属管轄を有する。

　東京地裁が承認を決定した場合には，当該外国で選任された破産管財人等（DIP の場合には倒産債務者本人をいう）は，わが国の手続におけると同等の権限を得ることができる。

　また，わが国に所在する破産者の財産について，わが国に管財人（承認管財人制度，同32条）を設けることができる。

　援助のための処分としては，1) 債権者の権利行使を制約する処分として，強制執行手続等の中止命令，強制執行手続等の取消命令，担保権の実行としての競売手続の中止命令，強制執行等の禁止命令，2) 債務者の財産管理処分権を制約する処分として，処分禁止・弁済禁止命令，管理命令，保全管理命令がある。

　なお，裁判所は承認援助手続の目的を達成するために必要があると認めるときは，利害関係人の申立てによりまたは職権で外国倒産処理手続の承認の決定と同時にまたはその決定後，債務者のわが国における業務および財産に関し，承認管財人を設けてその管理に当たらせる旨の管理命令を発する。承認援助法における承認は，外国破産管財人の地位を承認することであって，外国倒産処理手続を承認しても，債務者はわが国に所在する財産の処分権をすぐに失うものではない。したがって債務者から管理処分権を奪い，破産管財人がこの処分権を得るためには，わが

国における承認管財人の選任を申し立てる必要がある。すなわち，前述のジュネーブ所在会社フィンカメラ社事件では，破産管財人は，「外国法によって認められる破産者の全財産の管理処分権に基づき，その財産を保全するため，わが国にある財産についても，破産者がわが国の法律に従いその財産について有する権利を行使することが許されるものと解すべき」としたが，外国倒産処理手続承認援助法はこのアプローチはとらず，承認管財人を経由することとした。

外国倒産手続において破産等を宣せられた債務者についてわが国で別途倒産手続がとられていることがある（承認手続と国内倒産処理手続の競合）。

外国倒産処理手続承認援助法は，すでにわが国での手続がとられている場合に，外国倒産処理手続の承認申立てがあった場合には原則としてこの申立てを棄却することとし（同57条），一方，外国倒産処理手続の承認を決定した後に，わが国の倒産処理がとられていることが明らかになった場合あるいはわが国の倒産処理手続の申立てがあった場合には，裁判所は一定の要件の充足を確認し，わが国の手続の中止を命ずることができる（同59条，同60条）。また，一債務者について複数の国で倒産処理手続がとられることがあるが（国際並行倒産），いったん外国倒産処理手続を承認した後に，他の外国の倒産処理手続の承認申請があった場合にも裁判所は一定の要件の充足を確認し，後の手続の承認申立てを棄却する（同62条）。

(3) 国際並行倒産

わが国において倒産手続がとられ，また，債務者の財産のある外国でも倒産処理手続がとられることを並行倒産という。外国で倒産処理手続がとられていて，倒産債務者がわが国に財産を有するという場合，当該債務者について外国倒産処理手続承認援助法に基づき，外国倒産処理手続についてわが国での承認を得て処理するという方法（外国倒産処理手続承認型）のほかに，外国倒産処理手続とは別にわが国でわが国倒産法に

基づく倒産処理を申し立てる方法（国際並行倒産型）もある。

　民事再生法209条1項は「外国管財人は，第21条第1項前段に規定する場合には，再生債務者について再生手続開始の申立てをすることができる」とし，同2項は「外国管財人は，再生債務者の再生手続において，債権者集会に出席し，意見を述べることができる」とし，さらに同210条1項は「外国管財人は，届出をしていない再生債権者であって，再生債務者についての外国倒産処理手続に参加しているものを代理して，再生債務者の再生手続に参加することができる」としている。外国で選任された管財人はわが国の更生債務者についてわが国における更生手続開始の申立てをすることができることになった。

　会社更生法も，外国管財人について民事再生法と同様の趣旨の規定を設けている（同242条以下）。旧破産法も平成12年の改正によって，同357条の2以下に民事再生法と同様の趣旨の規定を設けていたが，新破産法も，246条で外国の管財人の権限を認めている。

　これらの規定により外国破産管財人等にもわが国の倒産処理手続の申立て権が認められ，さらにクロス・ファイリング（外国管財人等が外国倒産処理手続に参加している債権者を代理して国内倒産処理手続に参加することができ，また，わが国の管財人も国際倒産処理手続に参加している債権者を代理して外国倒産処理手続に参加することができる）を定めた。

　並行倒産を選択するメリットは，外国倒産処理手続承認型は国内手続を優先しているので，これを回避するという点を挙げることができる。外国倒産処理手続承認を選択するメリットとしては，外国倒産処理手続と整合的に国内の倒産処理を進めることができる点にある。

　(4)　残された問題

　わが国倒産法（外国倒産処理手続承認援助法を含む）は，倒産手続の管轄の基準を営業所・事務所の所在という点においている。これは債務者の法人格によって，倒産の管轄を定めるものである。

　しかしながら，現代の企業は外国に現地法人を設けることによって，

外国での事業を展開させている。現地法人は，法律上は親会社とは別法人であるから，わが国の倒産法上親会社の倒産処理手続に現地法人の倒産処理手続を包含させることはできない。この点で先進的なのは，欧州連合国際倒産規則である。欧州連合は域内全体を同一の法域とするべく，法の統一を目指しており，倒産手続においても加盟国のいずれかで倒産手続が開始された場合には，当該倒産債務者の子会社等はすべて同一の手続に包摂することを予定している。この場合，包摂の対象とするか否かは，会社の「主たる利益の中心」がどこかを基準にしている。外国の現地法人であってもその意思決定を親会社が行っていると判断されれば，現地法人の主たる利益中心は現地法人の現実の所在地ではなく，親会社の所在地とされ，ここで倒産処理の「主手続」(同規則前文12項，3条1項)がとられ，現地法人の現実の所在地で行われる倒産処理は「従手続」(同規則前文19項，27条)とされる。この結果，登記上親会社とは別の法人格を有する現地法人の場合にも，現地法人の主たる利益の中心が親会社と同一の地に所在すると判断された場合には，親会社の倒産手続と外国の現地法人の倒産手続が同じ裁判所で併合される可能性がある。さらに，同規則はわが国の外国倒産承認援助法とは対照的に，否認権については倒産処理手続開始の地の法律を準拠法とし，一方，取戻権(同5条)については対象の動産，不動産の所在地法によるものとし，また，相殺権(同6条)については倒産債務者の有する受働債権の準拠法によるとするなど，個々に準拠法を定めているが，個別の定めがない場合には子会社が別の国に所在している場合でも，親会社の所在国の倒産実体法が適用されることになる。

　具体例として，イギリスの会社がフランスに子会社を設けていたが，イギリスの親会社が倒産し，フランスの子会社もイギリスの親会社の倒産手続に包括されるという事態が生じたことがある[235]。この事件の問題点は，現地法人が親会社と同一の裁判所で倒産処理手続がとられる

---

(235)　具体的にはディジーテック事件を参照。ヴェルサイユ控訴院2003年9月4日判決。

こと，この倒産手続の準拠法は，制限列挙されたものをのぞき，手続のとられる地の法律であることであるが，このような現地法人について親会社と同じ倒産手続がとられることはわが国の倒産法では不可能であるが，仮にこれが国際倒産を円滑に処理するのに資するのであれば，わが国においても検討の余地があるのではないか。

● コラム *18* ● BCCI 事件

　1991年7月，マルチナショナル・バンクのバンク・オブ・クレジット・アンド・コマース・インターナショナル（BCCI）が倒産した。

　BCCI はパキスタンの実業家アブ・ハッサン・アベディ氏を中心にアブダビ首長国，バンク・オブ・アメリカなどの資金を基に創立されたようである。持株会社 BCCI ホールディングの登記上の本店はルクセンブルグ，バンキング業務の中心はロンドンであったが，イギリス法の適用を回避するために，破綻寸前にアブダビに本拠を移していたようである。わが国には，1986年以来，BCCI SA（ルクセンブルグ法人）の東京支店が設けられ，わが国の会社や金融機関が預金していた。

　同行は，1980年代に船舶不況で業績が悪化し，1986年にはロンドンでのディーリングで巨額の損失を被り，このころから粉飾を行なっていたとされている。また1990年代には数々のマネーロンダリング事件への関与を取りざたされた（マルコス，ノリエガ，フセイン，コロンビア・メデリンなど）。

　1991年6月時点では，持株会社の傘下に30余りの銀行が69カ国365拠点にあったとされている。BCCI SA として，13カ国47拠点，BCCI オーバーシーズ（ケイマン法人）として28カ国63拠点，その他28銀行があった。

　1991年6月，ロンドンで BCCI の粉飾が判明し，7月5日（金）グリニッジ標準時の正午を期して，イギリス，ルクセンブルグ，ケイマン，アメリカなどの当局が BCCI 閉鎖の措置をとった。ルクセンブルグ通貨監督庁が商事裁判所に申し立て，裁判所は経営管理の決定をした。イギリスではイングランド銀行が申し立て，高等法院が暫定清算を決定した。

　5日グリニッジ標準時正午は，わが国の金曜日の営業終了後で，6日（土）

BCCI SA 東京支店は，大蔵省に臨時休業届けを出し，銀行間の決済システムからも離脱した。7月15，16日，大蔵省は立ち入り検査を行い，17，18，19日日銀が考査を行なった。そして，7月22日(月)，大蔵省は東京地裁に同支店の閉鎖，同支店の債務超過の疑いがあることを報告し，地裁は財産の保全処分を行い，22日午後には特別清算の開始を決定した。

BCCI のケースでは最終的にアブダビ首長国などが資金を供出し，債権者への支払に充当した。

国際倒産について条約は存在せず，BCCI のケースはたまたま普遍主義的な倒産処理が行なわれた例である。

6　金融機関の破綻処理

(1)　バブル経済崩壊後の金融機関の破綻

金融機関の場合には，経営破綻に陥っても倒産するとは限らない。現に，足利銀行は倒産していない。金融機関に対しては，社会的影響を考慮して，預金保険法に基づく倒産回避の措置がとられるからである。経営破綻した企業であっても，行政的な支援や公的資金を投入して立て直すことがある。

では，昨今話題になっているペイ・オフは，倒産とどういう関係にあるのだろうか。

預金保険機構が運営する預金保険制度の下で，金融機関が預金等の払戻しができなくなった場合などに，預金者等を保護し，また資金決済の確保を図ることによって，信用秩序の維持に資するために，預金が保護されているが，ペイ・オフとは払戻保証額までを払い出す措置を言う。その詳細は預金保険機構の説明によると以下のとおりである[236]。

・金融機関が破綻したときに預金保険で保護される預金等（「付保預金」とい

---

(236)　http://www.dic.go.jp/qa/qa_2003.htm 1 を参照。

います）の額は，預金保険法改正により，平成15年4月以降も2年間は，平成14年度と同様，保険の対象となる預金等のうち，当座預金，普通預金，別段預金については全額，それ以外の定期預金等については1金融機関ごとに預金者1人当たり元本1,000万円までとその利息等の合計額となります。
・また，平成17年4月以降は，保険の対象となる預金等のうち，決済用預金（無利息，要求払い，決済サービスを提供できること，という3条件を満たす預金）に該当するものは全額保護となり，それ以外の預金等については1金融機関ごとに預金者1人当たり元本1,000万円までとその利息等が保護されます。
・保険の対象となる預金等のうち決済用預金以外の預金等で元本1,000万円を超える部分及び保険対象外の預金等並びにこれらの利息等については，破綻金融機関の財産の状況に応じて支払われるため，一部カットされることがあります。

ペイ・オフの根拠である預金保険制度は1971年に導入されたが，初めて発動されたのは制度創設以来20年以上を経た1992年の東邦相互銀行破綻の際であった。その後，預金保険制度の発動は回避されてきた。

経営破綻と倒産とは必ずしも直結しないという例として，バブルの崩壊後，金融機関の破綻措置がどのように変遷してきたか，参考までに見ておこう。

1980年代後半から1990年代初めのいわゆるバブル経済の時期に，金融機関は積極的に融資を行ったが[237]，バブル経済の崩壊後，以前の融資

---

[237] バブル経済の発生原因について，1985年9月に行われたプラザ合意後の過剰流動性が指摘されている。ニューヨーク・プラザホテルで行われたG5（5カ国蔵相会議）は当時のドル高抑制のために，市場介入を行うこととし，この結果，1ドル＝240円から同年末には160円，翌1986年3月には140円まで円高ドル安が進んだ。この動きを阻止するため，大幅な金融緩和策がとられ，過剰流動性が生じた。インフレが昂進し，このために資産価値（地価，株価）が急上昇し，借入れに当たっての担保余力が生じ，金融機関は積極的な融資姿勢に転じた。当時，わが国全体の地価は面積では数十倍にもなるアメリカ全体の地価を上回るともいわ

第2章　倒産法各論

の多くが不良債権化し[238]，金融機関はほぼ一様に，不良債権の重圧の下で，収益力の低下に苦しめられ，不良債権の処理で体力をすり減らし，破綻する先が多発するようになった[239]。

　これらの不良債権処理が困難で経営破綻する金融機関に対して，セーフティ・ネットが設けられたのは1998年（平成10年）である。それまで十分な手当てがなかった。マラソン・レースでは，ランナーの一団の後を，救護車が追走して，落伍したランナーを回収するが，1998年まで金融機関にはこのような救護車がなく，落伍したランナーは沿道の観客が手当てをしていたのである[240]。

れ，「東京に石油が出た」（土地の価値が急激に上がったことの喩え）といわれたほどである。

(238)　バブル経済化で一時的に資産価値が上がったため，新たに融資が行われたが，その多くは不動産投資，営業特金などに充てられた。その後バブルの崩壊によって資産価値が急減すると，いわゆる「担保割れ」（貸金債権＞担保価値）の事態が生じた。

(239)　バブル経済化について，黒田教授は「バブル経済は，政府日銀の政策転換，平成元年5月から平成3年2月までの公定歩合引き上げ（2.5％→6.0％）や平成2年からの不動産関連貸出の総量規制などによって，ようやく鎮静化に向かった。バブル崩壊は，まず数々の金融不祥事として表面化した。バブル経済が，資本主義経済の恥部である金銭欲を煽るアメリカ型モデルへの追随の結果発生したものであったから，バブル崩壊が資本主義経済の恥部をさらけ出すことになったのは，当然であった」としている（黒田朗『不良債権処理と企業再生』（同友館，2004）45頁）。

(240)　2001年の静岡総合研究機構第6回学術フォーラム「新世紀のアジアを考える——金融システムの安定化を求めて——」という講演で，当時の柳澤金融担当大臣は，「第一に奉加帳対公的資金の導入というものが……この数年間（注：1998年に至るまでの）の破綻に対する対応の中で模索された。奉加帳方式で最初に対応した。しかしやっぱり最終的には，公的支援というものがないと本当には落ち着かないんだということが明らかになった」，「我々が依拠したパラダイムが余りにも，絶対金融機関つぶれないというようなことであったために，やはりそこには相当，われわれの頭の切り換えというか，場合によっては飛躍みたいなことが必要だったわけでありまして，えてして我々の国というのは漸進主義というか，匍

6 金融機関の破綻処理

　バブル崩壊後の金融機関の経営破綻は，1992年の大阪の東洋信金の解散から始まっている[241]。同信金は三和銀行などに営業譲渡し，1992年10月解散した。この年には，四国の東邦相互銀行が経営難に陥った（取引先の海運業者の営業不振が原因。伊予銀行が預金保険機構から支援金と低利融資を受けて吸収合併した）。1993年1月には都銀など166の金融機関が共同出資で共同債権買取機構（CCPC）を設けた。

　しかし，バブル経済崩壊後の不良債権問題の深刻さが十分に理解されていたとはいえず，金融システムが不安を抱える中で，1996年には，不良債権とはまったく逆方向を向いた「金融ビッグバン」という名の金融市場の開放が進められるに至っている[242]。1996年（平成8年）11月11日，橋本首相（当時）はわが国市場を2001年までにニューヨーク，ロンドン並みの国際的な市場とするために，フリー（市場原理が働く自由な市場に），フェアー（透明で信頼できる市場に），グローバル（国際的で時代を先取りする市場に）の三つの理念を原則として金融システムの総合的な改革を実行に移すこととした。こうして，1997年（平成9年）に金融持株会社法が成立し，金融システム改革法が成立した[243]。当時の金融界は，不良

　匍前進（ほふくぜんしん）で少しずつ何とかならないかといってやるようなタイプの思考というものが非常に多い」と述べている。

(241) 1991年8月13日に同金庫の架空預金事件が発覚した。同信金の一支店長が料亭の女将名義の500億円の架空預金証書を作成し，ノンバンクからの不正融資に担保として利用した。前述の否認権の説明を参照。

(242) 黒田教授は金融ビッグバンについても「橋本首相自身は，その意味が『米国のためにフリーでフェアなもの，そして，グローバルとは米国流のもの』ということを理解していなかった」とし，「橋本首相は，同年（1996年）11月，この緊急事態の中にこともあろうか，金融ビッグバン構想に飛びついた」としている（黒田朗『不良債権処理と企業再生』（同友館，2004）58，77頁）。

(243) 金融システム改革法は，「資産運用手段の充実」，「活力ある仲介活動を通じた魅力あるサービスの提供」，「多様な市場と資金調達チャンネルの整備」，「利用者が安心して取引を行うための枠組みの構築」の4つの柱から構成されていた（金法1522号（1998）16頁）。これらはもっぱら金融業務の積極拡大を目指した法律である。

第2章　倒産法各論

債権の処理も住専やノンバンク向けが山を越えたと見ていたのである。たとえば，1996年9月期の中間決算について「不良債権の処理はおおむね峠を越した」という見方もあったほどである。

ところが，1996年には住専問題で大揺れとなった。土地価格，株価は低下を続けており，バブルの崩壊後の不良債権問題は解決されていなかったのである。1996年（平成8年）に住宅金融債権管理機構が設立され，ここに住専の資産が移管され，住専そのものは解散された。この住宅金融債権管理機構はその後，整理回収機構（RCC）に改組され，現在に至っている。

1996年には，太平洋銀行（都銀4行が新設したわかしお銀行に営業譲渡），阪和銀行（業務停止命令を受け破綻，紀伊預金管理銀行に業務移管）が破綻した。

ようやく，1996年にいたって金融機関の破綻に対する対処療法がとられるようになった。

1996年（平成8年）に，預金保険法を改正し（第136回通常国会で成立，平成8年法律第86号），ペイ・オフの実施を5年間凍結し，同時に「金融機関の更生手続の特例に関する法律」，いわゆる「更生特例法」[244]を制定し（平成8年法律第95号），平成9年（1997年）4月1日に施行した。

その一方で，四大証券の一角であった山一證券が破綻した[245]。平成

---

[244]　「更生特例法」は，会社更生法を金融機関に適用する場合の特例である。千代田生命，協栄生命，東京生命と大成火災海上の経営破綻で適用された。その後，千代田生命はAIGに，協栄はジブラルタ生命，東京生命は大同と太陽生命のグループが買収し，大成火災海上は損保ジャパン（旧安田火災）に買収された。会社更生法は株式会社を対象としており，一方，多くの金融機関は株式会社であるが（都銀，地銀），信用金庫・農業協同組合など協同組織金融機関もあり，会社更生法をそのままでは適用できない。そこで，更生手続を協同組織金融機関にも適用することができるようにした（したがって，株式会社である銀行については，会社更生法が適用される）。また，金融機関を監督する金融（監督）庁に更生手続の開始の申立権，破産手続の申立権を付与した。「更生特例法」の手続の開始原因は，更生手続開始原因と同じであり，これは「破綻処理の手続」である。

元年（1989年）12月29日には日経平均が3万8,915円という史上最高値をつけたが，同時期に大蔵省証券局長は「証券会社の営業姿勢の適正化および証券事故の未然防止について」と題する示達（角谷通達）を発し，損失補填の禁止と営業特金の解消を指示した。1991年6月に証券会社の損失補填が発覚し，1992年1月には損失補填等を禁ずる改正証券取引法が施行された。同社については，総会屋への利益供与が報道され，社会的な問題となった。その後，1997年4月には一部顧客（総会屋を含む）に対する同社の「飛ばし」[246]が報道され，格付け会社が同社のレーティングを引下げる方向であることが発表され，同年9月には当時の社長が総会屋グループへの利益供与で逮捕されるに至った。1997年11月24日に自主廃業（証券業の営業休止）した。この月には三洋証券の会社更生法適用申請，北海道拓殖銀行の経営破綻と大手金融機関の破綻が相次いだ。なお，当初，同社は債務超過ではないという体裁をとるために「自主廃業」とし[247]，「商法上の解散」とする予定であったといわれている[248]。結局，

---

(245) 1997年11月24日日本経済新聞記事を参照。

(246) 山一證券による飛ばしについては，東京高裁平成14年1月30日判決（判時1797号27頁）を参照。これはディープ・ディスカウントで発行されたスウェーデン輸出信用銀行ユーロボンドを同社のバハマ現法を通じてレポ取引を行うことによる飛ばし取引である。

(247) 「自主廃業」を選択した背景について，小林弁護士は「我が国が倒産普及主義を取っていないために，海外資産の差押えということの懸念から，市場に混乱を引き起こすのではないかという心配から，会社更生ではなくて自主廃業が選択されたと言われている」としている（座談会「金融法務の現在と未来第2回」金法1679号14頁［小林発言］）。

(248) 商法上の解散手続には，a)臨時株主総会での解散決議，b)少数株主による解散請求，c)定時株主総会での解散決議の三つの方法があったが，いずれも成功しなかった。a)は，決算承認には定時株主総会が必要であり，臨時株主総会を開く意味はなく，費用1億円がかかるという問題があり，b)は，商法406条の2「会社の業務の執行上著しき難局に逢着し，会社に回復すべからざる損害を生じる虞」がある場合に，裁判所の解散判決であるが，発行済み株式総数の10分の1以上に当たる株式を有する株主として銀行各行に解散請求を依頼したが，いず

同社は1998年6月1日に破産手続を申請し，同日付けで破産宣告を受けた。1996年には「更生特例法」が制定されていたが，これは信用金庫，農協などの株式会社でない金融機関について会社更生法を適用するための改正であり，証券会社に会社更生法の適用が可能か否か明らかでなかった。その後，三洋証券，山一證券の倒産後の1998年に証券会社が対象に加えられた。

また，同じ1997年には北海道拓殖銀行が解散に追い込まれた。北海道銀行との合併が検討されたが，不良債権の認定の差などが原因で決裂し，結局業務の継続を断念し，不良資産を預金保険機構に買い取らせ，その他の営業資産を北洋銀行と中央三井信託に譲渡することし，北海道拓殖銀行は解散した[249]。

これらの大手金融機関，証券会社の経営破綻が続いた後，ようやく金融機関の破綻処理，破綻予防措置が制度化される。

1998年に入って，金融危機管理審査委員会が設置された[250]。同年2月16日には，金融機能の安定化のための緊急措置に関する法律（金融安定化法）（平成10年法律第5号）が成立し，同年3月，同法に基づいて大手18行と地銀3行に計約1兆8000億円が投入された。

れも他の株主の利益侵害を理由とする訴訟や株主代表訴訟を提起される恐れを懸念し，また，山一自体はその時点で債務超過ではないので，解散請求が認められる可能性もなかったので，実行できなかった。c)は特別清算を意味するが，後ほど勉強するように特別清算は清算会社でなければ適用されず，清算は株主総会の解散の特別決議を要するが，破綻寸前の同社の株主総会が成立するめどが立たなかったし，実際に株主総会は定足数を満たさなかった。

(249) 北海道拓殖銀行，日本長期信用銀行，日本債券信用銀行はいずれも経営破綻したが，金融再生法施行以前に破綻した北海道拓殖銀行は解散に追い込まれ，残る二行は，金融再生法により特別公的管理となり，存続した。さらに，2001年に預金保険法が改正され，経営破綻していなかったりそな銀行に公的資金が投入された。りそなに対する支援は預金保険法102条に基づく金融機関の破綻前の措置である。

(250) 委員長の名を取って，佐々波委員会と呼ばれた。

6　金融機関の破綻処理

　次いで，同年10月16日には，金融再生委員会設置法（平成10年法律第130号）と金融機能の再生のための緊急措置に関する法律（平成10年10月16日法律第132号）（金融再生法[251]）が成立し，同年10月22日には金融機能の早期健全化のための緊急措置に関する法律（平成10年10月22日法律第143号）（金融早期健全化法[252]）が成立した。金融安定化法は上記の附則

---

(251)　「金融再生法」は平成10年10月23日施行され，当初2001年3月までの3年間の時限立法であったが，現在に至る。財産を持って債務を完済することができない場合，業務もしくは財産の状況に照らし預金等の払戻しを停止するおそれがある場合（この二つは破産原因），預金等の払戻しを停止した場合（破産原因が生ずるおそれがある場合）の金融機関の破綻処理の手続を定める。金融再生法上の破綻処理施策の6原則は，①破綻金融機関の不良債権等の財務内容等の開示，②経営の健全性の確保が困難な金融機関の解散，③破綻金融機関の株主および経営者等の責任の明確化，④預金者等の保護，⑤金融機関の金融仲介機能の維持，⑥金融機関の破綻処理費用の最小化が挙げられている。破綻処理施策としては，金融整理管財人による被管理金融機関の管理（金融再生委員会による業務財産管理命令，名義書換禁止命令，金融整理管財人による調査，業務財産管理計画の作成と実行，経営責任の追及，被管理金融機関の意思決定の特例として仮決議（特別決議事項））を規定する。イニシアティブは金融庁が握っているのであって，債権者や株主ではない。国民銀行は，1999年4月8，9日の二日間に預金679億円（預金総額5,135億円）を支払うにいたり，11日に金融再生法の適用を発表した。債務超過は1,246億円（1999年9月末現在）。金融整理管財人に弁護士，公認会計士，預金保険機構の三者を選任し，金融整理管財人は，銀行業務を継続しつつ，破綻金融機関を受け皿会社に譲渡することとした（2000年1月11日に国民銀行の資産負債は八千代銀行（東京西部と神奈川北部が地盤）に譲渡する旨の契約を締結した）。経営陣は総退陣し，同行は1953年に国民相互銀行として発足した（資本金125億円，37店舗，従業員745人）。同行の破綻の原因は，カラオケ会社への過剰融資（90億5,000万円の無担保融資）であった。金融再生法18条には金融整理管財人は，被管理金融機関の役員の職務上に義務違反に基づく民事責任を追及しなければならないとし，同2項で，犯罪があった場合には告発しなければならないとしているが，1999年12月に，頭取，副頭取，常務らが特別背任罪（刑事上）で東京地検と警視庁に逮捕された，さらに民事上13億円の損害賠償請求の訴えが提起された。

(252)　「金融早期健全化法」は，金融機関が破綻する前に早期健全化施策を講じることを目的として，平成10年10月23日施行されている。早期健全化施策の6原則

229

条に基づき廃止された。1999年3月には早期健全化法に基づいて、大手15行に対し再び計約7兆4,000億円の公的資金が投入された。金融再生法と金融早期健全化法をあわせて「緊急措置2法」と呼ぶ。緊急措置2法は基本的には2001年3月に失効するはずであったが、これらの対応措置は預金保険法に引き継がれている。

これらの金融機関破綻に対するセーフティ・ネットが設けられて、1998年10月23日、日本長期信用銀行が破綻した[253]。同行は、金融再生法の施行日当日（平成10年10月23日）に、「特別公的管理」（一時国有化）の開始決定が行われた。

特別公的管理は同法36条に規定され、預金保険機構が株式をすべて取得して、一時的に国有銀行化して、従来の経営者を更迭し、新しい経営者の下で再生を図る手続である[254]。同年、日本債券信用銀行（現在はあ

（3条1項）として、①わが国の金融機能の著しい障害の未然防止、②金融機関等の経営の合理化ならびに経営責任および株主責任の明確化、③金融機関等の再編促進による金融システムの効率化、④社会経済的費用の最小化、⑤早期是正措置との効果的連携、⑥情報等の適切かつ十分な開示が挙げられている。早期健全化施策（「資本注入」）の具体策としては、①株式等（普通株と優先株）の引受（要件：経営合理化のための方策、経営責任明確化のための方策、株主責任明確化の方策、信用供与円滑化のための方策）、②劣後特約付き金銭消費貸借による貸付（劣後ローン）がある。

(253) 1998年10月23日付け日本経済新聞記事を参照。
(254) 2000年2月10日付け日本経済新聞記事を参照。特別公的管理の開始から1年半後の平成12年2000年2月9日に預金保険機構は、長銀をリップルウッドなどが組成するパートナーシップ（ニュー・LTCB・パートナーズ）に売却した。その際の売却条件に関する覚書と売買条件の概要は金融庁のサイトで見ることができる。長銀の売買価格は10億円（普通株式24億株）。さらに預金保険機構は2,660万株の長銀優先株式を無償で消却し、貸出関連資産の「瑕疵担保条項」（「長銀買収時から3年以内の間に、当該資産に瑕疵があり、2割以上の減価が認められた時は、新生長銀は当該資産の譲渡を解除することができる」）が付いていた。日債銀については、サーベラスが100億円で応札、ソフトバンク連合は10億円で入札したが、ソフトバンクに売却され、あおぞら銀行と名称変更した。2004年1月17日付け日本経済新聞記事「外資主導で再生実現」を参照。

おぞら銀行）も同様に特別公的管理に入った。

また，北海道拓殖銀行は解散に追い込まれ，日本長期信用銀行と日本債券信用銀行は存続した。この違いは1998年の「金融再生法」である。1999年に金融整理管財人による管理という制度を開始した。国民銀行，幸福銀行，東京相和銀行，なみはや銀行が破綻した。

さらに2002年に預金保険法が改正され，2003年には，りそな銀行に対して公的支援がとられ，同じ年に足利銀行が一時国有化された。

さらに2004年6月18日に「金融機能の強化のための特別措置法」（金融機能強化法）が公布された。金融機能強化法は，主として地方金融機関（地銀，信金，信組）を対象とし，国がこれらの金融機関からの申請に基づいて（申請は預金保険機構宛）資本参加したり，他の金融機関との合併を認可することによって，金融機関を強化し，地域経済を活性化，信用秩序を維持，さらに国民経済全体の健全な発展が図られるようにすることを目的としている（同法1条）。同法もペイ・オフの開始を前提とした地ならしということができる。

(2) なぜ金融機関には公的資金を投入するか

では，なぜ金融機関には公的資金を投入するのだろうか。

1996年の住専の処理のためには，6,850億円の公的資金が投入された。当時，マスコミでは大議論となった。その後1998年3月に佐々波委員会は金融安定化法に基づいて大手21行に対して，1兆8,000億円を投入してこれも批判された。さらに1998年の金融早期健全化法に基づいて，これまでに総額8兆6,000億円が投入された。また，今年6月に金融庁はりそな銀行に対し申込みの通り，1兆9,600億円の公的資金を注入した。合計すると，13兆円以上の公的資金が金融機関に投入されていることになる（日本のGDP500兆円の2％以上に達する）。

住専問題の解決策を示した平成8年閣議決定は，「金融システムが混乱し，かえって国民生活に深刻な影響を与えることとなりかね」ず，「また，裁判所における法的処理は，住専問題の規模及び複雑さから考えて，

同様に金融システムに混乱を招く可能性」があると述べている（システミック・リスクまたはヘルシュタット・リスク）。

　すなわち，金融機関は，与信・受信・為替・手形交換を行っており，破綻の影響が一般事業法人に較べて格段に大きい。金融システムは多数の金融機関の形成する信用組織の上に成立しているので，金融機関が破綻すると，当該金融機関にとどまらず，金融機関全体に伝播するおそれがある。破綻の結果，預金者の取り付けが起こり，資金決済が停止されるので金融システム全体に重大な影響が起こる。

　銀行法1条は，信用秩序の維持，預金者の保護，金融の円滑を図るため，銀行の業務の健全且つ適切な運営を期すものとしている。したがって，金融システムを円滑に機能させるためには，倒産の事態が生じる前に手を打たなければならない[255]。

---

(255)　2003年7月28日，首相の諮問機関である金融審議会の「公的資金制度のあり方」は，「公的資金増強は，金融機関のリスク負担能力を向上させ，金融機関が自らの経営判断で新規貸出や新規業務分野の開拓など，積極的なリスクテイクを行い新たな業務展開を進めることを容易にする」一方で，「公的資金増強は，それ自体では必ずしも中長期的な収益力の強化につながらない」，「公的資金増強は不良債権処理の促進に資するという面があるが，不良債権処理は，本来，資本の状況に応じて行なうものではなく，厳正な資産査定に基づいて進めるべきものであるため，公的資本増強を行えば不良債権問題が直ちに解決するという関係にない」，「公的資金の使い方として，不良債権処理会社を設立し，それを公的にサポート（支援）する方法があり，その方が不良債権処理の促進には直接の効果が期待できる場合もある」ので，「公的資金増強の効果には限界もある」としている。また，「継続的な公的サポートは，金融機関の経営にモラル・ハザード（規律の欠如）を生じさせるのではないかとの指摘もなされ」，さらに「公的資金増強には，立ち直る見込みのない金融機関を温存しかねない，金融機関が公的資金増強の実施を期待すると経営の健全性を確保しようとする動機を弱める（モラル・ハザードの問題），不採算企業に対する信用供与を継続し延命させる（ソフトバジェットの問題）などの問題が指摘されている」としている。ソフトバジェット・コンストレイント（soft budget constraint）とは，1979年にハンガリーの経済学者ヨナス・コルナイが1970年代のハンガリー経済を分析して得た概念であって，すでに経済学では周知のターミノロジーのようである。コルナイはこれを社会主義経済から

6　金融機関の破綻処理

　たとえば破産法は支払不能または債務超過を開始要件とするが，このような事態が到来した場合には，すでに金融システム全体に大きな影響があるので，倒産手続開始の時期が適当でなく，金融機関の取締役が適時に倒産手続の開始を申し立てるだろうか，躊躇・逡巡して，破綻の影響が拡大する懸念がある。また，倒産法（破産，会社更生）では債権は原則として手続の中でしか行使できないが，手続開始後も金融機関の場合には，預金の払戻し，取引先との決済を行わなければならないし，システムの破綻を回避するためには，手続が迅速でなければならない。

　ただ，一方で公的資金を投入すれば，金融機関としては存続できるので緊張感がなくなるおそれがある。たとえば，2003年のりそなの一時国有化によって，りそなの株式は今年3月ころの50円台から上伸している。また，公的支援の結果，これまでの破綻の原因が温存されるおそれもなしとしない。これをソフトバジェットの問題として認識しつつ公的支援を行わなければならないと報告書は記載している。

　2001年2月に発表された，いわゆる「骨太の方針」は不良債権処理の抜本的解決がわが国の経済再生の第一歩であると位置づけている。2002年（平成14年）10月30日発表の金融庁の金融再生プログラム「主要行の不良債権問題解決を通じた経済再生」は次のとおり述べている。

　日本の金融システムと金融行政に対する信頼を回復し，世界から評価される金融市場を作るためには，まず主要行の不良債権問題を解決する必要がある。平成16年度には，主要行の不良債権比率を現状の半分程度に低下させ，問題の正常化を図るとともに，構造改革を支えるより強固な金融システムの構築を目指す。そこで，主要行の資産査定の厳格化，自己資本の充実，ガバ

　　資本主義経済への移行経済に特有の現象をいうと定義し，国有企業は収益の最大化という道徳的・経済的なインタレストを付与されているが，慢性的なロス・メーカーも失敗を許されず，補助金などによって救われ，この結果，慢性的損失を計上しても，存続が可能であると理解して，そうした理解が行動にも現れるようになることである。

ナンスの強化などの点について，以下に示す方針で行政を強化する。

　すなわち，金融機関の不良債権処理には平成16年度末（2005年3月末）までに行うというタイムリミットが設けられた。2003年1月20日の「改革と展望」でも「政府は，不良債権問題を2004年度に終結させることを目指して，不良債権処理を加速することを決定した」としているので，金融機関は不良債権の処理を最優先課題として取り組んでいる。

● **コラム 19** ●　ゼネ・コンと流通

　バブル経済崩壊後，金融機関の経営破綻が多く見られたが，金融機関が取引先に対する債権放棄によって，経営再建を支援するという事態も多く見られた。とくにゼネ・コンと流通が問題となった。ゼネ・コン，流通はバブル経済期に資金を借入れ，極端な開発投資を行ったことが業績低迷，あるいは場合によっては経営破綻の原因であるが，また，これらの業種は，従来グローバル・コンペティションから無縁であったため，経営方法が革新されず，従来のビジネス手法を維持してきたことも指摘されている。わが国の製造業がグローバル・コンペティションの中で，合理化効率化を徹底し，国際競争力を高めてきたことと対照的である。

■ 事項索引 ■

■ あ行 ■

アーバン事件　205
足利銀行　15
アブステンション　211
異時廃止　110
異常な場合　13
市からの逃亡者　53
イオン　84
一時国有化　2
市の厳律　53
一成汽船事件　208
一般破産債権　98
一般優先債権　98
INSOL　39
引致　92
ウォルマート　84
内整理　35
営業譲渡　178
エクイティ　103
エクイティ・ファイナンス　45
エコノミック・ディストレス　30
エンロン　204
欧州連合国際倒産規則　206

■ か行 ■

カード破産　187
外国通貨金銭債権　106
会社更生法　63, 69, 81
会社整理　63, 81
解散決議　227
解散請求　227
解約返戻金請求権　190
貸倒れ　86
家資分散法　63
過剰債務　2
学校法人　4
簡易配当　142
監査委員　154
管財事件　189
管財人　47
監守　92
監督委員　167
管理機構　142
管理機構人格説　149
管理組合　8
管理的要因　29
管理命令　169
危機時期　117
危機否認　27, 116
企業継続価値　76
企業処分価値　76
帰属清算型　108
基礎的要因　29
寄託　128
既判力　153
共益債権　97
競合管轄　174
強制和議　157
共通財産　134
協定型特別清算　78
銀行取引停止　23
銀行取引約定書　23
金銭化　105
金融安定化法　228
金融危機対応会議　16
金融機能強化法　231
金融検査マニュアル　15
金融再生法　228, 231
金融早期健全化法　229
金融ビックバン　225
区分所有者　3

事項索引

クラム・ダウン　49
クレベール社事件　215
クロス・ファイリング　219
経営破綻　14
経済財政白書　1
継続的給付　125
現在化　105
権利能力なき社団　138
牽連破産　74
故意否認　116
更生計画　49, 173
更生債権　175
更生担保権　175
更生特例法　63, 226
公的資金　2
公平誠実義務　164
衡平的劣後　98
公民権　181
ゴーイング・コンサーン　89, 93, 104
小型破産　15
国際並行倒産　218
国連国際商取引法委員会　216
個人の多重債務整理　179
個人破産　180
　　――と退職金　190
固定主義　90
壽屋　41
個別執行　15
コモンロー　102
ゴルフクラブ　124

■　さ　行　■

再建型倒産手続　81
債権者団体原則　47
債権者平等原則　48
財産区　139
財産減少行為　117
財産売却　52
財産分売　52
再生ファンド　22

財団債権　96
債務者の契約関係　121
　　――誠実　186
債務免除　86
詐害行為　117
詐害行為取消権　135
作為不作為の請求権　95
差押禁止財産　191
査定制度　202
産業再生機構　2, 18, 20
産業再生法　18
敷金　128
敷金返還請求権　190
市場要因　29
持続可能性　77
執行禁止財産　184
実質破綻先　15
私的整理　33
自動停止　164
仕法　58
資本欠損　27
自由財産　183
囚人のディレンマ　46
住専　6, 20
住宅ローン　194
従手続　220
12表法　51
主たる利益の中心　220
主手続　220
商事留置権　110
譲渡担保　108
商人倒産主義　33
商法特例法　142
職業の制限　181
職務説　148
処分清算型　108
書面投票　153
人身拘束　53
身代限り　56
新得財産　90

事項索引

末野興産　71, 92
清算型倒産手続　78
清算価値保障原則　165, 193
正常先　15
正常な場合　13
制度的要因　29
税金　85
整理回収機構（RCC）　20, 39, 71, 84
説明義務　181
瀬戸内マリンホテル　83, 84
ゼネ・コン　234
善管義務　143
宣告時現在額主義　132
選択と集中　68
占有継続債務者　171
戦略的要因　29
相互主義　138
相殺権　103, 111, 136
即時抗告　75
ソフィアグループ　201
ソフトバジェット　233
損害賠償請求権の査定　202
損金容認　87

■ た 行 ■

ターン・（ア）ラウンド・マネージャー　162
対外的効力　206
大規模破産事件　141
第三者異議の訴え　106
第三セクター　5, 139, 197
退職金請求権　192
代替許可　163
大同コンクリート　73
対内的効力　206
第二日本承継銀行　20
代表説　148
代理説　146
大立法時代　5
他の手続の中止命令　92

担保権消滅請求　164
担保割れ　224
地方公共団体　5
チャプター・イレブン手続　49, 210
中部日本急配株式会社　143
調査委員　167
直接の契機　29
追及効　134
通信の秘密　181
ディスカウント・キャッシュ・フロー（DCF）　77
ディープロックの理論　102
適正価格　118
デッター・イン・ポセッション（DIP）　161, 169, 175
デット・エクイティ・スワップ　17
デット・ファイナンス　45
デリヴァティブズ　126
凍結　89
倒産実務家国際協会　39
倒産属地主義　206
倒産手続開始原因　23
倒産法　56, 62, 64, 102, 112, 158, 172, 196, 204, 213, 233
倒産法制に関する改正検討事項　6
同時処分　151
等質化　105
同時廃止　110, 190
特定調停法　179, 195
特別決議　178
特別公的管理　230
特別清算　22, 44, 63, 78, 202
特別背任　201
独立当事者参加　10
飛ばし　227
豊田商事　147
取締役への責任追及　202
取戻権　63, 91, 93, 104, 106, 108, 221

237

事項索引

■ な行 ■

ニエルツ法　33
ニコニコ堂　41
任意整理　35, 81, 180

■ は行 ■

配当財団　91
破産管財人　142, 190
破産財団　9, 71, 90, 93
破産裁判所　136, 140, 146
破産者審尋　189
破産主任官　154
破産手続開始原因　23
破産能力　137
破産法　59, 64, 90, 156, 185
長谷工コーポレーション　17
破綻懸念先　15
破綻先　15
パリクラブ　140
バンカロッタ　53
BCCI事件　79, 221
非典型担保　110
否認権　104, 115, 120, 135, 146, 166
病院経営　5
ピロリ　53
ファーネス株式会社　132
ファイナンス・リース　129
フィナンシャル・ディストレス　30
フィンカメラ社　212, 218
不足額責任主義　94
普遍主義　211
プロジェクト・ファイナンス　1
不渡事由　25
分　散　54
ベアリング・ブラザース　79
ペイ・オフ　20, 222
別除権　63, 83, 94, 103, 109, 130, 134, 136, 165
ヘルシュタット・リスク　232

弁済業務保証制度　4
偏頗行為　37, 117
奉加帳方式　224
包括執行　14
包括的禁止命令　92
法人格のない社団　138
法人倒産登記　152
法定財団　91, 106
法定信託説　150
法的整理　33
保証人　23, 131, 203
補助参加　10
保全処分　91, 103, 151, 158
北海道拓殖銀行　201, 227
ホッチポット　215
骨太の方針　6
本旨弁済　119
ボンド保証制度　4

■ ま行 ■

マイカル　83
ますみ会　74
マルコー事件　210
マンション管理費　3
ミニ破産　78
民事再生法　33, 49, 63, 81, 159, 213
民事執行　70
民事留置権　110
無償否認　116
むつ小川原開発　79
免　責　184, 197
モデル法　216

■ や行 ■

ヤオハン　204
山一証券　226
有限責任原則　98
優先の更生債権　177
優先的破産債権　98
優先弁済権　58, 134

郵便物　*181*
要注意先　*15*

■　ら行　■

リース債権　*178*
リスケジューリング　*140*
りそな銀行　*15*
流　通　*234*
流動化　*1*

劣後的破産債権　*98*
労働債権　*97*
浪　費　*186*
ロエスレル（レースラー）　*22, 47, 60, 65*

■　わ行　■

和解型特別清算　*79*
和　議　*47, 63, 69, 81, 157, 161*

〈著者紹介〉

小 梁 吉 章(こはり　よしあき)

　1974年3月　　京都大学法学部卒業
　2001年3月　　筑波大学大学院経営政策科学研究科企業法学専攻
　　　　　　　　修了(法学修士)
　2003年3月　　筑波大学大学院ビジネス科学研究科企業科学専攻退学
　2004年3月　　博士(法学)(筑波大学)
　職歴：
　1974年4月　　東京銀行入行(ルクセンブルグ、パリ、法務部等勤務)
　2002年3月　　東京三菱銀行退職
　2003年4月　　広島大学法学部教授
　2004年4月　　広島大学大学院法務研究科教授
　専攻：国際民事訴訟法、国際取引法、倒産法

〈主著〉
　金銭債権の国際化と民事執行 (2004年、信山社)

倒産法講義　──倒産法と経済社会──

2005年(平成17年)4月20日　第1版第1刷発行
3230-0101：p256-b080-p3000E

著　者　　小　梁　吉　章
発行者　　今　井　　　貴
発行所　　信山社出版株式会社
〒113-0033　東京都文京区本郷6-2-9-102
電　話　03 (3818) 1019
ＦＡＸ　03 (3818) 0344
販　売　　信　　山　　社
製　作　　株式会社信山社

©小梁吉章, 2005. 印刷・製本／松澤印刷・大三製本
ISBN4-7972-3230-6　C3332
3230-0101-012-060-020
NDC 分類327.365 C002

Ⓡ本書の全部または一部を無断で複写複製(コピー)することは、著作権法上の例外を除き禁じられています。複写を希望される場合は、日本複写権センター(03-3401-2382)にご連絡ください。

新感覚の入門書
ブリッジブックシリーズ

ブリッジブック**先端法学入門**
土田 道夫／高橋 則夫／後藤 巻則編

ブリッジブック**憲法**
横田 耕一／高見 勝利編

ブリッジブック**先端民法入門**
山野目 章夫編

ブリッジブック**商法**
永井 和之編

ブリッジブック**裁判法**
小島 武司編

ブリッジブック**国際法入門**
植木 俊哉編

ブリッジブック**法哲学**
長谷川 晃／角田 猛之編

ブリッジブック**日本の政策構想**
寺岡 寛著

ブリッジブック**日本の外交**
井上 寿一著〔最新刊〕

本体価格￥2,000～￥2,500（税別）

法律学の森シリーズ

潮見佳男著
債権総論〔第2版〕I　4,800円

潮見佳男著
債権総論〔第3版〕II　4,800円
＊第3版 刊行！！

潮見佳男著
不法行為法　4,700円

潮見佳男著
契約各論 I　4,200円

藤原正則著
不当利得法　4,500円

小宮文人著
イギリス労働法　3,800円

青竹正一著
会社法　3,800円

＊価格は税別

ハイレベル学部生&法科大学院生への新シリーズ
プラクティスシリーズ

潮見佳男
プラクティス民法・債権総論（第 2 版）
3,200 円

平野裕之
プラクティスシリーズ・債権総論
3,800 円

続刊

＊価格は税別